JN219907

成年後見登記法令
コンメンタール

法務省民事局民事第一課長
櫻庭 倫 著

発行 テイハン

はしがき

後見登記等に関する法律（平成11年法律第152号。以下「後見登記法」という。）は、平成11年12月１日、成年後見制度の創設を内容とする民法の一部を改正する法律（平成11年法律第149号）、任意後見契約に関する法律（平成11年法律第150号）と同時に成立した法律であり、平成12年４月１日から施行されている。以来、約四半世紀が経過したが、その間、多くの関係制度の見直しが行われたことに伴い、成年後見登記法令（後見登記法及びその下位規範である政省令をいう。）の改正が数多く行われたほか、社会もデジタル化が急速に進展するなど、成年後見登記制度を取り巻く環境はめまぐるしく変化している。

例えば、平成16年には行政手続においてオンライン申請を進めるため、行政手続等における情報通信の技術の利用に関する法律（平成14年法律第151号。当時の通称名は行政手続オンライン化法）が施行され、平成17年には、行政機関が保有する個人情報の保護に配慮するため、行政機関の保有する個人情報の保護に関する法律（平成15年法律第58号）が施行されることとなった（前者の法律は、令和元年に題名が「情報通信技術を活用した行政の推進等に関する法律」に改正され（通称名もデジタル手続法に変更）、内容的にも大きな見直しがされた上、後者の法律も、令和３年のデジタル社会の形成を図るための関係法律の整備に関する法律（令和３年法律第37号）により、個人情報の保護に関する法律（平成15年法律第57号）に統合され、廃止されるなど、関係制度も大きな変化を続けている。)。

平成23年には登記特別会計が廃止され、後見登記に関する手数料は登記印紙に代わり収入印紙で徴収することとなった。

平成24年には、家事審判法（昭和22年法律第152号）に代わる家事事件手続法（平成23年法律第52号）が制定されたことに伴い、成年後見登記法令全体についても大きな改正が行われた。

平成28年には、行政不服審査法が全面改正され、後見登記実務における審査請求手続も見直しがされるとともに、平成29年には、成年後見制度の利用を促進する観点から、議員立法として成立した成年後見制度の利用の促進に関する法律（平成28年法律第29号）も施行されることとなった。さらには、令和元年には、成年被後見人又は被保佐人であることを理由に不当に差別されることがないよう、成年被後見人等の権利の制限に係る措置の適正化等を図るための関係法律の整備に関する法律（令和元年法律第37号）が制定された。これにより、成年被後見人等の欠格条項の見直しが行われ、いわゆるないこと証明書の発行件数に大きな影響を与えることとなった。

本書は、このような各種関係制度の改正に伴って見直された成年後見登記法令の最新の条文について条文ごとに解説することを試みるとともに、こうした法令改正の経緯や、成年後見制度開始以来、約25年の実務によって積み重ねられた重要な先例を紹介するものである。

本書の執筆に当たっては、企画から脱稿まで多くの時間を要したこともあり、民事第一課の渡邉英介上席補佐官（現札幌法務局人権擁護部長）、田中寿径補佐官（現福岡法務局民事行政調査官）、佐藤晶子補佐官、畑中恭祐係長（現法務総合研究所主任研修専門官）、髙林沙誉係長、藤野共恵係員、黒飛裕紀係員のほか、東京法務局民事行政部後見登録課の担当者など多数の関係者から貴重な助言等をいただいた。また、システム的な観点について富士通株式会社の石塚聡マネジャーからも有益な示唆をいただくなど、御協力を賜った。この場を借りて御協力いただいた関係各氏に心から感謝申し上げる。

本書の内容は、もとより、個人の立場で執筆したものであり、意見にわたる部分は、筆者の個人的見解にとどまるものである。

本書の刊行に当たっては、株式会社テイハンの大矢龍弘氏、関口智之氏の御尽力を賜った。ここに感謝の意を記したい。

本書が関係各方面において広く利用され、成年後見登記法令についての理解の一助となれば幸いである。

令和７年３月

法務省民事局民事第一課長　櫻庭　　倫

凡　例

法令等の引用に当たっては、特に別の定義を置かない限り、次のように略記した。

後見登記法、後登法、法	後見登記等に関する法律（平成11年法律第152号）
後見登記令、後登令、令	後見登記等に関する政令（平成12年政令第24号）
省令	後見登記等に関する省令（平成12年法務省令第２号）
基本通達	平成24年12月24日付け法務省民一第3500号法務局長、地方法務局長宛て法務省民事局長通達「後見登記等に関する事務の取扱いについて」
任意後見契約法	任意後見契約に関する法律（平成11年法律第150号）
民法改正法	民法の一部を改正する法律（平成11年法律第149号）
旧民法	民法の一部を改正する法律（平成11年法律第149号）による改正前の民法
登手令	登記手数料令（昭和24年政令第140号）
家手法	家事事件手続法（平成23年法律第52号）
家手規	家事事件手続規則（平成24年最高裁判所規則第８号）
旧家審法	廃止前の家事審判法（昭和22年法律第152号）
旧家審規	廃止前の家事審判規則（昭和22年最高裁判所規則第15号）
行審法	行政不服審査法（平成26年法律第68号）
行審令	行政不服審査法施行令（平成27年政令第391号）
昭和29年８月26日付け民甲1469号回答	昭和29年８月26日付け民甲第1469号法務省民事局長回答

目　次

第３章　成年後見登記法令の改正経緯等　*191*

第１　後見登記等に関する法律の改正経緯　*191*

第１章　成年後見登記制度の概要等

第１　はじめに（成年後見制度の創設と制度利用の促進）

成年後見制度は、平成11年に従来の民法（明治29年法律第89号）の制度であった禁治産及び準禁治産の制度を改正するとともに、新たに任意後見契約に関する法律（平成11年法律第150号。以下「任意後見契約法」という。）を定めるなどして設けられた制度である。

成年後見登記事件数は、制度を開始した平成12年は、約6,400件であったところ、令和５年には約18万5,000件となっており、大幅に増加している（参考☞第５章４）。

もっとも、認知症高齢者数（平成24年度時点で462万人だったが、令和７年度には約700万人にも上ると見込まれている。）を考慮すると、成年後見制度の利用は十分でない、との指摘もあり、平成28年４月に、超党派の議員立法により、成年後見制度の利用の促進に関する法律（平成28年法律第29号）が成立した。また、平成29年３月には、同法に基づき、成年後見制度利用促進基本計画が閣議決定され、平成29年度から令和３年度までの５年間で実施すべき方針が示された。この基本計画により、成年後見制度の広報、相談等を各地域で担う体制の整備などの成年後見制度の利用促進に関する施策が定められ、最高裁判所、厚生労働省、法務省が連携して、取組を実施することとなった。その後、令和４年３月には、第二期成年後見制度利用基本計画が閣議決定され、令和４年度から８年度までの５年間で実施すべき方針が示された。

第二期成年後見制度利用基本計画では、地域共生社会の実現に向けて、権利擁護支援を推進することとし、全国どの地域においても、成年後見制度の利用を必要とする人が、尊厳のある本人らしい生活を継続することができる体制を整備して、成年後見制度の運用の改善、後見人への適切な報酬の付与、地域連携ネットワークづくりの推進などの諸課題に対応する取組を実施することとされている。

第２　成年後見制度の概要

成年後見制度は、従来の禁治産及び準禁治産の制度について、柔軟かつ弾力的な利用しやすい制度にすることへの社会的要請の高まりなどを踏まえ、自己決定の尊重、残存能力の活用、ノーマライゼーション等の現代的な理念と従来の本人の保護の理念との調和を図りながら、できる限り利用しやすい制度を実現することを目指した制度であり、精神障害や認知症等によって判断能力が不十分な状態にある被後見人等に代わって、後見人等が財産管理や各種契約の法律行為をすることなどにより、被後見人等を保護、支援することを目的とするものである。精神上の障害により判断能力が不十分な者の判断能力を補う制度が必要となるのは、主として成年者であるため、未成年者の後見制度との対比上、成年後見制度と呼ばれている[＊1]。

１　法定後見制度の概要

法定後見制度は、後見、保佐、補助の３つの制度がある。

⑴　後見の制度

後見の制度は、精神上の障害により判断能力を欠く常況にある者を対象とする制度である。家庭裁判所の後見開始の審判とともに成年被後見人のために成年後見人を選任し、成年後見人は財産に関する法律行為について代理権が付与され、成年被後見人の法律行為について、自己決定の尊重の観点から認められる日用品の購入その他日常生活に関する行為を除き、取消権が付与されている（民法第７条～第９条、第120条、第843条等）。

⑵　保佐の制度

保佐の制度は、精神上の障害により判断能力が著しく不十分な者のうち、

＊１　法務省民事局「成年後見登記の実務」テイハン（2001年）11頁。

後見の程度に至らない状態にある者を対象とする制度である。家庭裁判所の保佐開始の審判とともに被保佐人のために保佐人を選任し、保佐人に同意権の対象行為（民法第13条第１項各号所定の行為及び同条第２項所定の同意権の範囲を拡張する旨の審判の対象となる行為）について取消権を付与した上で、当事者が申立てにより選択した特定の法律行為について審判により保佐人に代理権を付与することができる（民法第11条～第13条、第120条、第876条～第876条の４等）。自己決定の尊重の観点から、代理権の付与の審判は、本人の申立て又は同意が要件とされているが（民法第876条の４第１項及び第２項）、代理権の付与の対象となる特定の法律行為は、同意権の対象行為に限定されていない。

⑶　補助の制度

補助の制度は、精神上の障害により判断能力が不十分な者のうち、保佐又は後見の程度に至らない軽度の状態にある者を対象とする制度である。家庭裁判所の補助開始の審判とともに、被補助人のために補助人を選任し、当事者が申立てにより選択した特定の法律行為について、審判により補助人に代理権又は同意権（取消権）の一方又は双方が付与される（民法第15条～第17条、第876条の６～第876条の９等）。自己決定の尊重の観点から、本人の申立て又は同意を各審判の要件とし（民法第17条第１項及び第２項、第876条の９第１項及び第２項、第876条の４第２項）、補助開始の審判は、必ず同意権の付与の審判又は代理権の付与の審判とともにしなければならないこととされている（民法第15条第３項）。

２　任意後見制度の概要

任意後見制度は、任意後見契約法によって創設されたものであり、本人が契約の締結に必要な判断能力を有している間に締結した任意代理の委任契約の一類型としての任意後見契約を基礎とし、契約の効力発生について家庭裁判所による任意後見監督人の選任が停止条件とされているなど、公的機関の監督を伴いながら本人が保護の在り方を自ら決めることのできる制度である。

任意後見契約の利用形態として、以下のものがあるとされている（参考☞後記「任意後見契約に係る登記嘱託書の例」）。

① **将来型**（将来の判断能力低下の時点で任意後見契約の効力を発生させる場合）

十分な判断能力を有する本人が契約締結の時点では受任者に後見事務の委託をせず、将来自己の判断能力が低下した時点ではじめて保護を受けようとする利用の形態である。

② **移行型**（通常の任意代理の委任契約から任意後見契約に移行する場合）

委任者が契約締結時から受任者に財産管理等の事務を委託し、自己の判断能力の低下後は、公的機関の監督の下で受任者に事務処理を続けてもらう利用の形態である。この場合には、通常の任意代理の委任契約と任意後見契約を同時に締結し、本人の判断能力低下前は前者の委任契約により処理し、判断能力低下後の事務は任意後見契約により処理することになる。

③ **即効型**（任意後見契約の締結の直後に契約の効力を発生させる場合）

判断能力が不十分な状況である者（ただし、有効な契約締結は可能である者）が、契約締結後直ちに本人又は任意後見受任者の請求により任意後見監督人を選任することにより、当初から任意後見人による保護を受けることが可能となる利用の形態である。

任意後見契約法では、本人の判断能力が不十分な状況にあるときは、家庭裁判所は、本人、配偶者、４親等内の親族又は任意後見受任者の請求により、任意後見監督人を選任するとされ（任意後見契約法第４条第１項）、任意後見契約は、任意後見監督人が選任された時からその効力が生ずる（任意後見契約法第２条第１号）。

任意後見制度においては、任意代理の委任契約の一類型としての任意後見契約について、任意後見人の監督を実施する任意後見監督人が選任されることによって、契約の効力を生ずることとし、委任契約の受任者である任意後見人に対する監督の枠組みの制度を設けている。これは、判断能力が低下した本人が自ら任意代理人の活動を監督することが困難であるため、本人の判断能力低下後における任意代理人に対する公的な監督の制度を設けて本人保護の制度的な枠組みを構築しようとしたものである。

任意後見契約を締結した本人について、任意後見監督人の選任後に法定後見開始の審判の申立てがされた場合には、家庭裁判所は、本人のため特に必要があると認めるときを除いて、法定後見開始の審判をすることができず（任意後見契約法第10条第１項）、法定後見の開始の審判がされたときは、任意後見契約は当然に終了する（同条第３項）とされている。

また、任意後見契約を締結した本人について、任意後見監督人の選任前に法定後見の開始の審判の申立てがされた場合には、家庭裁判所は、本人のために特に必要があると認めるときを除いて、法定後見開始の審判をすることができず、法定後見の開始の審判がされたときでも、任意後見契約はなお存続する（任意後見契約法第10条第３項の反対解釈）。そして、法定後見の開始の審判を受けた本人について、任意後見監督人の選任の申立てがされた場合には、家庭裁判所は、法定後見による保護を継続することが本人の利益のため特に必要であると認められるときを除き、任意後見監督人を選任して、法定後見開始の審判を取り消す（任意後見契約法第４条第１項第２号、同条第２項）こととされている。

第３　成年後見登記制度の概要等

１　成年後見登記制度の概要

後見登記等に関する法律（平成11年法律第152号。以下この章において「後見登記法」という。）の制定により、成年後見登記制度が創設された。この制度は、民法の一部を改正する法律（平成11年法律第149号。以下この章において「民法改正法」という。）により禁治産及び準禁治産の制度が後見、保佐及び補助の制度に改められ、任意後見契約法により新たに任意後見制度が創設されたことに伴い、取引の安全の要請と本人のプライバシー保護の要請との調和を図る観点から、禁治産宣告・準禁治産宣告を受けたことの戸籍記載に代わる法定後見・任意後見の公示方法として創設された登記制度である。

成年後見登記制度は、成年後見人等を選任した家庭裁判所からの嘱託（家事事件手続法（以下「家手法」という。）第116条等）や任意後見契約について公正証書を作成した公証人からの嘱託（公証人法第57条ノ３）に基づいて、成年後見人等の権限や任意後見契約についての公正証書の内容を登記するものであり、登記されていることについては、登記事項証明書又は閉鎖登記事項証明書によって、登記されていないことについてはその旨の証明書によって明らかにする仕組みとなっている。なお、登記事項証明書では、財産の売買契約や介護サービス提供契約などの際、成年後見人等の権限を、登記されていないことの証明書では、成年被後見人等でないことを確認することができる。なお、この成年後見登記制度は、イギリスのパブリック・トラスト・オフィス（Public Trust Office）＊２を参考として制度設計されたものである。

２　成年後見登記制度の特徴

⑴　基本的な仕組み

登記には、①法定後見（成年後見、保佐、補助）に関するものとしての

「後見等の登記」、②任意後見に関するものとしての「任意後見契約の登記」、③法定後見開始の審判前の保全に関するものとしての「後見命令等の登記」の３種類がある。

また、登記の端緒としては、申請、嘱託、職権の３種類があり、登記官が職権で行う登記についても、更正、抹消、回復の３種類がある。

後見等の登記、任意後見契約の登記、後見命令等の登記のいずれも、開始、変更、終了の３段階に分かれて登記がされる[*3]（参考☞「登記の分類（イメージ）」）。

開始については、原則、家庭裁判所の裁判所書記官又は公証人役場の公証人からの嘱託によりされ、家庭裁判所が関与しない登記事項の変更、終了に係る登記については、原則、後見人等など当事者からの申請により行われる。不動産登記や商業・法人登記と異なり、登記が申請ではなく、嘱託を中心としてされるのが特徴といえる。公証人からされる任意後見契約締結の登記の嘱託書については、代理権目録につき、その内容を個別に記載する方式と、リストの中から該当するものをチェックして記載する方式の２種類が用意されている。

＊２　イギリスでは、パブリック・トラスト・オフィス（Public Trust Office）という名称の独立の機関が、全国で１か所の登録機関として、法定後見制度に相当する財産管理制度（Receivership）及び任意後見制度に相当する継続的代理権制度（Enduring Powers of Attorney）に関する登録・証明書の交付等の事務を行っており、我が国の成年後見登記制度は、これを参考として制度設計されたものとされている（法務省民事局「成年後見登記の実務」テイハン（2001年）13頁）。

＊３　成年後見登記制度開始当初から、成年後見登記事務は、電子情報処理組織（コンピュータシステム）で取り扱うことが前提とされており（後見登記法第４条、第５条）、成年後見登記システム上の区分としては、①登記区分、②登記種類、③受付区分、④登記種別などの区分がある。なお、①登記区分は、後見等関係、任意後見関係、後見命令等関係の３区分、②登記種類は、登記（開始相当）、変更登記、登記の更正、登記の抹消、終了登記の５区分、③受付区分は、嘱託、申請、職権の３区分、④登記種別は、後見、保佐、補助、後見命令、保佐命令、補助命令、任意後見契約の７区分がある。

登記すべき事項が記録される登記ファイルには、①後見登記等ファイル（後見登記法第４条、第５条）と、②閉鎖登記ファイル（後見登記法第９条）の２種類がある。

後見登記等ファイルは、後見等の登記については法定後見開始の審判ごとに、任意後見契約の登記については締結された任意後見契約ごとに、後見命令等の登記については審判前の保全処分（後見命令等の審判）ごとに編成され、当該登記記録を特定するための登記番号（後見登記法第４条第１項第10号、同条第２項第６号、第５条第11号）が付される。

ここで、登記記録の編成基準が人単位とされなかったのは、成年後見登記制度は、戸籍や住民基本台帳と連動していないため、登記上の本籍、住所と戸籍上の本籍、住民基本台帳上の住所と不一致が生じる可能性があり、本人の特定及び同一性の確認が困難であるからである[＊４]。

⑵　登記事項証明書等の特徴

後見等の登記は、審判が開始された後、後見人、被後見人などの当事者に関する事項のほか、別途、同意を要する行為の範囲を示す同意行為目録などの「目録」が登記される。また、任意後見契約の登記も、委任者、任意後見受任者又は任意後見人及び任意後見監督人などの当事者に関する事項のほか、①代理権の範囲（代理権目録、預貯金目録などを含む）、②共同代表又は分掌の定め、③同意を要する行為の範囲などを示す「目録」が登記される。このため目録も登記事項証明書の対象となる。

証明書については、いわゆる現に効力が生じている内容の登記事項証明書と、終了の登記がされた後に過去の事実を確認するために利用される閉鎖登記事項証明書の２種類がある（以下、この章において登記事項証明書、閉鎖登記事項証明書を合わせたものを「登記事項証明書等」という。）。さらに成年後見登記制度で取り扱う証明書には、登記している事項を証明す

＊４　大鷹一郎「成年後見登記制度について―戸籍制度との関係を中心に」民事月報Vol. 55 No. 1（平成12.１）18頁。

る登記事項証明書等と登記されていないことを証明する、いわゆるないこと証明書の２種類がある。登記事項証明書等において、ないこと証明書を交付するのは、社会において制限行為能力者でないことを積極的に証明するニーズがあることから、これに応えるためである。

登記事項証明書については、不動産登記や商業・法人登記と異なり、誰もが自由に登記情報にアクセスできる建前はとっておらず、取引の安全の要請と本人のプライバシー保護の要請の調和の観点から、交付請求者が一定の者に限定されている。具体的には、登記されている者（本人、成年後見人、成年後見監督人、任意後見人、任意後見監督人等）のほか、本人の家族（配偶者、４親等内の親族）、未成年後見人等である。これらの者は、法定後見開始の審判又は任意後見監督人選任の審判の申立権を有するので、その申立権を適切に行使するために、本人について法定後見開始の有無、任意後見契約の締結の有無を確認する必要があるとして、交付請求が認められている。また、閉鎖登記事項証明書については、法定後見又は任意後見が終了した後に過去のある時点における本人の行為能力、成年後見人等の権限等に関する紛争が生じるなどしてその内容を確認する必要がある場合があるから、登記されているかを問わず、本人の相続人その他承継人にも交付請求ができることとされている（後見登記法第10条第４項）。他方、取引の相手方については、交付請求を認めるとすると、結局、範囲が広くなりすぎ、交付請求を制限しようという趣旨に反することから、認められていない。登記事項証明書等の右上に、「後見」、「保佐」、「補助」、「任意後見」等と枠囲いが施され、一瞥して何の類型であるか分かるようになっている。

第４　公示制度としての従前の戸籍による取扱い

特定の人の行為能力の制限に関する事項については、もともと戸籍に記載されていたものであるが、治産を禁じられた者という趣旨の「禁治産者」やこれに準ずる者という趣旨の「準禁治産者」という用語もあって社会的偏見が強いこと、これらの宣告が確定すると官報で公告されること又は市区町村長への通知を通じて戸籍への記載がされることについて関係者に心理的抵抗感があること等から、戸籍と切り離し、新たに登記制度として公示することとされた。

従前の禁治産者は被後見人と、準禁治産者は被保佐人とみなされ（民法改正法附則第３条第１項又は第２項)、登記所に申請することにより、戸籍から登記に移行して記載されることになった。なお、申請による後見の登記、保佐の登記がされた者については、登記官から戸籍事務管掌者たる市区町村長に通知され、この通知を受けた市区町村長は、戸籍上の禁治産、準禁治産に関する事項を消除するため新戸籍を再製することとされた（後見登記法原始附則第２条第４項、第５項)。ここで、参考として成年後見登記制度が創設される前の従前の戸籍による取扱いについて紹介する（参考☞後記「戸籍の記載の例」)。

1　禁治産宣告と戸籍の取扱い

⑴　禁治産宣告

精神上の障害により判断能力が欠如し、心神喪失の常況にあるとして禁治産の宣告があったときは、後見が開始し（旧民法（民法改正法による改正前の民法をいう。以下同じ。）第838条第２号)、禁治産者には後見人が付されることとされていた（旧民法第８条)。禁治産者に対する後見人については、配偶者が法定後見人となり（旧民法第840条)、配偶者がいないときは、選定後見人が選任されることとされていた（旧民法第841条、旧家審法（民法改正法による改正前の家事審判法をいう。以下同じ。）第９条第１項甲類第14号)。また、戦前の民法と異なり、後見監督人は、任意機関とされ、必要がある場合に家庭裁判所が被後見人の親族又は後見人の請求によって選任することができることとされていた（旧民法第849条)。

後見が開始するのは禁治産宣告の審判の確定の日であるが、宣告の審判に対して即時抗告が許されるのに対し、後見人選任の審判については保全処分としての緊急性の要請から、即時抗告は許されず告知によってその効力が生じるとされ、選定による後見人は禁治産宣告の審判確定を条件として選任されたものと解されていた(昭和29年8月6日付け民甲1469号回答)。

(2)　届出による戸籍の記載

後見人は、就職の日から10日以内に、後見開始の原因及び年月日（禁治産宣告の審判の確定及びその確定年月日)、後見人就職の年月日を記載して被後見人若しくは後見人の本籍地又は届出人の所在地の市町村長に届け出なければならないとされ（旧戸籍法（民法改正法による改正前の戸籍法をいう。以下同じ。）第81条、第25条)、この届出は、後見開始届によってされていた（報告的届出)。同じく後見監督人の就職も届出によってされていた（旧戸籍法第85条)。

(3)　嘱託による戸籍の記載

後見人若しくは後見監督人の辞任を許可する審判又は解任する審判が効力を生じた場合には、裁判所書記官から遅滞なく戸籍事務管掌者（本籍地の市町村長）に対して戸籍記載の嘱託をしなければならないとされていた(旧家審法第15条の2、旧家審規（旧家審法に基づく家事審判規則をいう。以下同じ。）第21条の2第2号、第3号)。

(4)　禁治産宣告の公告と戸籍事務管掌者への通知

禁治産宣告の審判が確定したときは、裁判所書記官は、遅滞なく、その旨を公告し、かつ、禁治産者の本籍地の戸籍事務管掌者（市町村長）に対しその旨を通知しなければならないとされていた（旧家審規第28条)。

また、後見人を選任する審判は、告知することによって直ちに効力を生ずることを踏まえ（旧家審法第13条本文)、戸籍事務の便宜、後見人を選任する審判が効力を生じたときは、裁判所書記官は、遅滞なく被後見人の本籍地及び後見人の住所地の戸籍事務管掌者（市町村長）に対しその旨を通知しなければならないとされていた（旧家審規第85条)。

２　準禁治産の宣告と戸籍の取扱い

⑴　準禁治産宣告

心神耗弱者＊５や浪費者＊６であるとして準禁治産の宣告があったときは、保佐が開始し、準禁治産者には保佐人が付されることとされていた（旧民法第11条）。準禁治産者に対する保佐人については、配偶者が法定保佐人となり（旧民法第847条第１項、同第840条）、配偶者がいないときは、選定保佐人が選任されることとされていた（旧民法第847条第１項、旧家審法第９条第１項甲類14号）。なお、後見人と異なり、監督人の制度はなく、家庭裁判所が保佐人の選任・辞任の許可及び解任の権限を有するほか、保佐事務に関し相当と認める事項を指示することができるものとされていた（旧家審規第93条、第84条）。

⑵　届出による戸籍の記載

保佐人は、就職の日から10日以内に、保佐開始の原因及び年月日（準禁治産宣告の審判の確定及びその確定年月日）、保佐人就職の年月日を記載して準禁治産者若しくは保佐人の本籍地又は届出人の所在地の市町村長に届け出なければならないとされ（旧戸籍法第85条、第81条、第25条）、この届出は、保佐開始届によってされていた（報告的届出）。

⑶　嘱託による戸籍の記載

保佐人の辞任を許可する審判又は解任する審判が効力を生じた場合には、裁判所書記官から遅滞なく戸籍事務管掌者（本籍地の市町村長）に対して戸籍記載の嘱託をしなければならないとされていた（旧家審法第15条の２、旧家審規第21条の２第２号、第３号）。

⑷　準禁治産宣告の公告と戸籍事務管掌者への通知

準禁治産宣告の審判が確定したときは、裁判所書記官は、遅滞なく、そ

＊５　精神障害の程度が心神喪失の場合のように、意思能力を全く失うまでに至らず、不完全ながらも行為の結果を判断する能力を有する者をいう。

＊６　前後の思慮なく財産を湯水のように使い果たす性癖のある者をいう。

の旨を公告し、かつ、準禁治産者の本籍地の戸籍事務管掌者（市町村長）に対しその旨を通知しなければならないとされていた（旧家審規第30条、第28条）。

また、保佐人を選任する審判は、告知することによって直ちに効力を生ずることを踏まえ（旧家審法第13条本文）、戸籍事務の便宜、保佐人を選任する審判が効力を生じたときは、裁判所書記官は、遅滞なく被保佐人の本籍地及び保佐人の住所地の戸籍事務管掌者（市町村長）に対しその旨を通知しなければならないとされていた（旧家審規第93条、第85条）。

3　審判前の保全処分と戸籍の取扱い

⑴　後見命令等の処分と戸籍の取扱い（嘱託による戸籍の記載）

禁治産宣告の申立てがあった場合に本人の財産の保全のため、申立ての審判の効力が生ずるまでの間、財産管理者の後見を受けるべきことを命じられた場合には、裁判所書記官から遅滞なく戸籍事務管掌者（本籍地の市町村長）に対して戸籍記載の嘱託をしなければならないとされていた（旧家審法第15条の3第1項、旧家審規第21条の2第4号、第23条第2項）。

同様に、準禁治産宣告の申立てがあった場合に本人の財産の保全のため、申立ての審判の効力が生ずるまでの間、財産管理者の保佐を受けるべきことを命じられた場合には、裁判所書記官から遅滞なく戸籍事務管掌者（本籍地の市町村長）に対して戸籍記載の嘱託をしなければならないとされていた（旧家審法第15条の3第1項、旧家審規第21条の2第4号、第30条、第23条第2項）。

⑵　職務執行停止等の処分と戸籍の取扱い（嘱託による戸籍の記載）

後見人若しくは後見監督人の解任の申立てがあった場合に被後見人の利益のため、申立ての審判の効力が生ずるまでの間、後見人若しくは後見監督人の職務の執行を停止する審判及びその職務代行者を選任若しくは改任する審判があった場合には、裁判所書記官から遅滞なく戸籍事務管掌者（本籍地の市町村長）に対して戸籍記載の嘱託をしなければならないとされていた（旧家審法第15条の３第１項、旧家審規第21条の２第２項）。

同様に、保佐人の解任の申立てがあった場合に準禁治産者の利益のため、申立ての審判の効力が生ずるまでの間、保佐人の職務の執行を停止する審判及びその職務代行者を選任若しくは改任する審判があった場合には、裁判所書記官から遅滞なく戸籍事務管掌者（本籍地の市町村長）に対して戸籍記載の嘱託をしなければならないとされていた（旧家審法第15条の３第１項、旧家審規第21条の２第５号）。

第５　従前の戸籍による取扱いと成年後見登記制度との比較

１　類似点

特定の人の行為能力に関する事項を登録、公証するという公示制度の視点から見た場合、大きな骨組みは、後見登記制度に引き継がれているといえる。具体的には、①禁治産宣告があった場合の戸籍の記載内容については、後見の登記に、②準禁治産宣告（心神耗弱を原因とするものに限る（民法改正法附則第３条第２項、第３項）。）があった場合の戸籍の記載内容は、保佐の登記に、③禁治産宣告や準禁治産宣告の申立ての審判の効力が生ずるまでの間に財産管理者による後見命令等や職務執行停止等の保全処分があった場合の戸籍の記載内容については、後見命令等の登記に引き継がれている。

戸籍の戸籍謄本、除籍謄本が果たしていた公証機能は、公示内容が充実した成年後見登記制度の登記事項証明書、閉鎖登記事項証明書によって果たされることになった。

２　相違点

禁治産宣告や準禁治産宣告といった宣告制度やその後の公告がなくなったこと、補助の制度（民法）や任意後見契約の制度（任意後見契約法）が創設されたことに伴い補助の登記や任意後見契約に関する登記の制度が創設されたこと、禁治産者の戸籍に相当する後見の登記や準禁治産者の戸籍に相当する保佐の登記も補助の登記と同様、届出ではなく、嘱託に基づき編成されること（嘱託中心主義）、内容を記載する公簿が戸籍から登記に変わったことにより、事務の管掌者が戸籍事務管掌者（市町村長）から登記官（法務局の職員）に変わったこと、被後見人等につき日本人だけでなく外国人も記載されることになったこと等が挙げられる。

①任意後見契約（報酬の定めがある場合）（将来型）に係る公正証書の例

令和○年　第○○○号

任意後見契約公正証書

本公証人は、委任者甲野一郎（以下「甲」という。）及び受任者乙川二郎（以下「乙」という。）の嘱託により、次の法律行為に関する陳述の趣旨を録取し、この公正証書を作成する。

第１条（契約の趣旨）

甲は、乙に対し、令和○年○月○日、任意後見契約に関する法律に基づき、精神上の障害により事理を弁識する能力が不十分な状況における甲の生活、療養看護及び財産の管理に関する事務（以下「後見事務」という。）を委任し、乙は、これを受任する（以下「本契約」という。）。

第２条（契約の発効時期等）

１　本契約は、任意後見監督人が選任された時からその効力を生ずる。

２　本契約締結後、甲が精神上の障害により事理を弁識する能力が不十分な状況になったときは、乙は、速やかに、家庭裁判所に対し、任意後見監督人の選任の請求をしなければならない。

３　本契約の効力発生後における甲と乙との間の法律関係については、任意後見契約に関する法律及び本契約に定めるもののほか、民法の規定に従う。

第３条（後見事務の範囲）

甲は、乙に対し、別紙「代理権目録（任意後見契約）」【省略】記載の後見事務（以下「本件後見事務」という。）を委任し、その事務処理のための代理権を付与する。

第４条（身上配慮の責務）

乙は、本件後見事務を処理するに当たっては、甲の意思を尊重し、かつ、甲の身上に配慮するものとし、その事務処理のため、適宜甲と面接し、ヘルパーその他日常生活援助者から甲の生活状況につき報告を求め、主治医その他医療関係者から甲の心身の状態につき説明を受けることなどにより、甲の生活状況及び健康状態の把握に努めるものとする。

第５条（証書等の保管等）

１　乙は、甲から本件後見事務処理のために必要な次の証書等及びこれらに準ずるものの引渡しを受けたときは、甲に対し、その明細及び保管方法を記載した預り証を交付する。

登記済権利証・登記識別情報、実印・銀行印、印鑑登録カード、個人番号（マイナンバー）カード、個人番号（マイナンバー）通知カード、預貯金通帳、キャッシュカード、……等の重要な契約書類

２　乙は、本契約の効力発生後、甲以外の者が前項の証書等を占有所持しているときは、その者からこれらの証書等の引渡しを受けて、自らこれを保管することができる。

３　乙は、本件後見事務を処理するために必要な範囲で第１項の証書等を使用するほか、甲宛の郵便物その他の通信を受領し、本件後見事務に関連すると思われるものを開封することができる。

第６条（費用の負担）

乙が本件後見事務を処理するために必要な費用は、甲の負担とし、乙は、その管理する甲の財産からこれを支出することができる。

第７条（報酬）

１　甲は、本契約の効力発生後、乙に対し、本件後見事務処理に対する報酬として、１か月当たり金○○円を当月末日限り支払うものとし、乙は、その管理する甲の財産からその支払を受けることができる。

2　前項の報酬額が次の事由により不相当となった場合には、甲及び乙は、任意後見監督人と協議の上、これを変更することができる。

⑴　甲の生活状況又は健康状態の変化

⑵　経済情勢の変動

⑶　その他現行報酬額を不相当とする特段の事情の発生

3　前項の場合において、甲がその意思を表示することができない状況にあるときは、乙は、甲を代表する任意後見監督人との間の合意によりこれを変更することができる。

4　前2項の変更契約は、公正証書によってしなければならない。

5　後見事務処理が、不動産の売却処分、訴訟行為、その他通常の財産管理事務の範囲を超えた場合には、甲は、乙に対し、毎月の報酬とは別に報酬を支払う。この場合の報酬額は、甲と乙が任意後見監督人と協議の上これを定める。甲がその意思を表示することができないときは、乙は、甲を代表する任意後見監督人との間の合意によりこれを変更することができる。この報酬支払契約は、公正証書によってしなければならない。

第8条（報告）

1　乙は、任意後見監督人に対し、3か月ごとに、本件後見事務に関する次の事項について書面で報告する。

⑴　乙の管理する甲の財産の管理状況

⑵　甲を代理して取得した財産の内容、取得の時期・理由・相手方及び甲を代理して処分した財産の内容、処分の時期・理由・相手方

⑶　甲を代理して受領した金銭及び支払った金銭の状況

⑷　甲の生活、療養看護につき行った措置

⑸　費用の支出及び支出した時期・理由・相手方

⑹　報酬の収受

2　乙は、任意後見監督人の請求があるときは、いつでも速やかにそ

の求められた事項につき報告する。

第９条（契約の解除）

１　甲又は乙は、任意後見監督人が選任されるまでの間は、いつでも公証人の認証を受けた書面によって、本契約を解除することができる。

２　甲又は乙は、任意後見監督人が選任された後は、正当な事由がある場合に限り、家庭裁判所の許可を得て、本契約を解除することができる。

第10条（契約の終了）

１　本契約は、次の場合に終了する。

⑴　甲又は乙が死亡し、又は破産手続開始決定を受けたとき。

⑵　乙が後見開始の審判を受けたとき。

⑶　乙が任意後見人を解任されたとき。

⑷　甲が任意後見監督人選任後に法定後見（後見・保佐・補助）開始の審判を受けたとき。

⑸　本契約が解除されたとき。

２　任意後見監督人が選任された後に前項各号の事由が生じた場合、甲又は乙は、速やかにその旨を任意後見監督人に通知するものとする。

３　任意後見監督人が選任された後に第１項各号の事由が生じた場合、甲又は乙は、速やかに任意後見契約の終了の登記を申請しなければならない。

本　旨　外　要　件

本　籍　東京都千代田区霞が関一丁目１番

住　所　東京都千代田区霞が関一丁目２番地

無　職

委任者（甲）　甲　野　一　郎

昭和３０年１２月２９日生

上記は、印鑑証明書の提出により人違いでないことを証明させた。

住　所　東京都千代田区霞が関一丁目１番２号

社会福祉士

受任者（乙）　乙　川　二　郎

上記は、印鑑証明書の提出により人違いでないことを証明させた。

前記各事項を列席者に読み聞かせたところ、各自これを承認し、以下に署名押印する。

甲　野　一　郎　㊞

乙　川　二　郎　㊞

この証書は、令和○年○月○日、東京都××市××町×丁目×番地東京××病院内において、法定の方式に従って作成し、以下に署名押印する。

東京都千代田区九段南一丁目１番１５号

東京法務局所属

公証人　山　田　太　郎　㊞

この謄本は、令和○年○月○日本職役場において、原本に基づき作成した。

東京都千代田区九段南一丁目１番１５号

東京法務局所属

公証人　山　田　太　郎　印

〔「代理権目録（任意後見契約）」を別紙として添付する。〕

（参考）日本公証人連合会「新版　証書の作成と文例　家事関係編〔改訂版〕」立花書房（2017年）

②任意後見契約（報酬の定めがある場合）（移行型）に係る公正証書の例

令和○年　第○○○号

委任契約及び任意後見契約公正証書

本公証人は、委任者甲野一郎（以下「甲」という。）及び受任者乙川二郎（以下「乙」という。）の嘱託により、次の法律行為に関する陳述の趣旨を録取し、この公正証書を作成する。

第1　委任契約

第1条（契約の趣旨）

甲は、乙に対し、令和○年○月○日、甲の生活、療養看護及び財産の管理に関する事務（以下「委任事務」という。）を委任し、乙は、これを受任する（以下「本委任契約」という。）。

第2条（任意後見契約との関係）

1　本委任契約締結後、甲が精神上の障害により事理を弁識する能力が不十分な状況になったときは、乙は、速やかに、家庭裁判所に対し、任意後見監督人の選任の請求をしなければならない。

2　本委任契約は、第2の任意後見契約につき任意後見監督人が選任され、同契約が効力を生じた時に終了する。

第3条（委任事務の範囲）

1　甲は、乙に対し、別紙「代理権目録（委任契約）」【省略】記載の委任事務（以下「本件委任事務」という。）を委任し、その事務処理のための代理権を付与する。

2　乙は、甲の身上に配慮するものとし、適宜甲と面談し、ヘルパーその他日常生活援助者から甲の生活状況につき報告を求め、主治医その他の医療関係者から甲の心身の状態につき説明を受けることなどにより、甲の生活状況及び健康状態の把握に努めなければならない。

第４条（証書等の引渡し等）

1　甲は、乙に対し、本件委任事務処理のために必要と認める範囲で、適宜の時期に、次の証書等及びこれらに準ずるものを引き渡す。

登記済権利証・登記識別情報、実印・銀行印、印鑑登録カード、個人番号（マイナンバー）カード、個人番号（マイナンバー）通知カード、預貯金通帳、キャッシュカード、……等の重要な契約書類

2　乙は、前項の証書等の引渡しを受けたときは、甲に対し、預り証を交付してこれを保管し、右証書等を本件委任事務処理のために使用することができる。

第５条（費用の負担）

乙が本件委任事務を処理するために必要な費用は、甲の負担とし、乙は、その管理する甲の財産からこれを支出することができる。

第６条（報酬）

甲は、乙に対し、本件委任事務処理に対する報酬として、１か月当たり金○○円を当月末日限り支払うものとし、乙は、その管理する甲の財産からその支払を受けることができる。

第７条（報告）

1　乙は、甲に対し、○か月ごとに、本件委任事務処理の状況につき報告書を提出して報告する。

2　甲は、乙に対し、いつでも、本件委任事務処理の状況につき報告を求めることができる。

第８条（契約の変更）

本委任契約に定める代理権の範囲を変更する契約は、公正証書によってするものとする。

第９条（契約の解除）

甲及び乙は、いつでも公証人の認証を受けた書面によって本委任契約を解除することができる。ただし、本委任契約の解除は、後記本任意後見契約の解除とともにしなければならない。

第10条（契約の終了）

本委任契約は、第２条第２項に定める場合のほか、次の場合に終了する。

(1) 甲又は乙が死亡し、又は破産手続開始決定を受けたとき。

(2) 甲又は乙が後見開始の審判を受けたとき。

(3) 本委任契約が解除されたとき。

第２　任意後見契約

第１条（契約の趣旨）

甲は、乙に対し、令和○年○月○日、任意後見契約に関する法律に基づき、精神上の障害により事理を弁識する能力が不十分な状況における甲の生活、療養看護及び財産の管理に関する事務（以下「後見事務」という。）を委任し、乙は、これを受任する（以下「本任意後見契約」という。）。

第２条（契約の発効時期等）

1　本任意後見契約は、任意後見監督人が選任された時からその効力を生ずる。

2　本任意後見契約締結後、甲が精神上の障害により事理を弁識する能力が不十分な状況になったときは、乙は、速やかに、家庭裁判所に対し、任意後見監督人の選任の請求をしなければならない。

3　本任意後見契約の効力発生後における甲と乙との間の法律関係については、任意後見契約に関する法律及び本任意後見契約に定めるもののほか、民法の規定に従う。

第３条（後見事務の範囲）

甲は、乙に対し、別紙「代理権目録（任意後見契約）」【省略】記載の後見事務（以下「本件後見事務」という。）を委任し、その事務処理のための代理権を付与する。

第4条（身上配慮の責務）

乙は、本件後見事務を処理するに当たっては、甲の意思を尊重し、かつ、甲の身上に配慮するものとし、その事務処理のため、適宜甲と面接し、ヘルパーその他日常生活援助者から甲の生活状況につき報告を求め、主治医その他医療関係者から甲の心身の状態につき説明を受けることなどにより、甲の生活状況及び健康状態の把握に努めるものとする。

第5条（証書等の保管等）

1　乙は、甲から本件後見事務処理のために必要な次の証書等及びこれらに準ずるものの引渡しを受けたときは、甲に対し、その明細及び保管方法を記載した預り証を交付する。

登記済権利証・登記識別情報、実印・銀行印、印鑑登録カード、個人番号（マイナンバー）カード・個人番号（マイナンバー）通知カード、預貯金通帳、キャッシュカード、……等の重要な契約書類

2　乙は、本任意後見契約の効力発生後、甲以外の者が前項の証書等を占有所持しているときは、その者からこれらの証書等の引渡しを受けて、自らこれを保管することができる。

3　乙は、本件後見事務を処理するために必要な範囲で第1項の証書等を使用するほか、甲宛の郵便物その他の通信を受領し、本件後見事務に関連すると思われるものを開封することができる。

第6条（費用の負担）

乙が本件後見事務を処理するために必要な費用は、甲の負担とし、乙は、その管理する甲の財産からこれを支出することができる。

第7条（報酬）

1　甲は、本任意後見契約の効力発生後、乙に対し、本件後見事務処理に対する報酬として、１か月当たり金○○円を当月末日限り支払うものとし、乙は、その管理する甲の財産からその支払を受けることができる。

2　前項の報酬額が次の事由により不相当となった場合には、甲及び乙は、任意後見監督人と協議の上、これを変更することができる。

⑴　甲の生活状況又は健康状態の変化

⑵　経済情勢の変動

⑶　その他現行報酬額を不相当とする特段の事情の発生

3　前項の場合において、甲がその意思を表示することができない状況にあるときは、乙は、甲を代表する任意後見監督人との間の合意によりこれを変更することができる。

4　前２項の変更契約は、公正証書によってしなければならない。

5　後見事務処理が、不動産の売却処分、訴訟行為、その他通常の財産管理事務の範囲を超えた場合には、甲は、乙に対し、毎月の報酬とは別に報酬を支払う。この場合の報酬額は、甲と乙が任意後見監督人と協議の上これを定める。甲がその意思を表示することができないときは、乙は、甲を代表する任意後見監督人との間の合意によりこれを定めることができる。この報酬支払契約は、公正証書によってしなければならない。

第８条（報告）

1　乙は、任意後見監督人に対し、３か月ごとに、本件後見事務に関する次の事項について書面で報告する。

⑴　乙の管理する甲の財産の管理状況

⑵　甲を代理して取得した財産の内容、取得の時期・理由・相手方及び甲を代理して処分した財産の内容、処分の時期・理由・相手方

⑶　甲を代理して受領した金銭及び支払った金銭の状況
⑷　甲の生活又は療養看護につき行った措置
⑸　費用の支出及び支出した時期・理由・相手方
⑹　報酬の収受
２　乙は、任意後見監督人の請求があるときは、いつでも速やかにその求められた事項につき報告する。
第９条（契約の解除）
１　甲又は乙は、任意後見監督人が選任されるまでの間は、いつでも公証人の認証を受けた書面によって、本任意後見契約を解除することができる。ただし、本任意後見契約の解除は、本委任契約の解除とともにしなければならない。
２　甲又は乙は、任意後見監督人が選任された後は、正当な事由がある場合に限り、家庭裁判所の許可を得て、本任意後見契約を解除することができる。
第10条（契約の終了）
１　本任意後見契約は、次の場合に終了する。
⑴　甲又は乙が死亡し、又は破産手続開始決定を受けたとき。
⑵　乙が後見開始の審判を受けたとき。
⑶　乙が任意後見人を解任されたとき。
⑷　甲が任意後見監督人選任後に法定後見（後見・保佐・補助）開始の審判を受けたとき。
⑸　本任意後見契約が解除されたとき。
２　任意後見監督人が選任された後に前項各号の事由が生じた場合、甲又は乙は、速やかにその旨を任意後見監督人に通知するものとする。
３　任意後見監督人が選任された後に第１項各号の事由が生じた場合、甲又は乙は、速やかに任意後見契約の終了の登記を申請しなければならない。

（本旨外要件省略（任意後見契約（将来型）参照））

〔「代理権目録（任意後見契約）」を別紙として添付する。〕

（参考）日本公証人連合会「新版　証書の作成と文例　家事関係編〔改訂版〕」立花書房（2017年）

③任意後見契約（報酬の定めがある場合）（即効型）に係る公正証書の例

令和○年　第○○○号

任意後見契約公正証書

本公証人は、委任者甲野一郎（以下「甲」という。）及び受任者乙川二郎（以下「乙」という。）の嘱託により、次の法律行為に関する陳述の趣旨を録取し、この公正証書を作成する。

第１条（契約の趣旨）

甲は、乙に対し、令和○年○月○日、任意後見契約に関する法律に基づき精神上の障害により事理を弁識する能力が不十分な状況における甲の生活、療養看護及び財産の管理に関する事務（以下「後見事務」という。）を委任し、乙は、これを受任する（以下「本契約」という。）。

第２条（契約の発効時期等）

1　本契約は、任意後見監督人が選任された時からその効力を生ずる。

2　乙は、本契約に基づく任意後見契約締結の登記完了後直ちに（○○日以内に）家庭裁判所に対し、任意後見監督人の選任の請求をする。

3　本契約の効力発生後における甲と乙との間の法律関係については、任意後見契約に関する法律及び本契約に定めるもののほか、民法の規定に従う。

〔第３条以下は、任意後見契約（将来型）に同じ。〕

（参考）日本公証人連合会「新版　証書の作成と文例　家事関係編〔改訂版〕」立花書房（2017年）

④任意後見契約に係る登記嘱託書記載例（任意後見契約締結の場合）

登　記　嘱　託　書

登　記　の　事　由	任意後見契約の締結	
任意後見契約の本人	フ　リ　ガ　ナ	コウノ　イチロウ
	氏　　　名	甲　野　一　郎
	生　年　月　日	明治・大正・昭和・㊥平成 30年12月29日
	住　　　所	東京都千代田区霞が関一丁目1番1号
	本籍（国籍）	東京都千代田区霞が関一丁目2番地
①　任意後見受任者	フ　リ　ガ　ナ	オツカワ　ジロウ
	氏名又は名称	乙　川　二　郎
	住所又は所在地	東京都千代田区霞が関一丁目1番2号
②　任意後見受任者（代理権の共同行使の定めのある場合）	フ　リ　ガ　ナ	
	氏名又は名称	
	住所又は所在地	
代　理　権　の　範　囲	別紙「代理権目録」記載のとおり	
代理権共同行使の定め	㊒無　有　別紙「代理権の共同行使の特約目録」記載のとおり	
公　正　証　書　の　内　容	公証人の氏名	山　田　太　郎
	所属法務局	東京法務局
	証　書　番　号	令和○年第○○○号
	作　成　年　月　日	令和○年○月○日
添　付　書　類	任意後見契約公正証書謄本	
登記手数料の額	金2，600円	

上記のとおり嘱託します。　　令和○年○月○日

東京法務局　御中

嘱託人　東京法務局千代田区九段南1－1－15

公証人　　山　田　太　郎　印

（電話）　03－1234－5678

※代理権共同行使の定めの欄は、無・有のいずれかを○で囲む。

※住所は、住民票上の住所を記入する。

※任意後見受任者が３人以上いる場合は、適宜「任意後見受任者」の欄を補充する。

（収入印紙貼付欄）

⑤登記の分類（イメージ）

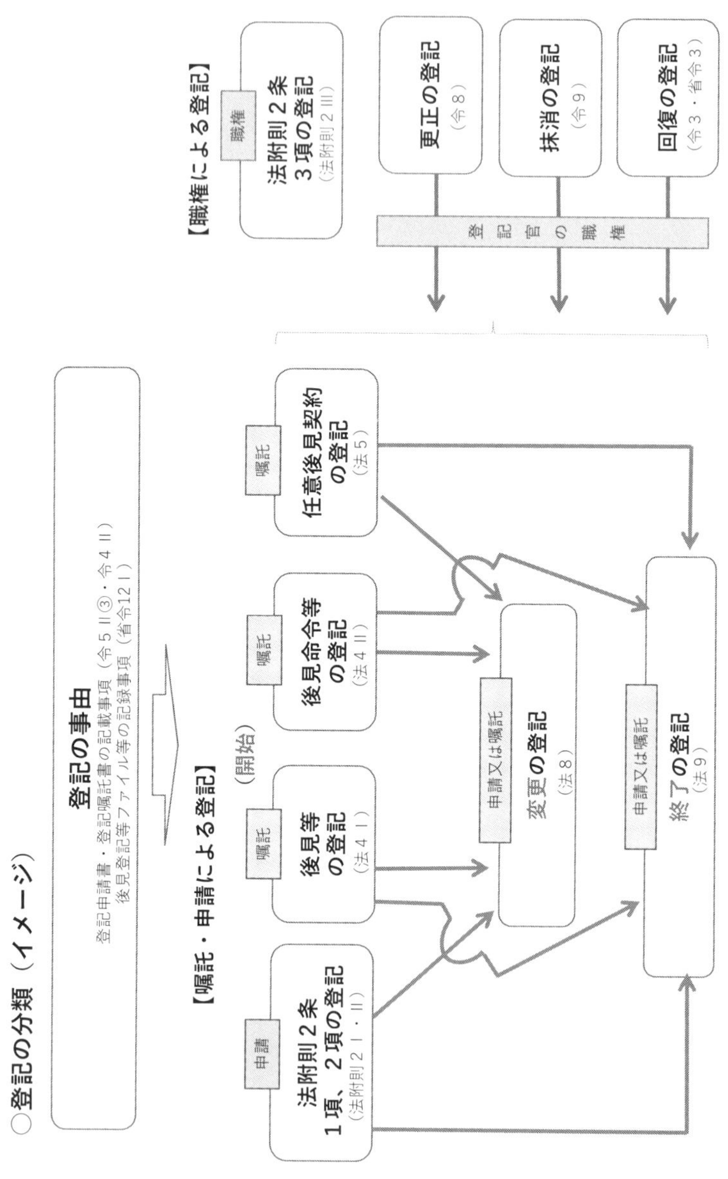
○登記の分類（イメージ）
登記の事由
登記申請書・登記嘱託書の記載事項（令５Ⅱ③・令４Ⅱ）
後見登記等ファイル等の記録事項（省令12Ⅰ）
【嘱託・申請による登記】
（開始）
申請
法附則２条１項、２項の登記
（法附則２Ⅰ・Ⅱ）
嘱託
後見等の登記
（法４Ⅰ）
嘱託
後見命令等の登記
（法４Ⅱ）
嘱託
任意後見契約の登記
（法５）
申請又は嘱託
変更の登記
（法８）
申請又は嘱託
終了の登記
（法９）
【職権による登記】
職権
法附則２条３項の登記
（法附則２Ⅲ）
更正の登記
（令８）
抹消の登記
（令９）
回復の登記
（令３・省令３）
登記官の職権

⑥成年後見登記システムにおいて事務処理をする場合の流れ（イメージ）

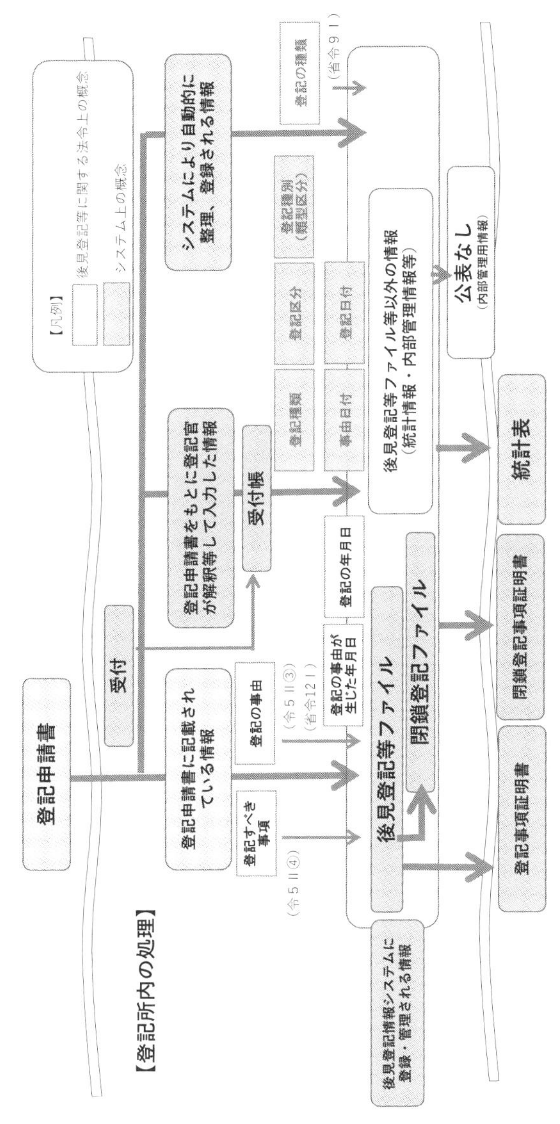

⑦戸籍の記載の例

1　禁治産に関する戸籍の記載

（禁治産者（夫）について妻から後見開始届が本籍地にされた場合の戸籍の記載）

本籍　東京都千代田区平河町一丁目四番地

氏名　甲野義太郎

平成四年壱月拾日編製㊞

出生事項（省略）

婚姻事項（省略）

平成六年弐月八日禁治産宣告の裁判確定同日妻後見人に就職同月拾壱日届出㊞

父　甲野幸雄

母　松子

長男

夫　義太郎

出生　昭和四拾年六月弐拾壱日

2　準禁治産に関する戸籍の記載

（準禁治産者（夫）について妻から保佐開始届が本籍地にされた場合の戸籍の記載）

本籍	東京都千代田区平河町一丁目四番地
氏名	甲野義太郎

平成四年壱月拾日編製㊞

出生事項（省略）

婚姻事項（省略）

平成六年弐月八日準禁治産宣告の裁判確定同日妻保佐人に就職同月拾壱日届出㊞

父	甲野幸雄
母	松子
続柄	長男
夫	義太郎
出生	昭和四拾年六月弐拾壱日

３　後見命令に関する戸籍の記載

（財産管理者の後見を受けるべき旨の命令発効による嘱託及びその後の命令失効による嘱託があった場合の戸籍の記載）

項目	記載
本籍	東京都千代田区平河町一丁目四番地
氏名	甲野義太郎
	平成四年壱月拾日編製㊞
	（出生事項省略）
	平成四年壱月拾日分籍届出京都市上京区小山初音町拾五番地甲野幸雄戸籍から入籍㊞
	平成五年拾月八日財産管理者東京都千代田区平河町一丁目五番地丙原孝吉による後見命令発効同月拾弐日嘱託㊞
	平成六年弐月八日財産管理者丙原孝吉による後見命令失効同月拾壱日嘱託㊞
父	甲野幸雄
母	松子
続柄	長男
夫	義太郎
出生	昭和四拾年六月弐拾壱日

第２章　逐条解説

第１　後見登記等に関する法律（平成11年法律第152号）の逐条解説

（趣旨）

第一条　民法（明治二十九年法律第八十九号）に規定する後見（後見開始の審判により開始するものに限る。以下同じ。）、保佐及び補助に関する登記並びに任意後見契約に関する法律（平成十一年法律第百五十号）に規定する任意後見契約の登記（以下「後見登記等」と総称する。）については、他の法令に定めるもののほか、この法律の定めるところによる。

Ⅰ　本条の趣旨

本条は、後見登記等に関する法律（以下「本法」又は単に「法」という。）の趣旨[＊1]を定めるものである。

本法は、①民法に規定する、後見（後見開始の審判により開始するものに限る。以下同じ。）、保佐及び補助に関する登記と、②任意後見契約に関する法律（以下「任意後見契約法」という。）に規定する任意後見契約の登記の２つについて「後見登記等」と総称し、後見登記等につい

＊１　近似の法律には、第１条に目的規定又は趣旨規定を置くものが多いが、本法では目的規定を置く不動産登記法（平成16年法律第123号）や商業登記法（昭和38年法律第125号）と異なり、趣旨規定を置いている。目的規定は、通常、その法令の立法目的を簡潔に表現したものであり、その法令の達成しようとする目的の理解を容易ならしめるとともに、その法令の他の条文の解釈にも役立たせるという趣旨で設けられるものである一方、趣旨規定は、その法令で規定する事項の内容そのものを要約したものである（法制執務研究会編「新訂ワークブック法制執務（第２版）」ぎょうせい（2018年）85頁）。

ては、原則として本法で定めることを明らかにしている。

Ⅱ　後見登記制度における登記

本法では、Ⅰのとおり、後見登記等として、後見、保佐及び補助に関する登記と任意後見契約の登記の２つの概念に分けているほか、登記記録について、①後見等の登記（法第４条第１項柱書）、②任意後見契約の登記（法第５条）、③後見命令等の登記（法第４条第２項柱書）の３種類の登記を規定している。本条にいう「後見、保佐及び補助に関する登記」には、①と③の登記が含まれる。

１　後見等の登記

後見等とは、後見、保佐又は補助の総称であり（法第４条第１項柱書）、後見等の登記とは、後見、保佐又は補助の登記を指す。民法に規定する後見、保佐及び補助の制度は、成年後見人、保佐人及び補助人の事務や権限等が法定されていることから、講学上、「法定後見制度」と呼ばれ、これに関わる登記は、「法定後見の登記」と呼ばれることがあるが、後見等の登記と同義である。

後見等の登記には、①登記記録が起こされる、後見等の開始の審判に基づく登記、②その後、登記された事項に変更が生じた場合に行われる、変更の登記、③後見等が終了した場合に行われる、終了の登記の３種類がある。

２　任意後見契約の登記

任意後見契約の登記とは、任意後見契約法に規定する任意後見契約の制度に関する登記を指す。任意後見契約とは、委任者本人が、受任者に対し、精神上の障害により事理を弁識する能力が不十分な状況における自己の生活、療養看護及び財産の管理に関する事務の全部又は一部を委託し、その委託に係る事務について代理権を付与する委任契約で、任意後見監督人が選任された時から契約の効力が生ずる旨の定めのある契約をいう（任意後見契約法第２条第１号）。この場合の受任者は、任意後見監督人が選任される前は任意後見受任者と呼ばれ、任意後見監督人が選任された後は任意後見人となる（任意後見契約法第２条第３号、第４号）。任意後見契約の締結は、公証人の作成する公正証書によって行われ、公証人から登記所に対し、登記の嘱託がされる（公証人法第57条ノ３）。

任意後見契約の登記には、①登記記録が起こされる、任意後見契約の締結の登記、②その後、登記された事項に変更が生じた場合に行われる、変更の登記、③任意後見契約が終了した場合に行われる、終了の登記の３種類がある。

３　後見命令等の登記

後見命令等の登記とは、家事事件手続法（平成23年法律第52号）第126条（後見開始の審判事件を本案とする保全処分）第２項、第134条（保佐開始の審判事件を本案とする保全処分）第２項又は第143条（補助開始の審判事件を本案とする保全処分）第２項の規定による、財産の管理者の後見、保佐又は補助を受けることを命ずる審判前の保全処分（後見命令、保佐命令又は補助命令）の登記を指す。

家庭裁判所は、後見等の開始の審判（即時抗告における裁判を含む。以下同じ。）の申立てがあった場合において、成年被後見人等（成年被後見人、被保佐人又は被補助人をいう。以下同じ。）となるべき者の財産の保全のため特に必要があるときは、当該申立てをした者の申立てにより、後見等の開始の審判が効力を生ずるまでの間、成年被後見人等の財産上の行為につき、財産の管理者の後見、保佐又は補助を受けるべきことを命ずる審判（後見の場合は、民法第９条ただし書に規定する日用品の購入その他日常生活に関する行為を除く。以下「後見命令等の審判」という。）をすることができる（家手法第126条第２項、第134条第２項、第143条第２項）。

後見命令等の審判があったときは、成年被後見人等となるべき者及びその財産の管理者は、当該成年被後見人等となるべき者が当該財産の管理者の同意を得ないでした財産上の行為を取り消すことができる（後見の場合は、管理者の同意の有無は問わない。家手法第126条第７項、第134条第５項、第143条第５項）。

後見命令等の登記には、①登記記録が起こされる、後見命令等の審判に基づく登記、②その後、登記された事項に変更が生じた場合に行われる、変更の登記、③後見命令等が効力を失った場合に行われる、終了の登記の３種類がある。

Ⅲ　他の法令に定めるもの

法令とは、法律、政令及び省令を指すところ、他の法令として、後見登記等に関する政令（平成12年政令第24号。以下単に「令」という。）、後見登記等に関する省令（平成12年法務省令第２号。以下単に「省令」という。）のほか、登記の嘱託の手続を定める家事事件手続法（平成23年法律第52号）（第116条）、任意後見契約の登記について嘱託の手続や手数料を定める公証人法（明治41年法律第53号）（第57条ノ３、第７条）、登記事項証明書や登記の嘱託等の登記手数料の額を定める登記手数料令（昭和24年政令第140号）（第２条～第５条、第13条～第18条）等がある。

（登記所）

第二条　後見登記等に関する事務は、法務大臣の指定する法務局若しくは地方法務局若しくはこれらの支局又はこれらの出張所（次条において「指定法務局等」という。）が、登記所としてつかさどる。

２　前項の指定は、告示してしなければならない。

Ⅰ　本条の趣旨

本条は、後見登記等に関する事務をつかさどる登記所について定めるものである。

第１項において、後見登記等に関する事務は、法務大臣が指定する法務局若しくは地方法務局（以下「本局」という。）若しくは、これら本局の支局、さらにはこれら本局又は支局の出張所が登記所となること、第２項において、法務大臣の指定は、告示によることを定めている。指定を告示して行うのは、国民に広く周知するためである。

Ⅱ　後見登記事務を取り扱う登記所

本法では、後見登記等に関する事務を所掌する官署を登記所と呼んでいるが、登記所という名称の行政機関はなく、法務省の地方支分部局である法務局若しくは地方法務局若しくはこれらの支局又はこれらの出張所がこれに該当する。

後見登記等に関する事務については、大きく、①公示すべき事項を登記する事務（いわゆる甲号事務）と、②登記された事項を公証（証明）する事務（いわゆる乙号事務）とに分けられる。

甲号事務と乙号事務の両方を含む後見登記等に関する事務全般を行う登記所として、平成12年法務省令告示第83号をもって、東京法務局*2が指定された。

その後、後見登記等に関する法律第10条に規定する登記事項証明書及び閉鎖事項証明書の交付の事務（いわゆる乙号事務）をつかさどる登記所として、平成17年法務省令告示第63号をもって、東京法務局を除く全国の法務局、地方法務局が指定された。

より具体的にいえば、甲号事務と乙号事務の両方を含む後見登記等に関する事務全般を行うのは、東京法務局本局の民事行政部後見登録課のみである一方（全国で１か所）、乙号事務は、東京法務局本局以外の各

＊２　東京法務局のみ指定されたのは、登記事務を取り扱うには、コンピュータシステムを備えなければならず、そのための経費がかかり、それが制度を利用する者の負担する手数料に反映されるため、この経費をできるだけ抑える必要があること、制度の施行前に正確な利用予測ができないこと等が勘案されたとされている（法務省民事局「成年後見登記の実務」テイハン（2001年）20頁）。

地の法務局本局又は地方法務局本局の戸籍課で取り扱われている（全国49か所）。

（登記官）
第三条　登記所における事務は、指定法務局等に勤務する法務事務官で、法務局又は地方法務局の長が指定した者が、登記官として取り扱う。

Ⅰ　本条の趣旨

本条は、登記所における後見登記等に関する事務は、指定法務局等の長が指定する、指定法務局に在籍する法務事務官が登記官として行うことを定めるものである。

これは、不動産登記に関する事務や商業・法人登記に関する事務と同様、法務局が行う登記事務は、法令の規定のみに従って厳正に執行されるべき性質の事務であるため、独立の権限を有する国の機関である登記官に取り扱わせるのが相当と考えられたことによるものである。

Ⅱ　登記官の職務権限

登記官は、登記事務の個別的処理については独立の処分庁であり、その処分については、審査請求や行政事件訴訟の対象となる。

登記は、嘱託又は申請によりされるのが原則であり（法第４条、第５条)、後見登記等に関する法令上、不動産登記法第29条のような実地調査を認める規定は置かれていない。登記官には、嘱託書若しくは申請書、添付書面及び後見登記等ファイル等のほかは、審査の資料を職務上得るための手段がないこと、審査に当たっての却下事由が限定列挙されている上、その事由のほとんどが、形式的、手続的事由であることから（令第７条)、その審査は、形式的なものになる（形式的審査主義)。商業登記法（第24条第９号）と異なり、「登記すべき事項につき無効（又は取消しの）原因があるとき」が却下事由（令第７条）とされていないのは、後見登記等においては申請書又は嘱託書とその添付書面自体から登記官が無効と判断できる事態が考えにくいことを考慮したものであるが、登記官が職権により行う登記の抹消事由には、「登記された事項につき無効の原因があること。[*3]」が掲げられており（令第９条第１項第２号）、登記官の通常の職務権限の中にも登記事項の効力の有無という実体的な事項を判断することが含まれていると考えられる。

（後見等の登記等）

第四条　後見、保佐又は補助（以下「後見等」と総称する。）の登記は、嘱託又は申請により、磁気ディスク（これに準ずる方法により一定の事項を確実に記録することができる物を含む。第九条において同じ。）をもって調製する後見登記等ファイルに、次に掲げる事項を記録することによって行う。

一　後見等の種別、開始の審判をした裁判所、その審判の事件の表示及び確定の年月日

二　成年被後見人、被保佐人又は被補助人（以下「成年被後見人等」と総称する。）の氏名、出生の年月日、住所及び本籍（外国人にあっては、国籍）

三　成年後見人、保佐人又は補助人（以下「成年後見人等」と総称する。）の氏名又は名称及び住所

＊３　令第７条の却下事由に「登記すべき事項につき無効原因があるとき」は掲げられていないが、登記の申請時に無効な原因があることが判明している場合には登記した上で抹消することは意味がない上、その場合には、「事件が登記すべきものでないとき。」（令第７条第１号）に該当すると考えられるので、登記の申請時に登記官において登記すべき事項に無効の原因があることが分かる場合には、登記されないと考えられる。

四　成年後見監督人、保佐監督人又は補助監督人（以下「成年後見監督人等」と総称する。）が選任されたときは、その氏名又は名称及び住所

五　保佐人又は補助人の同意を得ることを要する行為が定められたときは、その行為

六　保佐人又は補助人に代理権が付与されたときは、その代理権の範囲

七　数人の成年後見人等又は数人の成年後見監督人等が、共同して又は事務を分掌して、その権限を行使すべきことが定められたときは、その定め

八　後見等が終了したときは、その事由及び年月日

九　家事事件手続法（平成二十三年法律第五十二号）第百二十七条第一項（同条第五項並びに同法第百三十五条及び第百四十四条において準用する場合を含む。）の規定により成年後見人等又は成年後見監督人等の職務の執行を停止する審判前の保全処分がされたときは、その旨

十　前号に規定する規定により成年後見人等又は成年後見監督人等の職務代行者を選任する審判前の保全処分がされたときは、その氏名又は名称及び住所

十一　登記番号

2　家事事件手続法第百二十六条第二項、第百三十四条第二項又は第百四十三条第二項の規定による審判前の保全処分（以下「後見命令等」と総称する。）の登記は、嘱託又は申請により、後見登記等ファイルに、次に掲げる事項を記録することによって行う。

一　後見命令等の種別、審判前の保全処分をした裁判所、その審判前の保全処分の事件の表示及び発効の年月日

二　財産の管理者の後見、保佐又は補助を受けるべきことを命ぜら

れた者（以下「後見命令等の本人」と総称する。）の氏名、出生の年月日、住所及び本籍（外国人にあっては、国籍）
三　財産の管理者の氏名又は名称及び住所
四　家事事件手続法第百四十三条第二項の規定による審判前の保全処分において、財産の管理者の同意を得ることを要するものと定められた行為
五　後見命令等が効力を失ったときは、その事由及び年月日
六　登記番号

Ⅰ　本条の趣旨

本条は、後見等の登記（第１項）及び後見命令等の登記（第２項）について、登記の方法及び登記すべき事項を定めるものである。

Ⅱ　後見登記等ファイル

後見登記等ファイルは、登記すべき事項を記録する電磁的なファイルである。「磁気ディスク」とは、磁気記録によってデータを記録できる磁性表面層を持つ円盤状の記録媒体であるが、本条第１項により定義される磁気ディスクには、これに準ずる方法により一定の事項を確実に記録することができるものも含まれるとされていることから、磁気テープ、カートリッジテープ、光ディスク等、様々な電磁的記録媒体が含まれる。磁気ディスクは、大量のデータを記録するとともに、短時間にデータの読み取りや書き込みができることから、後見等の登記等の記録にこれを利用することで、後見登記事務の円滑、迅速、正確な処理が可能になる。具体的には、データベースに記録されている情報の検索が容易になり、新たに入力して情報を更新したり、出力を指示して速やかに証明書を発行したりすることができるようになるなど、登記の正確性や事務処理に係る作業時間の大幅な短縮が可能となる。なお、法第９条に規定する閉鎖登記ファイルも、磁気ディスクをもって調製することとされている。

Ⅲ　嘱託・申請主義

登記は、法令に別段の定めがある場合を除くほか、嘱託又は申請がなければすることができない（嘱託・申請主義。本条、法第５条、令第４条）。つまり、登記をするには端緒が必要であり、法令に別段の定めがないにもかかわらず、登記官が自由に職権で登記の記録をすることはできない（令第８条、第９条）。

登記の嘱託は、裁判所書記官から、家事事件手続法第116条及び家事事件手続規則（平成24年最高裁判所規則第８号。以下「家手規」という。）第77条に基づき、①家事事件手続法別表第１に掲げる事項についての審判又はこれに代わる裁判が効力を生じた場合（家手法第116条第１号等）、②審判前の保全処分が効力を生じ、又は効力を失った場合（家手法第116条第２号）、③後見開始、保佐開始若しくは補助開始の審判又はこれに代わる裁判が効力を生じた場合において、任意後見契約法第10条第３項の規定により終了する任意後見契約があるときに（家手規第77条第３項）、登記所に対して行われるほか、任意後見契約を締結したときに公証人から、登記所に対して行われる（公証人法第57条ノ３第１項）。

裁判所書記官による登記の嘱託は、嘱託書に、①成年被後見人等、財産の管理者の後見、保佐若しくは補助を受けることを命ぜられた者又は任意後見契約法第２条第２号の本人の氏名、出生年月日、住所及び本籍（外国人にあっては、国籍）、②登記すべき事項を記録すべき登記記録があるときは、その登記記録の登記番号、③登記の事由（登記の原因）、④登記すべき事項、⑤嘱託の年月日、⑥裁判所書記官の氏名及び所属裁判所、⑦登記所の表示、⑧登記手数料の額を記載した上、登記の事由を証する書面を添付して行われる（家手規第77条第４項）。

登記の申請は、登記申請書に、①申請人の氏名又は名称及び住所並びに申請人の資格、②代理人によって申請するときは、その氏名及び住所、③登記の事由（登記の原因）、④変更又は終了の登記の申請にあっては、成年被後見人等、任意後見契約の本人又は後見命令等の本人の出生年月日及び住所又は本籍（外国人にあっては、国籍）又は登記番号、⑤手数料の額、⑥登記申請の年月日、⑦登記所の表示を記載し（令第５条、省令第６条）、登記の事由を証する書面のほか、申請人が法人であるときは、代表者の資格証明書、代理人によって申請するときは委任状を添付しなければならない（令第６条）。

Ⅳ　後見等の登記について

１　後見等の登記の嘱託又は申請

後見等の登記は、裁判所書記官からの嘱託又は申請人からの申請に基づいて、後見登記等ファイルに所要の事項を記録することによって行われる。

後見等の登記が裁判所書記官からの嘱託によって行われるのは、後見等の開始の審判又はその取消しの審判（家手規第77条第１項第１号）、成年後見人等の選任又は解任の審判（家手規第77条第１項第２号、第５号）、保佐人又は補助人の同意を得なければならない行為の定めの審判又は代理権の付与の審判（家手規第77条第１項第７号、第８号）、成年後見監督人等の選任又は解任の審判（家手規第77条第１項第２号、第５号）、数人の成年後見人等又は成年後見監督人等の権限の共同・分掌を定める審判（家手規第77条第１項第６号）、成年後見人等又は成年後見監督人等の職務執行停止、職務代行者の選任の審判（家手規第77条第２項第２号）等、最高裁判所の定める一定の審判があった場合である。

後見等の登記が関係者からの申請によって行われるのは、成年被後見人等の氏名、住所等に変更があった場合にされる変更の登記や成年被後見人等が死亡した場合等にされる終了の登記である。

２　後見等の登記の登記すべき事項

第１項は、後見等の登記の登記すべき事項について列挙している。

⑴　後見等の種別、開始の審判をした裁判所、その審判の事件の表示及び確定の年月日（第１号）

後見等の登記については、後見等の開始の審判ごとに編成されることから（第６条）、どのような審判について登記記録が編成されたのかを明らかにするため、後見、保佐又は補助の別、後見、保佐、又は補助の開始の審判をした裁判所とその審判の事件の表示及び確定の年月日が登記事項とされたものである。

⑵　成年被後見人、被保佐人又は被補助人（以下「成年被後見人等」と総称する。）の氏名、出生の年月日、住所及び本籍（外国人にあっては、国籍）（第２号）

後見等の開始の審判の当事者を特定するため、成年被後見人、被保佐人又は被補助人の氏名、出生の年月日、住所及び本籍が登記事項とされたものである。

登記事項としての自然人の住所は、住民票上の住所＊4をいう（基本通達第１の１⑴②）。成年被後見人等の本籍が登記事項とされたのは、①従前、禁治産宣告又は準禁治産宣告を受けたことを戸籍に記載していたことに代えて成年後見登記制度を創設することにしたという沿革のほか（原始附則第２条等）、②法制上、成年被後見人等の親族に特別の地位が与えられているため（第７条第２項、第10条第１項第３号等）、その関係性を確認しやすくすることをも考慮し、成年被後見人等の戸籍とのつながりをつけておく必要があると考えられたことによるものであろう＊5。なお、外国人についても、成年被後見人等

＊4　登記すべき事項としての住所は、本人の実在性や内容の真実性を担保するため、公的に証明されたものでなければならないという趣旨によるものである。

＊5　成年被後見人等の本籍が登記事項とされていることで、戸籍を通じてその親族を誤りなく特定、確認できることが、第10条第１項第３号において成年被後見人等の本人の４親等内の親族に登記事項証明書の交付請求を認める考え方の基礎になっていると考えられる。

になり得るところ（法の適用に関する通則法第５条、第35条）、外国人については戸籍が編製されず、本籍がないことから、本籍に代えて国籍が登記事項とされている。

⑶　成年後見人、保佐人又は補助人（以下「成年後見人等」と総称する。）の氏名又は名称及び住所（第３号）

後見等の開始の審判の当事者を特定するため、成年後見人、保佐人又は補助人の氏名又は名称及び住所が登記事項とされたものである。氏名については成年後見人等が自然人の場合のその氏名を、名称については成年後見人等が法人の場合のその名称を指す。成年被後見人等と異なり、本籍が登記事項とされていないのは、成年後見人等については戸籍とつながりをつけて、その身分関係を明らかにする必要性がないと考えられたことによるものであろう。

⑷　成年後見監督人、保佐監督人又は補助監督人（以下「成年後見監督人等」と総称する。）が選任されたときは、その氏名又は名称及び住所（第４号）

家庭裁判所は、必要があると認めるときは、申立て又は職権により、成年後見監督人等（成年後見監督人、保佐監督人又は補助監督人）を選任することができる（民法第849条、同第876条の３第１項、同第876条の８第１項）。

成年後見監督人等が選任された場合に、本人を特定するため、成年後見監督人等の氏名又は名称及び住所が登記事項とされたものである。氏名については成年後見監督人等が自然人の場合のその氏名を、名称については成年後見監督人等が法人の場合のその名称を指す。

⑸　保佐人又は補助人の同意を得ることを要する行為が定められたときは、その行為（第５号）

保佐開始の審判を受け、保佐人が付されると、被保佐人が民法第13条第１項所定の行為をするには、保佐人の同意が必要となる（民法第

13条第１項）。また、民法第13条第１項所定の行為以外の行為をする場合であっても、保佐人の同意を得ることを要するものとする必要がある場合には、家庭裁判所に対し、保佐人の同意を得なければならない行為の定めの審判の申立てをすることができる（民法第13条第２項、家手法別表第１の18の項）。保佐人の同意を得なければならない行為について、被保佐人の同意又は家庭裁判所による同意に代わる許可を得ないでした行為は取り消すことができる（民法第13条第３項、第４項）。

補助開始の審判は、補助人の同意を要する旨の審判（民法第17条第１項）又は補助人に代理権を付与する旨の審判（民法第876条の９第１項）とともにしなければならない（民法第15条第３項）。補助人の同意を得ることを要するものとする必要がある場合には、家庭裁判所に対し、補助人の同意を得なければならない行為の定めの審判の申立てをすることができる（民法第17条第１項、家手法別表第１の37の項）。この場合、被保佐人以上の能力があると考えられる被補助人の行為について、被保佐人以上の制約を加えることは適当でないという観点から、補助人の同意が必要となる行為は、民法第13条第１項に規定する行為の一部に限られている（民法第17条第１項ただし書）。補助人の同意を得なければならない行為について、被補助人の同意又は家庭裁判所による同意に代わる許可を得ないでした行為は取り消すことができる（民法第17条第３項、第４項）。

本号では、家庭裁判所において、保佐人又は補助人の同意を得なければならない行為の定めの審判がされた場合における当該行為が登記事項とされたものである。

⑹　保佐人又は補助人に代理権が付与されたときは、その代理権の範囲（第６号）

家庭裁判所は、申立てにより、被保佐人又は被補助人のために特定の法律行為について保佐人又は補助人に代理権を付与する旨の審判をすることができる（民法第876条の４第１項、第876条の９第１項、家手法別表第１の32の項、同51の項）。

本号では、家庭裁判所において、保佐人に対する代理権の付与又は補助人に対する代理権の付与の審判がされた場合における当該代理権の範囲が登記事項とされたものである。

(7)　数人の成年後見人等又は数人の成年後見監督人等が、共同して又は事務を分掌して、その権限を行使すべきことが定められたときは、その定め（第７号）

家庭裁判所は、職権で、数人の成年後見人等又は数人の成年後見監督人等が、共同して又は事務を分掌して、その権限を行使すべきことを定めることができる（成年後見人等について民法第859条の２第１項、第876条の５第２項、第876条の10第１項、成年後見監督人等について民法第852条、第876条の３第２項、第876条の８第２項、家手法別表第１の10の項、同29の項、同48の項）。

権限の共同行使の定めがある場合は、各自が単独で権限を行使することができなくなり、権限の分掌の定めがある場合は、各自それぞれ分掌した事項に関する権限のみを行使することになる。これは、成年後見人等又は成年後見監督人等が複数存在する場合に、権限の行使の矛盾、抵触を防止するものである。

本号では、数人の成年後見人等又は数人の成年後見監督人等が、共同して又は事務を分掌して、その権限を行使すべきことが定められた場合における当該定めが登記事項とされたものである。

(8)　後見等が終了したときは、その事由及び年月日（第８号）

本号は、後見等の終了による終了の登記についての登記事項を定めるものである。

後見等の終了事由については、成年被後見人等の死亡、後見等の開始の審判の取消しの審判の確定等がある。後見等の終了の年月日は、終了原因が発生した年月日である（成年被後見人等の死亡日、後見等の開始の審判の取消しの審判の確定日等）。

⑼　家事事件手続法（平成23年法律第52号）第127条第１項（同条第５項並びに同法第135条及び第144条において準用する場合を含む。）の規定により成年後見人等又は成年後見監督人等の職務の執行を停止する審判前の保全処分がされたときは、その旨（第９号）

家庭裁判所は、成年後見人等又は成年後見監督人等の解任の審判事件が係属している場合において、成年被後見人等の利益のために必要があるときは、成年後見人等又は成年後見監督人等の解任の申立てをした者の申立てにより又は職権で、解任の審判が効力を生ずるまでの間、成年後見人等又は成年後見監督人等の職務の執行を停止し、又はその職務代行者を選任することができる（家手法第127条第１項、同条第５項、第135条、第144条)。「成年被後見人等の利益のために必要があるとき」とは、例えば、成年後見人に後見事務の遂行上の不正や不適切な行動があり、現在の状況に危険があり、それを暫定的に除去する必要がある場合[＊6]である。

本号では、成年後見人等又は成年後見監督人等の解任の審判事件を本案として、成年後見人等又は成年後見監督人等の職務執行停止の保全処分がされた場合における当該保全処分が登記事項とされたものである。

⑽　前号に規定する規定により成年後見人等又は成年後見監督人等の職務代行者を選任する審判前の保全処分がされたときは、その氏名又は名称及び住所（第10号）

本号では、成年後見人等又は成年後見監督人等の解任の審判事件を本案として、成年後見人等又は成年後見監督人等の職務代行者の選任

＊6　金子修編著「逐条解説家事事件手続法」商事法務（2013年）413頁。

の保全処分がされた場合における当該職務代行者を明らかにするため、氏名又は名称及び住所が登記事項とされたものである。

⑾　登記番号（第11号）

本号では、登記番号を登記事項とするものである。後見等の登記については、後見等の開始の審判ごとに登記記録が編成されるところ（第６条）、登記番号は、この登記記録ごとに起番され、登記を特定する事項となる。

Ⅴ　後見命令等の登記について

１　後見命令等の登記の嘱託又は申請

後見命令等の登記は、裁判所書記官からの嘱託又は申請人からの申請に基づいて、後見登記等ファイルに所要の事項を記録することによって行われる。

後見命令等の登記が裁判所書記官からの嘱託によって行われるものには、①後見命令等の審判がされたとき又は財産の管理者の改任の審判がされたときにされる、その旨の登記と、②本案の審判、本案の申立ての取下げ、後見命令等の本人の死亡その他の理由により後見命令等の審判が効力を失ったことによる終了の登記がある。

後見命令等の登記が関係者からの申請によって行われるのは、後見命令等の本人又は財産の管理者の氏名、住所等に変更があった場合にされる変更の登記である。

２　後見命令等の登記の登記すべき事項

本条第２項は、後見命令等の登記の登記すべき事項について列挙している。

⑴　後見命令等の種別、審判前の保全処分をした裁判所、その審判前の保全処分の事件の表示及び発効の年月日（第１号）

後見命令等の登記については、後見命令等ごとに編成されることから（第６条）、どのような後見命令等について登記記録が編成されたのかを明らかにするため、後見命令、保佐命令又は補助命令の別、後見命令、保佐命令、又は補助命令の審判をした裁判所とその審判の事件の表示及び発効の年月日が登記事項とされたものである。

⑵　財産の管理者の後見、保佐又は補助を受けるべきことを命ぜられた者（以下「後見命令等の本人」と総称する。）の氏名、出生の年月日、住所及び本籍（外国人にあっては、国籍）（第２号）

後見命令等の本人を特定するため、後見命令の本人、保佐命令の本人又は補助命令の本人の氏名、その出生の年月日、住所及び本籍が登記事項とされたものである。

後見命令等の本人は、本案の審判がされれば成年被後見人等となる者であり、第１項第１号において成年被後見人等の本籍が登記事項とされているのと同様の理由から、その本籍が登記事項とされているものと考えられる。なお、外国人については戸籍が編製されず、本籍がないことから、本籍に代えて国籍が登記事項とされている。

⑶　財産の管理者の氏名又は名称及び住所（第３号）

財産の管理者を特定するため、財産の管理者の氏名又は名称及び住所が登記事項とされたものである。氏名については財産の管理者が自然人の場合のその氏名を、名称については財産の管理者が法人の場合のその名称を指す。後見命令等の本人と異なり、本籍が登記事項とされていないのは、財産の管理者については戸籍とつながりをつけて、その身分関係を明らかにする必要性がないと考えられたことによるものであろう。

⑷　家事事件手続法第143条第２項の規定による審判前の保全処分において、財産の管理者の同意を得ることを要するものと定められた行為（第４号）

家事事件手続法第143条第２項において、家庭裁判所は、補助開始及び補助人の同意を得なければならない行為の定めの申立てがあった場合において、被補助人となるべき者の財産の保全のため特に必要があるときは、当該申立てをした者の申立てにより、補助開始の申立てについての審判が効力を生ずるまでの間、被補助人となるべき者の財産上の行為（民法第13条第１項に規定する行為であって、当該補助人の同意を得なければならない行為の定めの申立てに係るものに限る。）につき、財産の管理者の補助を受けることを命ずることができる旨を定めている。

ここで、補助命令の審判の対象となる財産上の行為について、民法第13条第１項に規定する行為であることに加えて、補助人の同意を得なければならない行為の定めの申立てに係るものに限定しているのは、同条第５項において、補助命令の審判があったときは、被補助人となるべき者及び財産の管理者は、被補助人となるべき者が財産の管理者の同意を得ないでした行為を取り消すことができるとされているため、当該事案において求められている補助人の同意を要する行為を超えて取消権を認めるべきではないと考えられたことによる[＊7]。

本号では、財産の管理者の取消権の範囲を明らかにする必要があるため、補助命令の審判において補助人の同意を要すると定められた行為を登記事項と定めたものである。なお、後見命令及び保佐命令については、財産の管理者の権限が一義的に定められているため、登記事項とされていない。

⑸　後見命令等が効力を失ったときは、その事由及び年月日（第５号）

本号は、後見命令等の失効による終了の登記についての登記事項を定めるものである。

後見命令等の失効事由については、後見命令等の本人の死亡、本案の審判の確定、本案の審判の申立ての取下げ等がある。後見命令等の失効の年月日は、失効原因が発生した年月日である（後見命令等の本

＊７　金子修編著「逐条解説家事事件手続法」商事法務（2013年）467頁。

人の死亡日、後見等の開始の審判の確定日、本案の審判の申立てを取り下げた日等)。

(6)　登記番号（第６号）

本号では、登記番号を登記事項とするものである。後見命令等の登記については、後見命令等ごとに登記記録が編成されるところ（第６条)、登記番号は、この登記記録ごとに起番され、登記を特定する事項となる。

（任意後見契約の登記）

第五条　任意後見契約の登記は、嘱託又は申請により、後見登記等ファイルに、次に掲げる事項を記録することによって行う。

一　任意後見契約に係る公正証書を作成した公証人の氏名及び所属並びにその証書の番号及び作成の年月日

二　任意後見契約の委任者（以下「任意後見契約の本人」という。）の氏名、出生の年月日、住所及び本籍（外国人にあっては、国籍）

三　任意後見受任者又は任意後見人の氏名又は名称及び住所

四　任意後見受任者又は任意後見人の代理権の範囲

五　数人の任意後見人が共同して代理権を行使すべきことを定めたときは、その定め

六　任意後見監督人が選任されたときは、その氏名又は名称及び住所並びにその選任の審判の確定の年月日

七　数人の任意後見監督人が、共同して又は事務を分掌して、その権限を行使すべきことが定められたときは、その定め

八　任意後見契約が終了したときは、その事由及び年月日

九　家事事件手続法第二百二十五条において準用する同法第百二十七条第一項の規定により任意後見人又は任意後見監督人の

職務の執行を停止する審判前の保全処分がされたときは、その旨 十　前号に規定する規定により任意後見監督人の職務代行者を選任する審判前の保全処分がされたときは、その氏名又は名称及び住所 十一　登記番号

Ⅰ　本条の趣旨

本条は、任意後見契約の登記について、登記の方法及び登記すべき事項を定めるものである。

Ⅱ　任意後見契約の登記について

１　任意後見契約の登記の嘱託又は申請

任意後見契約は、委任者（任意後見契約の本人）が、精神上の障害により事理を弁識する能力が不十分な状況になることを見越して、あらかじめ受任者に対し、自己の生活、療養看護及び財産の管理に関する事務の全部又は一部を委託することとし、その委託に係る事務について代理権を付与する委任契約であって、任意後見監督人が選任された時から効力を生ずる旨の定めがあるものをいい、任意後見監督人が選任される前の受任者は、任意後見受任者と、任意後見監督人が選任された後の受任者は任意後見人と呼ばれる（任意後見契約法第２条）。

任意後見契約の登記は、公証人若しくは裁判所書記官からの嘱託又は申請人からの申請に基づいて、後見登記等ファイルに所要の事項を記録することによって行われる。

任意後見契約の登記が公証人からの嘱託によって行われるのは、公証人が任意後見契約に係る公正証書を作成したとき（公証人法第57条ノ３）にされる任意後見契約の締結の登記である。

裁判所書記官からの嘱託によってされるものには、任意後見契約の締結の登記がされた後に、家庭裁判所における任意後見監督人の選任の審判が確定した場合等にされる変更の登記（法第７条の解説参照）のほか、同じく家庭裁判所における任意後見監督人の解任の審判が確定したとき等にされる終了の登記がある（法第８条の解説参照）。

任意後見契約の登記が関係者からの申請によって行われるものには、任意後見契約の本人、任意後見受任者又は任意後見人の氏名、住所等に変更があった場合にされる変更の登記のほか、任意後見人の本人の死亡その他の事由により任意後見契約が終了したことを知ったときにされる終了の登記がある。

２　任意後見契約の登記すべき事項

本条は、任意後見契約の登記の登記すべき事項について列挙している。

⑴　任意後見契約に係る公正証書を作成した公証人の氏名及び所属並びにその証書の番号及び作成の年月日（第１号）

任意後見契約については、法務省令で定める様式の公正証書を作成して締結されるものであり（任意後見契約法第３条）、任意後見契約の登記は、任意後見契約ごとに編成されることから（法第６条）、どのような任意後見契約について登記記録が編成されたのかを明らかにするため、任意後見契約に係る公正証書を作成した公証人の氏名及び所属並びにその証書の番号及び作成の年月日が登記事項とされたものである。

⑵　任意後見契約の委任者（以下「任意後見契約の本人」という。）の氏名、出生の年月日、住所及び本籍（外国人にあっては、国籍）（第２号）

任意後見契約の本人を特定するため、その氏名、出生の年月日、住所及び本籍が登記事項とされたものである。本籍が登記事項とされたのは、成年被後見人等と同様、任意後見契約の本人について戸籍とつながりをつけておく必要があると考えられたためであろう。なお、外国人については戸籍が編製されず、本籍がないことから、本籍に代えて国籍が登記事項とされている。

⑶　任意後見受任者又は任意後見人の氏名又は名称及び住所（第３号）

任意後見契約の受任者を特定するため、任意後見受任者又は任意後見人の氏名又は名称及び住所が登記事項とされたものである。氏名については任意後見受任者又は任意後見人が自然人の場合のその氏名を、名称については任意後見受任者又は任意後見人が法人の場合のその名称を指す。任意後見契約の本人と異なり、本籍が登記事項とされていないのは、任意後見契約の受任者については戸籍とつながりをつけて、その身分関係を明らかにする必要性がないと考えられたことによるものであろう。

⑷　任意後見受任者又は任意後見人の代理権の範囲（第４号）

任意後見契約においては、任意後見契約の本人の生活、療養看護及び財産の管理に関する事務について、受任者である任意後見受任者又は任意後見人に付与する代理権の範囲が定められる（任意後見契約法第２条第１号）。

本号では、任意後見契約において定められた代理権の範囲が登記事項とされたものである。

⑸　数人の任意後見人が共同して代理権を行使すべきことを定めたときは、その定め（第５号）

任意後見契約において任意後見人が複数選任され、その権限に共同行使の定めがある場合は、各自が単独で権限を行使することができなくなり、その権限に分掌の定めがある場合は、各自それぞれ分掌した事項に関する権限のみを行使することになる。これは、任意後見人が複数存在する場合に、権限の行使の矛盾、抵触を防止するものである。

本号では、任意後見契約において、数人の任意後見人が共同してその権限を行使すべきことが定められた場合における当該定めが登記事項とされたものである。

⑹　任意後見監督人が選任されたときは、その氏名又は名称及び住所並びにその選任の審判の確定の年月日（第６号）

家庭裁判所は、任意後見契約の本人、配偶者、４親等内の親族又は任意後見受任者の申立てにより任意後見契約の効力を発生させるための任意後見監督人の選任の審判をする（任意後見契約法第４条第１項、家手法第39条、別表第１の111の項）。

本号では、家庭裁判所が選任した任意後見監督人を特定するため、その氏名、又は名称及び住所並びにその選任の審判の確定の年月日が登記事項とされたものである。

⑺　数人の任意後見監督人が、共同して又は事務を分掌して、その権限を行使すべきことが定められたときは、その定め（第７号）

家庭裁判所は、任意後見監督人が選任されている場合においても、必要があると認めるときは、本人、親族若しくは任意後見人の申立てにより、又は職権で、更に任意後見監督人を選任することができる（任意後見契約法第４条第５項）ほか、職権で、数人の任意後見監督人が共同して又は事務を分掌して、その権限を行使すべきことを定めることができる（任意後見契約法第７条第４項、民法第859条の２第１項）。

本号では、家庭裁判所の審判において、数人の任意後見監督人が共同して又は事務を分掌して、その権限を行使すべきことが定められた場合における当該定めが登記事項とされたものである（任意後見契約法第７条第４項、民法第859条の２第１項、家手法第39条、別表第１の118の項）。

⑻　任意後見契約が終了したときは、その事由及び年月日（第８号）

本号は、任意後見契約の終了による終了の登記についての登記事項を定めるものである。

任意後見契約の終了事由については、任意後見契約の本人の死亡、任意後見契約法第10条第３項の規定による後見等の開始の審判の確定等がある。任意後見契約の終了の年月日は、終了原因が発生した年月日である（任意後見契約の本人の死亡日、任意後見契約法第10条第３項の規定による後見等の開始の審判の確定日等)。

(9)　家事事件手続法第225条において準用する同法第127条第１項の規定により任意後見人又は任意後見監督人の職務の執行を停止する審判前の保全処分がされたときは、その旨（第９号）

家庭裁判所は、任意後見人又は任意後見監督人の解任の審判事件が係属している場合において、任意後見契約の本人の利益のために必要があるときは、任意後見人又は任意後見監督人の解任の申立てをした者の申立てにより又は職権で、解任の審判が効力を生ずるまでの間、任意後見人又は任意後見監督人の職務の執行を停止し、又は任意後見監督人の職務代行者を選任することができる（家手法第225条第１項及び第２項、第127条第１項)。家事事件手続法第225条第１項で準用する第127条第１項において読み替えられる「任意後見契約の本人の利益のために必要があるとき」とは、例えば、任意後見人又は任意後見監督人に後見事務の遂行上の不正や不適切な行動があり、現在の状況に危険があり、それを暫定的に除去する必要がある場合である。

なお、同第225条第２項にはその旨の読み替え規定はないが、任意後見人の解任の審判は、職権ですることができないことから（任意後見契約法第８条)、任意後見人の解任の審判事件を本案とする保全処分についても、職権ですることはできないと解されている＊８。

本号では、任意後見人又は任意後見監督人の解任の審判事件を本案として、任意後見人又は任意後見監督人の職務執行停止の保全処分がされた場合に当該保全処分が登記事項とされたものである。

＊８　金子修編著「逐条解説家事事件手続法」商事法務（2013年）688頁～689頁。

⑽　前号に規定する規定により任意後見監督人の職務代行者を選任する審判前の保全処分がされたときは、その氏名又は名称及び住所（第10号）

本号では、任意後見監督人の解任の審判事件を本案として、任意後見監督人の職務代行者の選任の保全処分がされた場合に当該職務代行者を明らかにするため、氏名又は名称及び住所が登記事項とされたものである。なお、任意後見制度は、任意後見人の選任を本人に委ねるという建前を採っているところ、家庭裁判所が暫定的に選任した職務代行者によって事務を処理することは、制度の趣旨になじまないことから、任意後見人の解任の審判事件を本案とする保全処分については、職務代行者を選任することはできないこととされている（家手法第225条第２項において準用する第127条第１項及び第２項の読み替え規定参照）。このため、任意後見人については、任意後見監督人と異なり、職務代行者は登記事項とはされていない。

⑾　登記番号（第11号）

本号では、登記番号を登記事項とするものである。任意後見契約の登記については、任意後見契約ごとに登記記録が編成されるところ（法第６条）、登記番号は、この登記記録ごとに起番され、登記を特定する事項となる。

（後見登記等ファイルの記録の編成）

第六条　後見登記等ファイルの記録は、後見等の登記については後見等の開始の審判ごとに、後見命令等の登記については後見命令等ごとに、任意後見契約の登記については任意後見契約ごとに、それぞれ編成する。

Ⅰ　本条の趣旨

本条は、後見登記等ファイルの記録の編成単位について定めるものである。

①家庭裁判所の審判に基づく後見等の登記については後見等（後見、保佐、補助）の開始の審判ごとに、②後見等の開始の審判前の保全処分である後見命令等（後見命令、保佐命令、補助命令）の登記については後見命令等ごとに、③公正証書に基づく任意後見契約の登記については任意後見契約ごとに編成される。

こうして編成された登記記録には、登記番号が付され（法第４条第１項第11号、同条第２項第６号、第５条第11号）、事後、登記番号で特定された登記記録ごとに変更の登記（法第７条）や終了の登記（法第８条）がされる。なお、終了の登記がされると登記記録は閉鎖される（法第９条）。

商業・法人登記で採用されている、人（法人）を単位とする、いわゆる人的編成主義とは異なることから、仮に同一人物について①～③の登記が併存して登記されていたとしても、その関係性を同一の登記事項証明書によって確認することはできない。

Ⅱ　登記番号

上記のとおり、後見登記等ファイルを初めて編成した場合、事後、その登記記録を特定するものとして登記番号が付される。裁判所書記官が変更の登記又は終了の登記の嘱託をする場合には、登記すべき事項を記録すべき登記記録があるので、嘱託書にその登記記録の登記番号を記載しなければならない（家手規第77条第４項第２号）。また、関係者が変更の登記又は終了の登記の申請をする場合（令第５条第２項第５号、省令第６条）、登記事項証明書等の交付請求をする場合（省令第17条第２項第２号）においては、登記記録を特定するために必要な事項として、本人（成年被後見人等、任意後見契約の本人、後見命令等の本人）の氏名のほか、本人の出生の年月日及び住所又は本籍（外国人にあっては、国籍）か、登記番号か、そのいずれかを申請書に記載しなければならない（基本通達第３の１⑶②）。

（変更の登記）

第七条　後見登記等ファイルの各記録（以下「登記記録」という。）に記録されている次の各号に掲げる者は、それぞれ当該各号に定める事項に変更が生じたことを知ったときは、嘱託による登記がされる場合を除き、変更の登記を申請しなければならない。

一　第四条第一項第二号から第四号までに規定する者　同項各号に掲げる事項

二　第四条第一項第十号に規定する職務代行者　同号に掲げる事項

三　第四条第二項第二号又は第三号に規定する者　同項各号に掲げる事項

四　第五条第二号、第三号又は第六号に規定する者　同条各号に掲げる事項

五　第五条第十号に規定する職務代行者　同号に掲げる事項

２　成年被後見人等の親族、後見命令等の本人の親族、任意後見契約の本人の親族その他の利害関係人は、前項各号に定める事項に変更を生じたときは、嘱託による登記がされる場合を除き、変更の登記を申請することができる。

Ⅰ　本条の趣旨

本条は、後見登記等ファイルの登記記録に記録されている事項について変更があった場合の手続について定めるものである。第１項では変更の登記の申請の義務者を、第２項では変更の登記の申請の資格者を規定している。

後見登記等ファイルの登記記録について、家庭裁判所の審判等に伴う変更があった場合には、裁判所書記官の嘱託による登記がされることから、本条は、住所を登記されている者に住所の変更があった場合など、家庭裁判所の審判等を伴わずに登記の変更事由があった場合には、これを了知した関係者から変更の登記の申請がされるべきことを規定したものである。

Ⅱ　変更の登記の申請義務者

１　第４条第１項第２号から第４号までに規定する者（成年被後見人等、成年後見人等、成年後見監督人等。本条第１項第１号）

⑴　成年被後見人等（成年被後見人、被保佐人、被補助人）は、登記されている自らの氏名、出生の年月日、住所及び本籍（外国人にあっては、国籍）に変更（戸籍の訂正があった場合を含む。以下同じ。）があった場合には、後見登記等ファイルに記録されている記録事項と実体との間に齟齬が生じることから、変更の登記の申請をしなければならない。

⑵　成年後見人等（成年後見人、保佐人又は補助人）又は成年後見監督人等（成年後見監督人、保佐監督人又は補助監督人）は、登記されている自らの氏名または名称及び住所に変更があった場合には、後見登記等ファイルに記録されている記録事項と実体との間に齟齬が生じることから、変更の登記の申請をしなければならない。

２　第４条第１項第10号に規定する職務代行者（成年後見人等又は成年後見監督人等の職務代行者。本条第１項第２号）

成年後見人等又は成年後見監督人等の職務代行者は、登記されている自らの氏名または名称及び住所に変更があった場合には、後見登記等ファイルに記録されている記録事項と実体との間に齟齬が生じることから、変更の登記の申請をしなければならない。

３　第４条第２項第２号又は第３号に規定する者（後見命令等の本人、財産の管理者。本条第１項第３号）

⑴　第４条第２項第２号に規定する後見命令等の本人（財産の管理者の後見、保佐又は補助を受けるべきことを命ぜられた者）は、氏名、出生の年月日、住所及び本籍（外国人にあっては、国籍）に変更があった場合には、後見登記等ファイルに記録されている記録事項と実体との間に齟齬が生じることから、変更の登記の申請をしなければならない。

⑵　同第３号に規定する財産の管理者は、登記されている自らの氏名または名称及び住所に変更があった場合には、後見登記等ファイルに記録されている記録事項と実体との間に齟齬が生じることから、変更の登記の申請をしなければならない。

４　第５条第２号、第３号又は第６号に規定する者（任意後見契約の本人、任意後見受任者、任意後見人、任意後見監督人。本条第１項第４号）

⑴　第５条第２号に規定する任意後見契約の本人（任意後見契約の委任者）は、氏名、出生の年月日、住所及び本籍（外国人にあっては、国籍）に変更があった場合には、後見登記等ファイルに記録されている記録事項と実体との間に齟齬が生じることから、変更の登記の申請をしなければならない。

⑵　同第３号に規定する任意後見受任者若しくは任意後見人又は同第６号に規定する任意後見監督人は、登記されている自らの氏名または名称及び住所に変更があった場合には、後見登記等ファイルに記録されている記録事項と実体との間に齟齬が生じることから、変更の登記の申請をしなければならない。

５　第５条第10号に規定する職務代行者（任意後見監督人の職務代行者。本条第１項第５号）

任意後見監督人の職務代行者は、登記されている自らの氏名または名称及び住所に変更があった場合には、後見登記等ファイルに記録されている記録事項と実体との間に齟齬が生じることから、変更の登記の申請をしなければならない。

Ⅲ　変更の登記の申請資格者

変更の登記の申請は、申請義務者が行うべきものであるが、成年被後見人等の親族、後見命令等の本人の親族、任意後見契約の本人の親族その他の利害関係人にも、変更の登記の申請資格が認められている。これは、変更の申請の内容は、登記記録に記録されている者の氏名、住所、本籍等などの変更に限られ、かつ、これらの変更の登記の申請には登記の事由を証する書面が義務付けられていることから（令第６条第３号）、虚偽の事項が登記されるおそれがほとんどないこと、申請義務者が義務を果たしていない状況下にあっては、変更の情報に接する機会がある利害関係人を通じて速やかに実体と合致した登記がされることが望ましいと考えられたことによるものである。

Ⅳ　嘱託による変更の登記がされる場合

変更の登記の申請がされるのは、嘱託による変更の登記がされる場合以外の場合である（本条第１項及び第２項）。「嘱託による変更の登記がされる場合」とは、①後見等の登記、②任意後見契約の登記、③後見命令等の登記がされた後に、一定の審判の確定等があったときに裁判所書記官からの嘱託により変更の登記がされる場合である。

１　後見等の登記について嘱託による変更の登記がされる場合

後見等の登記について嘱託による変更の登記がされるのは、次に掲げる審判の確定等により、登記された成年後見人等及び成年後見監督人等の権限等に関する事項に変更が生じた場合である。

①成年後見人等又は成年後見監督人等の選任の審判、それらの辞任についての許可の審判又は解任の審判の確定（家手規第77条第１項第２号、第４号及び第５号）、②保佐人又は補助人の同意を得なければならない行為の定めの審判又はその取消しの審判の確定（家手規第77条第１項第７号）、③保佐人又は補助人に対する代理権の付与の審判又はその取消しの審判の確定（家手規第77条第１項第８号）、④（数人の）成年後見人等又は成年後見監督人等の権限行使についての定めの審判又はその取消しの審判の確定（家手規第77条第１項第６号）、⑤成年後見人等又は成年後見監督人等の職務執行の停止又は職務代行者の選任若しくは改任の審判の発効（家手規第77条第２項第２号）、⑥成年後見人等又は成年後見監督人等の職務執行の停止又は職務代行者の選任の審判の失効（家手法第116条第２号）。

２　任意後見契約の登記について嘱託による変更の登記がされる場合

任意後見契約の登記について嘱託による変更の登記がされるのは、次に掲げる審判の確定等により、登記された任意後見受任者、任意後見人又は任意後見監督人の権限等に関する事項に変更が生じた場合である。

①任意後見監督人の選任の審判、その辞任についての許可の審判又は解任の審判の確定（家手規第77条第１項第３号〜第５号）、②（数人の）任意後見監督人の権限行使についての定めの審判又はその取消しの審判の確定（家手規第77条第１項第６号）、③任意後見監督人の職務執行の停止又は職務代行者の選任若しくは改任の審判の発効（家手規第77条第２項第２号）、④任意後見人の職務執行の停止の審判の発効（家手規第77条第２項第３号）、⑤任意後見監督人若しくは任意後見人の職務執行の停止又は任意後見監督人の職務代行者の選任の審判の失効（家手法第116条第２号）。

3　後見命令等の登記について嘱託による変更の登記がされる場合

後見命令等の登記について嘱託による変更の登記がされるのは、財産の管理者の改任の審判の発効により、登記された財産の管理者に関する事項に変更が生じた場合である（家手規第77条第2項第1号）。

（終了の登記）

第八条　後見等に係る登記記録に記録されている前条第一項第一号に掲げる者は、成年被後見人等が死亡したことを知ったときは、終了の登記を申請しなければならない。

2　任意後見契約に係る登記記録に記録されている前条第一項第四号に掲げる者は、任意後見契約の本人の死亡その他の事由により任意後見契約が終了したことを知ったときは、嘱託による登記がされる場合を除き、終了の登記を申請しなければならない。

3　成年被後見人等の親族、任意後見契約の本人の親族その他の利害関係人は、後見等又は任意後見契約が終了したときは、嘱託による登記がされる場合を除き、終了の登記を申請することができる。

Ⅰ　本条の趣旨

本条は、後見登記等ファイルの登記記録に終了の登記をする場合の手続について定めるものである。第1項では後見等に係る登記記録についての終了の登記の申請の義務者を、第2項では、任意後見契約に係る登記記録についての終了の登記の申請の義務者を、第3項では後見等又は任意後見契約が終了したときの終了の登記の申請の資格者を規定している。

後見登記等ファイルの登記記録について、家庭裁判所の審判等に伴う終了事由があった場合には、裁判所書記官の嘱託による登記がされることから、本条は、成年被後見人等が死亡した場合など、家庭裁判所の審判等を伴わずに法定後見や任意後見の終了事由があった場合には、これを了知した関係者から終了の登記の申請がされるべきことを規定したものである。

Ⅱ　終了の登記の申請義務者

終了の登記とは、後見等又は任意後見契約が終了した場合及び後見命令等の審判が効力を失った場合に行われる登記である。

（前条（第７条）第１項第１号に掲げる）成年後見人等、成年後見監督人等は、成年被後見人等が死亡したことを知ったときは、終了の登記を申請しなければならない（第１項）。これは、後見等は、成年被後見人の死亡によって当然終了するところ、登記と実体とを合致させるため、成年後見人等及び成年後見監督人等に登記の申請の義務を負わせたものである。

（前条（第７条）第１項第４号に掲げる）任意後見受任者若しくは任意後見人又は任意後見監督人は、任意後見契約の本人の死亡その他の事由により任意後見契約が終了したことを知ったときは、嘱託による登記がされる場合を除き、終了の登記を申請しなければならない（第２項）。これは、登記と実体とを合致させるため、任意後見受任者若しくは任意後見人又は任意後見監督人に登記の申請の義務を負わせたものである。

任意後見契約が終了するその他の事由には、任意後見契約の本人の破産、任意後見人若しくは任意後見受任者の死亡、破産、又は後見開始の審判の開始のほか（任意後見契約法第２条第１号、民法第653条）、任意後見契約の解除（任意後見契約法第９条）がある。

Ⅲ　終了の登記の申請資格者

終了の登記の申請は、申請義務者が行うべきものであるが、成年被後見人等の親族、任意後見契約の本人の親族その他の利害関係人にも、終了の登記の申請資格が認められている。これは、終了の登記の申請には登記の事由を証する書面が義務付けられていることから（令第６条第３

号)、虚偽の事項が登記されるおそれがほとんどないこと、申請義務者が義務を果たしていない状況下にあっては、終了の情報に接する機会がある利害関係人を通じて速やかに実体と合致した登記がされることが望ましいと考えられたことによるものである。

Ⅳ　嘱託による終了の登記がされる場合

終了の登記の申請がされるのは、嘱託による終了の登記がされる場合以外の場合である（本条第２項及び第３項)。「嘱託による終了の登記がされる場合」とは、①後見等の登記、②任意後見契約の登記、③後見命令等の登記がされた後に、一定の審判の確定等があったときに裁判所書記官からの嘱託により変更の登記がされる場合である。

１　後見等の登記について嘱託による終了の登記がされる場合

後見等の登記について嘱託による終了の登記がされるのは、後見等の開始の審判の取消しの審判が確定した場合である（家手規第77条第１項第１号)。

２　任意後見契約の登記について嘱託による終了の登記がされる場合

任意後見契約の登記について嘱託による終了の登記がされるのは、任意後見人の解任の審判が確定した場合や任意後見監督人が選任されて任意後見契約が効力を生じた後に、家庭裁判所に本人の利益のため特に必要があると認められて、後見等開始の審判を受け、任意後見契約法第10条第３項の規定により任意後見契約が終了するときである(家手規第77条第１項第５号、第77条第３項)。

３　後見命令等の登記について嘱託による終了の登記がされる場合

後見命令等の登記について嘱託による終了の登記がされるのは、後見命令等の審判が失効した場合である（家手法第116条第２号)。

（登記記録の閉鎖）

第九条　登記官は、終了の登記をしたときは、登記記録を閉鎖し、これを閉鎖登記記録として、磁気ディスクをもって調製する閉鎖登記ファイルに記録しなければならない。

Ⅰ　本条の趣旨

本条は、終了の登記をしたときには、登記記録を閉鎖した上で、これを閉鎖登記記録として閉鎖登記ファイルに記録しなければならないことを定めるものである。

Ⅱ　登記記録の閉鎖の意義

登記記録を閉鎖することにより、事後、登記記録が更新されることがなくなるとともに、後見登記等ファイルとは別の閉鎖登記ファイルとして管理されることなることから、閉鎖登記記録に記録されている内容を確認するためには、閉鎖登記事項証明書の交付を請求することになる（第10条第３項）。

後見登記等ファイルと別に閉鎖登記ファイルを備えることとされたのは、終了の登記をした場合には、終了前と比べて、登記情報の開示が必要とされる場合が異なり、登記情報の利用頻度が減少することが予想されることから、システム処理上、終了の登記をした後の登記記録は別のファイルで管理する方が効率的であると考えられたことによる＊９。このように記録の更新に区切りを付けて、別ファイルで管理する仕組みについては、他の登記制度（商業登記規則（昭和39年法務省令第23号）第２条の閉鎖登記記録）や戸籍制度（戸籍法第119条第２項等の除籍簿）と同様である。

（登記事項証明書の交付等）

第十条　何人も、登記官に対し、次に掲げる登記記録について、後見

＊９　法務省民事局「成年後見登記の実務」テイハン（2001年）60頁。

登記等ファイルに記録されている事項（記録がないときは、その旨）を証明した書面（以下「登記事項証明書」という。）の交付を請求することができる。

一　自己を成年被後見人等又は任意後見契約の本人とする登記記録

二　自己を成年後見人等、成年後見監督人等、任意後見受任者、任意後見人又は任意後見監督人（退任したこれらの者を含む。）とする登記記録

三　自己の配偶者又は四親等内の親族を成年被後見人等又は任意後見契約の本人とする登記記録

四　自己を成年後見人等、成年後見監督人等又は任意後見監督人の職務代行者（退任したこれらの者を含む。）とする登記記録

五　自己を後見命令等の本人とする登記記録

六　自己を財産の管理者（退任した者を含む。）とする登記記録

七　自己の配偶者又は四親等内の親族を後見命令等の本人とする登記記録

2　次の各号に掲げる者は、登記官に対し、それぞれ当該各号に定める登記記録について、登記事項証明書の交付を請求することができる。

一　未成年後見人又は未成年後見監督人　その未成年被後見人を成年被後見人等、後見命令等の本人又は任意後見契約の本人とする登記記録

二　成年後見人等又は成年後見監督人等　その成年被後見人等を任意後見契約の本人とする登記記録

三　登記された任意後見契約の任意後見受任者　その任意後見契約の本人を成年被後見人等又は後見命令等の本人とする登記記録

3　何人も、登記官に対し、次に掲げる閉鎖登記記録について、閉鎖登記ファイルに記録されている事項（記録がないときは、その旨）

を証明した書面（以下「閉鎖登記事項証明書」という。）の交付を請求することができる。

一　自己が成年被後見人等又は任意後見契約の本人であった閉鎖登記記録

二　自己が成年後見人等、成年後見監督人等、任意後見受任者、任意後見人又は任意後見監督人であった閉鎖登記記録

三　自己が成年後見人等、成年後見監督人等又は任意後見監督人の職務代行者であった閉鎖登記記録

四　自己が後見命令等の本人であった閉鎖登記記録

五　自己が財産の管理者であった閉鎖登記記録

４　相続人その他の承継人は、登記官に対し、被相続人その他の被承継人が成年被後見人等、後見命令等の本人又は任意後見契約の本人であった閉鎖登記記録について、閉鎖登記事項証明書の交付を請求することができる。

５　国又は地方公共団体の職員は、職務上必要とする場合には、登記官に対し、登記事項証明書又は閉鎖登記事項証明書の交付を請求することができる。

Ⅰ　本条の趣旨

本条は、登記事項証明書又は閉鎖登記事項証明書（後見登記等ファイル又は閉鎖登記ファイルに登記されていないことの証明書を含む。以下同じ。）の交付を請求できる者（以下「交付請求権者」という。）について定めるものである。

第１項は登記事項証明書につき、後見登記等ファイルに記録されるべき事項についての本人、その配偶者及び４親等内の親族を、第３項は閉鎖登記事項証明書につき、閉鎖登記ファイルに記録されるべき事項についての本人を、それぞれ交付請求権者としている。

第２項、第４項及び第５項は、本人以外の第三者を交付請求権者として掲げ、第２項は登記事項証明書につき、後見開始の審判等の申立てをすることができる者を、第４項は閉鎖登記事項証明書につき、成年被後見人等、後見命令等の本人、又は任意後見契約の本人であった者の相続人その他の承継人を、第５項は登記事項証明書及び閉鎖登記事項証明書につき、国又は地方公共団体の職員を、それぞれ交付請求権者としている。

なお、取引の相手方は、登記事項証明書又は閉鎖事項証明書の交付請求権者とはされていない。これは、取引の相手方であることを理由に登記事項証明書等の交付を請求することができるとすれば、結果的には広範囲の第三者への交付を認めることになり、交付請求権者を限定した趣旨が損なわれることになるためである。

Ⅱ　登記事項証明書の交付請求権者

１　総　論

登記事項証明書は、後見登記等ファイルに記録されている、現に効力を生じている登記記録の内容を証明するものである。

①登記事項証明書は、成年後見人等又は任意後見人が、本人の代理人として取引をする際に相手方に自己の権限を証明する場合等に、②登記されていないことの証明書は、本人が、取引に際して行為能力に制限がないことを証明したり、各種資格の取得、更新等に際して一定の能力に制約がないことを証明したりする場合等に利用されることが想定されている。

後見登記等ファイルに記録されている情報は、人の判断能力という特に高度なプライバシーに関わる情報であることから、登記事項証明書の交付請求権者は、登記記録に記録されている本人等、一定の者に限定されている。

２ 各 論

⑴ 本条第１項に基づく交付請求

本条の柱書では、「何人も」として、交付請求の主体を限定しない規定ぶりとなっているが、各号に掲げられた登記記録については、いずれも自己を本人とするという主体についての制約が設けられていることから、ここでは、第三者も請求できる不動産登記法（第119条第１項及び第２項）や商業登記法（第10条第１項）と異なり、条件を満たす本人であれば誰でもという趣旨の使い方がされている。

登記事項証明書の交付を請求できる登記記録は次に掲げるとおりである。

① 自己を成年被後見人等又は任意後見契約の本人とする登記記録

登記記録に成年被後見人等又は任意後見契約の本人として記録されている者は、当該登記記録に係る登記事項証明書の交付を請求することができる。登記記録に記録がない者については、自己を成年被後見人等又は任意後見契約の本人とする登記記録がないことの証明書の交付を請求することができる。

② 自己を成年後見人等、成年後見監督人等、任意後見受任者、任意後見人又は任意後見監督人（退任したこれらの者を含む。）とする登記記録

登記記録に成年後見人等、成年後見監督人等、任意後見受任者、任意後見人又は任意後見監督人（退任したこれらの者を含む。以下同じ。）として記録されている者は、当該登記記録に係る登記事項証明書の交付を請求することができる。登記記録に記録がない者については、自己を成年後見人等、成年後見監督人等、任意後見受任者、任意後見人又は任意後見監督人とする登記記録がないことの証明書の交付を請求することができる。

③　自己の配偶者又は４親等内の親族を成年被後見人等又は任意後見契約の本人とする登記記録

登記記録に自己の配偶者又は４親等内の親族を成年被後見人等又は任意後見契約の本人として記録されている者は、当該登記記録に係る登記事項証明書の交付を請求することができる。登記記録に記録がない者については、自己の配偶者又は４親等内の親族を成年被後見人等又は任意後見契約の本人とする登記記録がないことの証明書の交付を請求することができる。

④　自己を成年後見人等、成年後見監督人等又は任意後見監督人の職務代行者（退任したこれらの者を含む。）とする登記記録

登記記録に自己を成年後見人等、成年後見監督人等又は任意後見監督人の職務代行者（退任したこれらの者を含む。以下同じ。）として記録されている者は、当該登記記録に係る登記事項証明書の交付を請求することができる。登記記録に記録がない者については、自己を成年後見人等、成年後見監督人等又は任意後見監督人の職務代行者とする登記記録がないことの証明書の交付を請求することができる。

⑤　自己を後見命令等の本人とする登記記録

登記記録に自己を後見命令等の本人として記録されている者は、当該登記記録に係る登記事項証明書の交付を請求することができる。登記記録に記録がない者については、自己を後見命令等の本人とする登記記録がないことの証明書の交付を請求することができる。

⑥　自己を財産の管理者（退任した者を含む。）とする登記記録

登記記録に自己を財産の管理者（退任した者を含む。以下同じ。）として記録されている者は、当該登記記録に係る登記事項証明書の交付を請求することができる。登記記録に記録がない者については、自己を財産の管理者とする登記記録がないことの証明書の交付を請

求することができる。

⑦　自己の配偶者又は４親等内の親族を後見命令等の本人とする登記記録

登記記録に自己の配偶者又は４親等内の親族を後見命令等の本人として記録されている者は、当該登記記録に係る登記事項証明書の交付を請求することができる。登記記録に記録がない者については、自己の配偶者又は４親等内の親族を後見命令等の本人とする登記記録がないことの証明書の交付を請求することができる。

⑵　本条第２項に基づく交付請求

登記事項証明書の交付を請求できる登記記録は次に掲げるとおりである。

①　未成年被後見人を成年被後見人等、後見命令等の本人又は任意後見契約の本人とする登記記録

未成年後見人又は未成年後見監督人は、その未成年被後見人を成年被後見人等、後見命令等の本人又は任意後見契約の本人とする登記記録に係る登記事項証明書の交付を請求することができる。これは、未成年後見人又は未成年後見監督人は、その未成年被後見人について後見等の開始の審判及びその取消しの審判のほか、保佐人又は補助人の同意を得なければならない旨の審判及びその取消しの審判の申立てをすることができるとされているところ（民法第７条、第10条、第11条、第13条第２項、第14条第１項及び第２項、第15条第１項、第17条第１項、第18条第１項）、こうした申立てを適切に行うためには、未成年被後見人について、後見等の開始の審判、後見命令等又は任意後見契約の締結の存否、在る場合にはその内容に関する登記情報を取得する必要があると考えられたことによる。

②　成年被後見人等を任意後見契約の本人とする登記記録

成年後見人等又は成年後見監督人等は、その成年被後見人等を任

意後見契約の本人とする登記記録に係る登記事項証明書の交付を請求することができる。これは、成年後見人等又は成年後見監督人等は、その成年被後見人等について他の類型の後見等の開始の審判の申立てをすることができるとされているところ（民法第７条、第11条、第15条)、こうした申立てを適切に行うためには、成年被後見人等について、任意後見契約の締結の存否、在る場合にはその内容に関する登記情報を取得する必要があると考えられたことによる。

③　任意後見契約の本人を成年被後見人等又は後見命令等の本人とする登記記録

登記された任意後見契約の任意後見受任者は、その任意後見契約の本人を成年被後見人等又は後見命令等の本人とする登記記録に係る登記事項証明書の交付を請求することができる。これは、登記された任意後見契約の任意後見受任者は、その任意後見契約の本人について任意後見契約の効力を発生させるため任意後見監督人の選任の審判の申立てをすることができるとされているところ（任意後見契約法第４条第１項)、こうした申立てを適切に行うためには、その任意後見契約の本人について、後見等の開始の審判及び後見命令等の存否、在る場合にはその内容に関する登記情報を取得する必要があると考えられたことによる。

⑶　本条第５項に基づく交付請求

国又は地方公共団体の職員は、職務上必要とする場合には、登記事項証明書の交付を請求できる（いわゆる公用請求)。

後見登記等ファイルに記録されている情報は、人の判断能力という特に高度なプライバシーに関わる情報であることから、国又は地方公共団体の職員からの請求であっても無制限に認められるわけではなく、請求に関し、当該職員が所属する国又は地方公共団体の機関の長の証明書（申請書と兼ねる場合を含む。）を提出させた上で、申請書に具体的な理由を記載させ、職務上の必要性についての審査が行われる(基本通達第３の１⑴イ(ウ))。なお、国又は地方公共団体の職員が行う職務上請求については、手数料は無料とされている（登記手数料令第18条)。

Ⅲ　閉鎖登記事項証明書の交付請求権者

１　総　論

閉鎖登記事項証明書は、閉鎖登記ファイルに記録されている、過去に効力を生じていた登記記録の内容を証明するものである。

閉鎖登記事項証明書は、過去において、成年被後見人等の本人、任意後見契約の本人、成年後見人等又は任意後見人等であったことを証明する場合等に利用されることが想定されている。

閉鎖登記ファイルに記録されている情報は、後見登記等ファイルに記録されている情報と同様、人の判断能力という特に高度なプライバシーに関わる情報であることから、閉鎖登記事項証明書の交付請求権者は、登記記録に記録されている本人であった者等、一定の者に限定されている。

２　各　論

⑴　本条第３項に基づく交付請求

閉鎖登記事項証明書の交付を請求できる登記記録は次に掲げるとおりである。

① 自己が成年被後見人等又は任意後見契約の本人であった閉鎖登記記録

閉鎖登記記録に成年被後見人等又は任意後見契約の本人として記録されていた者は、当該登記記録に係る閉鎖登記事項証明書の交付を請求することができる。閉鎖登記記録に記録がない者については、自己を成年被後見人等又は任意後見契約の本人とする閉鎖登記記録がないことの証明書の交付を請求することができる。

② 自己が成年後見人等、成年後見監督人等、任意後見受任者、任意後見人又は任意後見監督人であった閉鎖登記記録

閉鎖登記記録に成年後見人等、成年後見監督人等、任意後見受任者、任意後見人又は任意後見監督人として記録されていた者は、当該閉鎖登記記録に係る登記事項証明書の交付を請求することができる。閉鎖登記記録に記録がない者については、自己を成年後見人等、成年後見監督人等、任意後見受任者、任意後見人又は任意後見監督人とする閉鎖登記記録がないことの証明書の交付を請求することができる。

③ 自己が成年後見人等、成年後見監督人等又は任意後見監督人の職務代行者であった閉鎖登記記録

閉鎖登記記録に自己を成年後見人等、成年後見監督人等又は任意後見監督人の職務代行者として記録されていた者は、当該閉鎖登記記録に係る閉鎖登記事項証明書の交付を請求することができる。閉鎖登記記録に記録がない者については、自己を成年後見人等、成年後見監督人等又は任意後見監督人の職務代行者とする閉鎖登記記録がないことの証明書の交付を請求することができる。

④ 自己が後見命令等の本人であった閉鎖登記記録

閉鎖登記記録に自己を後見命令等の本人として記録されていた者は、当該閉鎖登記記録に係る閉鎖登記事項証明書の交付を請求することができる。閉鎖登記記録に記録がない者については、自己を後見命令等の本人とする閉鎖登記記録がないことの証明書の交付を請求することができる。

⑤ 自己が財産の管理者であった閉鎖登記記録

閉鎖登記記録に自己を財産の管理者として記録されていた者は、当該閉鎖登記記録に係る閉鎖登記事項証明書の交付を請求することができる。閉鎖登記記録に記録がない者については、自己を財産の

管理者とする閉鎖登記記録がないことの証明書の交付を請求することができる。

⑵　本条第４項に基づく交付請求

相続人その他の承継人は、被相続人その他の被承継人が成年被後見人等、後見命令等の本人又は任意後見契約の本人であった閉鎖登記記録について、閉鎖登記事項証明書の交付を請求することができる。これは、相続人その他の被承継人の法的地位を包括的に承継した者がその地位に基づき適切な行為を行うためには、過去に成年被後見人等、後見命令等の本人又は任意後見契約の本人であった被承継人に関する登記情報を取得する必要がある場合があると考えられたことによる。

⑶　本条第５項に基づく交付請求

国又は地方公共団体の職員は、職務上必要とする場合には、閉鎖登記事項証明書の交付を請求できる（いわゆる公用請求）。

登記事項証明書の場合と同様、請求に関し、職務上の必要性を確認する審査が必要であり（基本通達第３の１⑵イ(ウ)）、手数料は無料である（登記手数料令第18条）。

（手数料）

第十一条　次に掲げる者は、物価の状況、登記に要する実費、登記事項証明書の交付等に要する実費その他一切の事情を考慮して政令で定める額の手数料を納めなければならない。

一　登記を嘱託する者

二　登記を申請する者

三　登記事項証明書又は閉鎖登記事項証明書の交付を請求する者

２　前項の手数料の納付は、収入印紙をもってしなければならない。

Ⅰ　本条の趣旨

本条は、後見登記等に要する費用、登記事項証明書又は閉鎖登記事項証明書の交付に要する費用は、いわゆる受益者負担の原則により、手数料として納付される必要があることを定める規定である。第１項において、手数料を納付する者を、第２項において、手数料は収入印紙で納付すべきことを定めている。

Ⅱ　手数料

１　手数料の納付義務者

手数料[*10]とは、国若しくは地方公共団体又はこれらの機関が他人のために行う公の役務に対し、その費用を償うため、又は報償として徴収する料金をいう。国又は地方公共団体の行う公共事業は、広く一般国民の利益を目的として一般の負担において行われるものであるが、特別の事業について特別の利益を受ける受益者があるときは、当該受益者に経費の一部を負担させることが、一般の負担を軽減し、さらに公平の原則にもかなうことになることから、受益者に経費を負担させる「受益者負担の原則」が採用されることがある。後見登記等や登記事項証明書等においても、この受益者負担の原則を採ることを明らかにしたものである。ここで、不動産登記や商業・法人登記と異なり、登録免許税の対象としていないのは、後見登記等の制度は、戸籍への記載に代わる新たな公示方法として創設されたものであり、担税力を生じさせる登記とはいえないこと、課税対象となるとすれば、制度の利用を差し控えるなどの事態を招き、福祉充実のための諸施策の阻害要件となるおそれがあることを考慮したためである。

第１項は、登記によって受益を受ける、登記を申請する者（第２号）のほか、登記事項証明書又は閉鎖登記事項証明書の交付を請求する者（第３号）を手数料の納付義務者と位置付けている。登記を嘱託

＊10　吉国一郎ほか「法令用語辞典〈第９次改訂版〉」学陽書房（2009年）559頁。

する者（第1号）が納付義務者とされているのは、本来、登記をするための費用を負担すべき者は、審判の申立人又は任意後見契約の当事者等であるが、審判又は任意後見契約の内容を確実に登記に反映させるため、登記所に対する関係において、登記の嘱託者を納付義務者としたものである。なお、審判の申立人又は任意後見契約の当事者等は、裁判所又は公証人に対し、登記手数料に相当する費用を予納することになる。また、令第12条第1項は、登記事項証明書に係る登記の登記申請書等の閲覧を請求する申請人にも、手数料の納付を義務付けている。

2　手数料の納付方法

登記手数料は、収入印紙を嘱託書又は申請書に貼って納付する（法第11条第2項、令第12条第4項）。なお、平成11年の法制定時には、手数料は登記印紙をもって納付されることとされていたが、登記特別会計の廃止に伴い、平成23年4月1日からは収入印紙によって納付することが原則とされた（特別会計に関する法律（平成19年法律第23号）附則第382条において、当面の間、登記印紙によって納付することも許容されている。）。

3　手数料の額

手数料の額は、物価の状況、登記に要する実費、登記事項証明書の交付等に要する実費その他一切の事情を考慮して、政令で定めることとされ、具体的には、登記手数料令（昭和24年政令第140号）に定められている（第5章2「登記手数料等一覧表」参照）。

（行政手続法の適用除外）

第十二条　登記官の処分については、行政手続法（平成五年法律第八十八号）第二章及び第三章の規定は、適用しない。

Ⅰ　本条の趣旨

登記手続も行政手続の１つであるところ、本条は、登記官の処分については、行政手続の一般法である行政手続法第２章（申請に対する処分）及び第３章（不利益処分）の規定の適用を受けないことを定めるものである。

行政手続法は、行政運営の公正の確保と透明性（行政上の意思決定について、その内容及び過程が国民にとって明らかであることをいう。）の向上を図ることにより、国民の権利利益の保護に資することを目的とするもので（行政手続法第１条第１項）、行政手続全般を対象にしている。

行政手続法上、「処分」とは、「行政庁の処分その他公権力の行使に当たる行為をいう」とされているところ（行政手続法第２条第２号）、登記事務を行う登記官は、登記申請を却下したり、既にされた登記を必要に応じて職権で抹消したりする点で処分を行うといえる。

もっとも、登記官の処分に関する手続は、本法を中心とする後見登記法令において体系的かつ詳細に規定され、行政手続法の目的とする手続が統一的な法体系の下に整備されていることから、登記官の処分については、行政手続法第２章（申請に対する処分）及び第３章（不利益処分）の規定を適用しないこととされた。

Ⅱ　登記官の処分等と行政手続法の適用除外

同じ公示制度である他の登記、戸籍の事務についても同様の規定が設けられている（登記官の処分について不動産登記法第153条、商業登記法第139条、動産及び債権の譲渡の対抗要件に関する民法の特例等に関する法律第16条、戸籍事件に関する市町村長の処分について戸籍法第127条）。

（行政機関の保有する情報の公開に関する法律の適用除外）

第十三条　後見登記等ファイル及び閉鎖登記ファイルについては、行政機関の保有する情報の公開に関する法律（平成十一年法律第四十二号）の規定は、適用しない。

Ⅰ　本条の趣旨

後見登記等ファイル及び閉鎖登記ファイルに記録されている情報は、行政機関が保有する情報であるところ、本条は、これらのファイルについては、行政機関の保有する情報の公開に関する法律（平成11年法律第42号。以下「情報公開法」という。）の規定全般の適用を受けないことを定めるものである。

情報公開法は、行政文書の開示を請求する権利につき定めること等により、行政機関の保有する情報の一層の公開を図り、もって政府の有するその諸活動を国民に説明する責務が全うされるようにするとともに、国民の的確な理解と批判の下にある公正で民主的な行政の推進に資することを目的とするもので（情報公開法第１条）、行政機関が保有する情報一般を対象としている。

情報公開法上の行政文書とは、行政機関の職員が職務上作成し、又は取得した文書、図画及び電磁的記録であって、当該行政機関の職員が組織的に用いるものとして、当該行政機関が保有しているものをいう（情報公開法第２条第２項）。したがって、本来、後見登記等ファイル及び閉鎖登記ファイルもこれに含まれる。

もっとも、成年後見登記制度は、後見等の審判または任意後見契約による成年後見人等の権限等を公示し、登記官が登記事項証明書等を交付することによって後見等又は任意後見契約の内容を公証する制度であり、後見登記等に関する法令の統一的な法体系の下で独自の完結した開示制度を備えていること、後見登記等ファイル及び閉鎖登記ファイルには情報公開法によっても不開示とされるべき情報が含まれていることから、情報公開法の適用を除外したものである。

Ⅱ　各種の公示制度と情報公開法の適用除外

同じ公示制度である他の登記制度、戸籍制度についても同様の規定が設けられている（登記について不動産登記法第154条、商業登記法第140条、動産及び債権の譲渡の対抗要件に関する民法の特例等に関する法律第17条、戸籍について戸籍法第128条）。

（個人情報の保護に関する法律の適用除外）
第十四条　後見登記等ファイル及び閉鎖登記ファイルに記録されている保有個人情報（個人情報の保護に関する法律（平成十五年法律第五十七号）第六十条第一項に規定する保有個人情報をいう。）については、同法第五章第四節の規定は、適用しない。

Ⅰ　本条の趣旨

後見登記等ファイル及び閉鎖登記ファイル（以下「後見登記等ファイル等」という。）に記録されている情報の中には、個人情報の保護に関する法律（平成15年法律第57号。以下「個人情報保護法」という。）第60条第１項に規定する保有個人情報も含まれているところ、本条は、後見登記等ファイル等に記録されている保有個人情報について、個人情報保護法第５章第４節の規定（開示、訂正及び利用停止に関する規定）の適用を受けないことを定めるものである。

Ⅱ　個人情報保護法と保有個人情報

行政機関が保有する個人情報については、電子政府の推進など行政機関のＩＴ化が進展し、行政機関における個人情報の利用が拡大する中、行政機関にふさわしい個人情報の適正な取扱いが確保されるよう、もともと行政機関の保有する個人情報の保護に関する法律（平成15年法律第58号。以下「旧行政機関個人情報保護法」という。）によって規律されていたが、令和３年に制定されたデジタル社会の形成を図るための関係法律の整備に関する法律（令和３年法律第37号。以下「デジタル社会形成整備法」という。）による改正によって、個人情報保護法に統一され、旧行政機関個人情報保護法は令和４年４月１日をもって廃止されることとなった（デジタル社会形成整備法附則第２条第１号）。

個人情報保護法は、個人情報の適正な取扱いに関し、基本理念及び政府による基本方針の作成その他の個人情報の保護に関する施策の基本となる事項を定め、国及び地方公共団体の責務等を明らかにし、個人情報を取り扱う事業者及び行政機関等についてこれらの特性に応じて遵守すべき義務等を定めることと等を目的とするもので（個人情報保護法第１条）、行政機関が保有する個人情報を対象としている。

個人情報保護法上の保有個人情報とは、行政機関等の職員が職務上作成し、又は取得した個人情報（生存する個人に関する情報であって、当該情報に含まれる氏名、生年月日その他の記述等により特定の個人を識別することができるものや個人識別符号が含まれるもの）であって、当該行政機関等の職員が組織的に利用するものとして、当該行政機関等が保有しているものをいう（個人情報保護法第２条第１項第１号及び第２号、第60条第１項）。このため、後見登記等ファイル等に記録されている事項もこれに含まれる。

Ⅲ　後見登記等ファイル等に記録されている保有個人情報の開示、訂正、利用停止について

後見登記等ファイル等に記録されている保有個人情報については、後見登記等ファイル等に記録されている事項の開示の規定（法第10条、第11条、令第11条、省令第17条）、登記の内容を訂正する更正の規定（令第８条）に見られるように、個人情報保護法が保有個人情報について求める規定と同趣旨の規定が後見登記等に関する法令の統一的な法体系の下に整備されていることから、個人情報保護法の開示、訂正の規定（個人情報保護法第５章第４節第１款・第２款）の適用が排除されている。

また、個人情報保護法第98条では、保有個人情報について、①特定された利用目的の達成に必要な範囲を超えて保有している（同法第61条第２項）、②違法又は不当な行為を助長し、又は誘発するおそれがある方法により利用している（同法第63条）、③偽りその他不正の手段により個人情報を取得している（同法第64条）、④例外事由に該当しないにもかかわらず利用目的以外の目的で利用している（同法第69条第１項、第２項等）と考えられる場合に、当該保有個人情報の利用停止請求権を認めている。

この点、後見登記等ファイル等に記録されている保有個人情報については、上記①～④に該当することは通常考えられないこと、個人情報保護法による利用停止請求権を認めることは、後見登記等ファイル等に記録された事項を公示するという法の目的に反すること等から、個人情報保護法の利用停止の規定（個人情報保護法第５章第４節第３款）の適用が排除されている。

Ⅳ　各種の公示制度と個人情報保護法の適用除外

同じ公示制度である他の登記制度、戸籍制度についても同様の規定が設けられている（登記について不動産登記法第155条、商業登記法第141条、動産及び債権の譲渡の対抗要件に関する民法の特例等に関する法律第18条、戸籍について戸籍法第129条）。

（審査請求）

第十五条　登記官の処分に不服がある者又は登記官の不作為に係る処分を申請した者は、監督法務局又は地方法務局の長に審査請求をすることができる。

２　審査請求をするには、登記官に審査請求書を提出しなければならない。

３　登記官は、処分についての審査請求を理由があると認め、又は審査請求に係る不作為に係る処分をすべきものと認めるときは、相当の処分をしなければならない。
4　登記官は、前項に規定する場合を除き、三日以内に、意見を付して事件を監督法務局又は地方法務局の長に送付しなければならない。この場合において、監督法務局又は地方法務局の長は、当該意見を行政不服審査法（平成二十六年法律第六十八号）第十一条第二項に規定する審理員に送付するものとする。
5　法務局又は地方法務局の長は、処分についての審査請求を理由があると認め、又は審査請求に係る不作為に係る処分をすべきものと認めるときは、登記官に相当の処分を命じ、その旨を審査請求人のほか利害関係人に通知しなければならない。
6　法務局又は地方法務局の長は、審査請求に係る不作為に係る処分についての申請を却下すべきものと認めるときは、登記官に当該申請を却下する処分を命じなければならない。
7　第一項の審査請求に関する行政不服審査法の規定の適用については、同法第二十九条第五項中「処分庁等」とあるのは「審査庁」と、「弁明書の提出」とあるのは「後見登記等に関する法律（平成十一年法律第百五十二号）第十五条第四項に規定する意見の送付」と、同法第三十条第一項中「弁明書」とあるのは「後見登記等に関する法律第十五条第四項の意見」とする。

Ⅰ　本条の趣旨

審査請求については、一般法として行政不服審査法（平成26年法律第68号。以下「行審法」という。）が制定されているところ、本条は、登記官の処分に対する審査請求手続及び当該審査請求手続における行審法の規定の特例を定めるものである。

Ⅱ　登記官の処分に対する審査請求

１　審査請求

審査請求すべき行政庁（以下「審査庁」という。）は、行審法第４条の規律に従えば、法律（条例に基づく処分については条例）による特別の定めがない限り、登記官の最上級行政庁である法務大臣となる（行審法第４条第４号）。しかし、第１項では、審査請求をすることができる法律による特別の定めとして、監督法務局又は地方法務局の長（以下「監督法務局長等」という。）に審査請求することができることとされている。

監督法務局長等が審査庁とされたのは、登記制度の運営を担当する機関の長として、登記官を指定する権限を有する等（法第３条）、行政組織上、登記制度の運営に関し、広範な指揮監督権を有しているためであるが、実質的に見ても、迅速性が要求される登記事件の性質に鑑み、審査請求に応えるのは、法務大臣ではなく監督法務局長等がふさわしいと考えられる。

行審法によれば、「処分」とは、行政庁の処分その他公権力の行使に当たる行為をいい（行審法第１条第２項）、「不作為」とは、法令に基づく申請に対して何らの処分をもしないことをいう（行審法第３条）ところ、審査請求の対象となる「登記官の処分」とは、①登記をしたこと、②登記の申請又は嘱託を却下したこと、③登記事項証明書等の交付の申請を却下したことが該当し、「登記官の不作為に係る処分を申請」するとは、申請があることを前提に、何らの処分をしない登記官に対し、当該申請に沿った処分を求めること、具体的には、①登記をすること、②登記事項証明書等の交付を求めることが該当する。

登記官の処分に対して審査請求する際、審査庁ではなく登記官に審査請求書を提出しなければならない（法第15条第２項）。これは、登記官に再考の機会を与え、審査請求を理由があると認めた場合に、当初の処分に代え、相当の処分をすることができるようにするためである（法第15条第３項）。

登記官は、審査請求に理由があると認め、又は審査請求に係る不作為に係る処分をすべきものと認めるときは、審査請求についての審理を待つまでもなく、相当の処分をしなければならない（法第15条第３項）。具体的には、審査請求が、登記をした処分についてされたときは当該登記の抹消又は更正を、登記の申請や嘱託に対する却下処分についてされたときは当該登記を、登記事項証明書等の交付を却下した処分についてされたときは当該登記事項証明書等の交付をすることになる。また、審査請求が不作為に係る処分についてされたときは、申請に沿い、登記をしたり、登記事項証明書等を交付したりすることになる。なお、登記官が相当の処分をしようとする場合には、事案の簡単なものを除き、監督法務局長等に内議するものとされ（基本通達第５の２⑴）、相当の処分をしたときは、処分の内容を記載した書面（審査請求が却下処分についてされた場合であれば、却下決定の取消決定書）を審査請求人に交付する（基本通達第５の２⑵）。

他方、登記官は、審査請求に理由がないと判断したときは、審査請求書を受領した日から３日以内に意見を付して事件を審査庁に送付しなければならない（法第15条第４項前段）。この場合の事件の送付は、審査請求書の正本の送付によって行う（令第15条）。

２　審査請求に対する監督法務局長等の措置

監督法務局長等は、登記官から、審査請求に理由がないとの意見を付した事件の送付を受けた場合には、審査請求が適法かどうかを判断した上（行審法第19条）、審査請求人が審査請求書の不備を補正しないとき（行審法第23条）、又は審査請求が不適法であって補正することができないことが明らかであるときは、審理員による審理手続を経ずに、裁決で審査請求を却下することができる（行審法第24条、第45

条第１項、第49条第１項）。

登記官から、意見を付して事件を送付された監督法務局長等は、事件を意見書の副本、審査請求の理由の有無を審査するのに必要な関係書類とともに審理員に送付する（法第15条第４項後段、令第16条第２項、基本通達第５の３）。

実務上、審理員は、「○○課長の職にある職員」等として役職指定され、各法務局、地方法務局のホームページ等で公表されている審理員名簿に記載されている者の中から、除斥事由に該当しない者（省令第32条参照）が指名され、審査請求人及び登記官に通知される（行審法第９条第１項、第２項、第17条）。

審理員は、監督法務局長等から送付された意見書の副本を審査請求人に送付し（行審法第29条第５項）、審査請求人は、審理員が定めた相当の期間内に、当該意見書に対する反論書を提出する（行審法第29条第５項、第30条第１項）。審理手続が終結したときは、審理員が遅滞なく審理員意見書を作成し、事件記録とともに監督法務局長等に提出する（行審法第41条第１項、第42条）。

監督法務局長等は、審理員意見書が提出されたときは、遅滞なく裁決をしなければならず（行審法第44条）、審査請求が不適法である場合にはこれを却下し（行審法第45条第１項、第49条第１項）、理由がない場合にはこれを棄却する（行審法第45条第２項、第49条第２項）。監督法務局長等は、処分についての審査請求を理由があると認め、又は審査請求に係る不作為に係る処分をすべきものと認めるときは、登記官に相当の処分を命じ、かつ、その旨を審査請求人のほか登記上の利害関係人に通知しなければならない（法第15条第５項）。一方、監督法務局長等は、審査請求に係る不作為に係る処分についての申請を却下すべきものと認めるときは、登記官に当該申請を却下する処分を命じなければならない（法第15条第６項）。監督法務局長等が審査請求につき裁決をしたときは、裁決書の謄本及び審理員意見書の写しを審査請求人及び登記官に交付する（基本通達第５の４(1)）。

なお、行審法上、通常、処分庁等が作成し、審理員に提出する審査請求に対する弁明書については、本条４項において、審査庁である監督法務局長等から、弁明書に代えて登記官の意見書が提出されることになっていることから、行審法第29条第５項と第30条の規定については、必要な読み替えをして適用することとされている（法第15条第７項）。

Ⅲ　各種の登記制度と審査請求に係る特別の規定

他の登記制度についても同旨の規定が設けられている（不動産登記法第156条、第157条、商業登記法第142条～第146条の２、動産及び債権の譲渡の対抗要件に関する民法の特例等に関する法律第19条）。

（行政不服審査法の適用除外）

第十六条　行政不服審査法第十三条、第十五条第六項、第十八条、第二十一条、第二十五条第二項から第七項まで、第二十九条第一項から第四項まで、第三十一条、第三十七条、第四十五条第三項、第四十六条、第四十七条、第四十九条第三項（審査請求に係る不作為が違法又は不当である旨の宣言に係る部分を除く。）から第五項まで及び第五十二条の規定は、前条第一項の審査請求については、適用しない。

Ⅰ　本条の趣旨

審査請求については、一般法として行審法が制定されているところ、本条は、前条で審査請求について特別の定めを置いていることや登記事件の性質を踏まえ、行審法の適用を受けない規定を定めるものである。

Ⅱ　適用除外条項

１　参加人の規定（行審法第13条）

登記官が処分をするに当たって有する審査権限は、嘱託又は申請において提供された情報、これに関連する登記されている情報等の範囲に限られているところ、審査請求においてもこれらの限定された情報等に基づき審理がされるため、利害関係人の参加を認めることは相当ではないことから、参加人について定める行審法第13条の規定は適用しないこととされている。

２　審理手続の承継の規定（行審法第15条第６項）

登記官の処分又は不作為に係る権利を譲り受けたとしても、処分の対象となる登記の申請人等の地位は継承しないことから、審査請求人の地位を承継について定める行審法第15条第６項の規定は適用しないこととされている。

３　審査請求の期間の規定（行審法第18条）

登記官の処分については、審査請求の期間を制限する必要がないことから、審査請求の期間について定める行審法第18条の規定は適用しないこととされている。

４　処分庁等を経由する審査請求の規定（行審法第21条）

登記官の処分については、登記官に再考の機会を与え、必要に応じ速やかに相当の処分をさせるのが相当であるとして、審査請求は登記官を経由することとされていることから（法第15条第２項）、処分庁等を経由する審査請求について定める行審法第21条の規定は適用しないこととされている。

５　執行停止の規定（行審法第25条第２項～第７項）

登記官の処分については、登記の実行又は却下等の決定をすると同時に終了し、処分の執行又は手続の続行の停止を観念することができないとともに、登記という公示制度において登記官がした登記等の効力の停止を認めることは相当ではないことから、処分の執行停止について定める行審法第25条第２項から第７項までの規定は適用しないこととされている。

６　弁明書の提出の規定（行審法第29条第１項～第４項）

登記官は、事件とともに、弁明書に相当する意見を当該登記官の監督法務局長等に送付することとされているほか（法第15条第４項）、登記官の処分については行政手続法第２章（申請に対する処分）及び第３章（不利益処分）の規定が適用されないこととされており（法第12条）、行審法第29条第４項に規定する聴聞調書等を保有していないことから、弁明書の提出について定める行審法第29条第１項から第４項までの規定は適用しないこととされている。なお、弁明書の審査請求人への送付について規定する行審法第29条第５項の規定は、弁明書を法第15条第４項の意見と読み替えるなど、必要な読み替えをして適用することとされている（法第15条第７項）。

７　口頭意見陳述の規定（行審法第31条）及び審理手続の計画的遂行の規定（行審法第37条）

１のとおり、登記官の審査は、嘱託又は申請により提供された情報等の範囲に限られており、審査請求の審理においても、審査請求人に口頭意見陳述の機会の付与や証拠書類等の提出などの審理手続の申立てに関する意見聴取を認めるのは相当ではないことから、口頭意見陳述について定める行審法第31条の規定や審理手続の計画的遂行について定める同法第37条の規定は適用されないこととされている。

８　事情裁決の規定（行審法第45条第３項）、処分についての審査請求の認容の規定（行審法第46条、第47条）、不作為についての審査請求の認容の規定（行審法第49条第３項～第５項）、裁決の拘束力の規定（行審法第52条）

登記官の処分又は不作為に係る審査請求については、迅速性を要求される登記事件の性質に鑑み、監督法務局長等は、審査請求に理由があると認められるときは、直接、登記官に相当の処分を命じ（法第15条第５項）、不作為に係る処分についても処分するか、申請を却下するか、自ら認めるところにより登記官に直接、処分を命じなければならないとされるなど（法第15条第５項、第６項）、特別の規定が置かれていることから、事情裁決について定める行政不服審査法第45条第３項の規定、処分についての審査請求の認容について定める同法第46条及び第47条の規定、不作為についての審査請求の認容について定める同法第49条第３項から第５項までの規定、裁決の拘束力について定める同法第52条の規定は適用されないこととされている。

Ⅲ　各種の登記制度と行政不服審査法の適用除外

他の登記制度についても同旨の規定が設けられている（不動産登記法第158条、商業登記法第147条、動産及び債権の譲渡の対抗要件に関する民法の特例等に関する法律第20条）。

【審査請求手続のイメージ図】

1．一般的な手続（行政不服審査法・行政不服審査令）

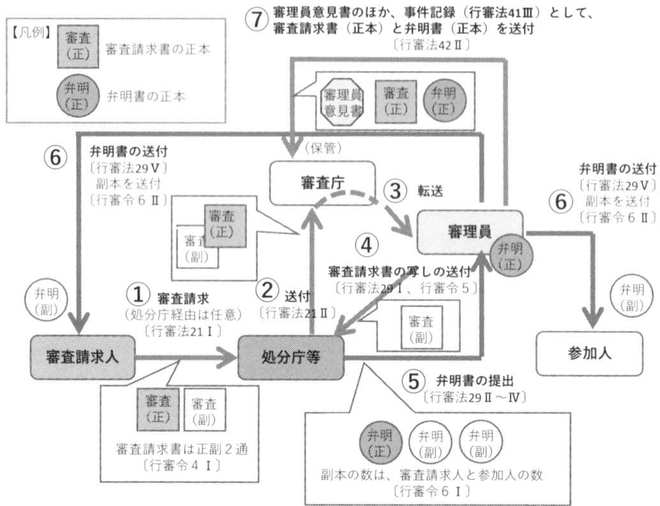

2．後見登記の手続（後見登記法・後見登記令）

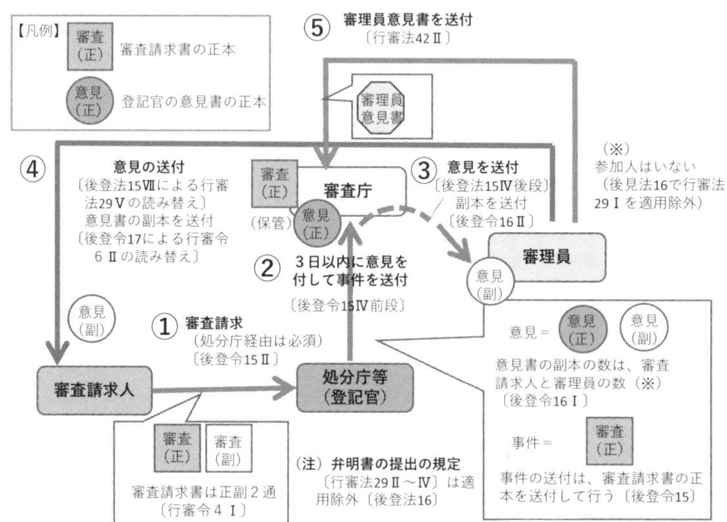

（政令への委任）
第十七条　この法律に定めるもののほか、後見登記等に関し必要な事項は、政令で定める。

Ⅰ　本条の趣旨

本条は、後見登記等に関し必要な事項の定めについては、政令に委任することを定めるものである。

Ⅱ　政令の規定

本条に基づき、登記申請の方式（令第５条）、登記申請書の添付書面（令第６条）、登記申請の却下事由（令第７条）、職権による登記の更正、抹消（令第８条、第９条）、登記申請書等の閲覧（令第12条）等の詳細な定めが政令に規定されている。

附　則　抄
（施行期日）
第一条　この法律は、平成十二年四月一日から施行する。ただし、附則第八条の規定は、この法律の公布の日又は行政機関の保有する情報の公開に関する法律の施行に伴う関係法律の整備等に関する法律（平成十一年法律第四十三号）の公布の日のいずれか遅い日から施行する。

Ⅰ　本条の趣旨

本条は、本法の施行期日を定めるものである。

Ⅱ　規定の内容

本法は、成年後見制度の創設を内容とする、民法の一部を改正する法律（平成11年法律第149号。以下「民法改正法」という。）、任意後見契約に関する法律（平成11年法律第150号）の施行日と同一である平成12

年４月１日から施行されることとされた（原始附則第１条本文）。

また、附則第８条（行政機関の保有する情報の公開に関する法律の施行に伴う関係法律の整備等に関する法律の一部改正）において、①行政機関の保有する情報の公開に関する法律（平成11年法律第42号）について本法を適用除外とする規定（第13条）を設けることとし、②行政機関の保有する情報の公開に関する法律の施行に伴う関係法律の整備等に関する法律（平成11年法律第43号。以下「情報公開法整備法」という。）に第10条の２（後見登記等に関する法律の一部改正）を追加する改正規定を置いたところ、情報公開法整備法と本法の成立の先後関係が不明であったことから、附則第８条の規定は、本条第１項本文による本法の公布の日（平成11年12月８日）又は②の情報公開整備法の施行期日（平成13年４月１日）のいずれか遅い日から施行することを規定したものである（原始附則第１条ただし書）。

（禁治産者及び準禁治産者についての経過措置）

第二条　民法の一部を改正する法律（平成十一年法律第百四十九号。以下「民法改正法」という。）附則第三条第一項の規定により成年被後見人、成年後見人若しくは成年後見監督人とみなされる者又は当該成年被後見人とみなされる者の配偶者若しくは四親等内の親族は、政令で定めるところにより、後見の登記を申請することができる。

２　民法改正法附則第三条第二項の規定により被保佐人若しくはその保佐人とみなされる者又は当該被保佐人とみなされる者の配偶者若しくは四親等内の親族は、政令で定めるところにより、保佐の登記を申請することができる。

３　民法改正法附則第三条第一項又は第二項の規定により成年被後見人又は被保佐人とみなされる者について、民法改正法の施行後に確定した審判に基づく変更の登記又は終了の登記の嘱託がされた場合において、当該嘱託に係る登記事項を記録すべき登記記録がないときは、登記官は、職権で、当該者について前二項の登記をする。
４　登記官は、前三項の規定による登記をしたときは、遅滞なく、戸籍事務を管掌する者に対し、その旨の通知をしなければならない。
５　戸籍事務を管掌する者は、前項の通知を受けたときは、法務省令で定めるところにより、当該通知に係る成年被後見人とみなされる者又は被保佐人とみなされる者の戸籍を再製しなければならない。

Ⅰ　本条の趣旨

本条は、前記民法改正法附則第３条（禁治産及び準禁治産の宣告等に関する経過措置）の規定を受け、禁治産者及び準禁治産者についての登記手続等に係る経過措置について定めるものである。第１項は、民法改正法附則第３条第１項によって成年被後見人、成年後見人又は成年後見監督人とみなされる者や一定の親族等から、政令の定めるところにより後見の登記の申請をすることができること、第２項は、民法改正法附則第３条第２項によって被保佐人又は保佐人とみなされる者や一定の親族等から、政令の定めるところにより保佐の登記の申請をすることができること、第３項は、民法改正法の施行後の確定した審判に基づき変更又は終了の登記の嘱託がされた場合に、前もって後見の登記又は保佐の登記に係る登記記録が編成されていないときには登記官が職権で当該登記をすることができること、第４項は、第１項から第３項までの手続によって登記をした登記官は、戸籍事務管掌者にその旨の通知をしなければならないこと、第５項は、通知を受けた戸籍事務管掌者は、通知を受けたときに法務省令で定めるところにより、戸籍から禁治産又は準禁治産に関する事項を消除するため、成年被後見人又は被保佐人とみなされる者の戸籍を再製しなければならないことを規定している。禁治産者又は準禁治産者とみなされる者に関する戸籍の記載が消除され、一定の内容が登記に移行して記載されることになるが、これは、行為能力の制限を戸籍と登記とで二重に公示する必要がないこと、従前の禁治産は、「治産を禁ずる」という用語の問題等もあって社会的偏見が強いことや宣告の公示が戸籍への記載によってされることに関係者に心理的抵抗感があること等の国民感情等を踏まえたもの[*11]である。

Ⅱ　規定の内容

１　民法改正法附則第３条の概要

平成11年に制定された前記民法改正法附則第２条において、民法改正法による改正後の民法は新法、改正前の民法は旧法と定義されているところ、民法改正法附則第３条第１項において、旧法の規定による禁治産の宣告は新法の規定による後見開始の審判と、当該禁治産の宣告を受けた禁治産者並びにその後見人及び後見監督人は当該後見開始の審判を受けた成年被後見人並びにその成年後見人及び成年後見監督人とみなされ、同条第２項において、旧法の規定による心神耗弱を原因とする準禁治産の宣告は新法の規定による保佐開始の審判と、当該準禁治産の宣告を受けた準禁治産者及びその保佐人は当該保佐開始の審判を受けた被保佐人及びその被保佐人とみなされる[*12]。

２　申請による戸籍から登記への移行（第１項、第２項）

成年被後見人とみなされる者又は被保佐人とみなされる者についての戸籍から登記への移行は、後見の登記又は保佐の登記の申請によっ

＊11　平成12年３月15日付け法務省民二第600号法務局長、地方法務局長宛て民事局長通達「地方分権の推進を図るための関係法律の整備等に関する法律及び後見登記等に関する法律の施行等に伴う戸籍事務の取扱い等について（通達）」第２の３⑴、法務省民事局「成年後見登記の実務」テイハン（2001年）92頁、６頁等。

＊12　民法改正法では、浪費など、心神耗弱以外の事由を原因とする準禁治産者については、みなし規定の対象外であり、一定の場合を除き、なお従前の例によるとされた（民法改正法附則第３条第３項）。

て行うことを原則としている。これは、後見開始の審判とみなされる禁治産宣告又は保佐開始の審判とみなされる準禁治産宣告をした裁判所、事件の表示、後見人、保佐人の住所等は登記事項ではあるが戸籍の記載事項ではないこと、準禁治産宣告が被保佐人とみなされる心神耗弱を原因とするものかは戸籍の記載から判明しないこと等から、戸籍事務管掌者である市区町村長が職権で移行作業を行うよりも、本人等の申請によった方が、円滑かつ正確に戸籍から登記への移行手続を行うことができると考えられたためである[*13]。

申請人は、後見の登記にあっては民法改正法附則第３条第１項の規定により成年被後見人、成年後見人若しくは成年後見監督人とみなされる者又は当該成年被後見人とみなされる者の配偶者若しくは４親等内の親族、保佐の登記にあっては民法改正法附則第３条第２項の規定により被保佐人若しくは保佐人とみなされる者又は当該被保佐人とみなされる者の配偶者若しくは４親等内の親族である（基本通達第１の４(1)ア、同(2)ア）。

申請人が後見の登記又は保佐の登記の申請をする場合には、登記申請書に、申請人の氏名、住所、資格、登記の事由、登記すべき事項(成年被後見人とみなされる者又は被保佐人とみなされる者の氏名、出生の年月日、住所、本籍（外国人にあっては、国籍)、後見又は保佐の別、禁治産宣告又は準禁治産宣告をした裁判所名及び事件番号(判明しない場合には「不詳」と記載）並びにその裁判の確定の年月日等)、登記手数料の額、申請の年月日等を記載し、申請人又はその代表者若しくは代理人が記名しなければならない（令第５条第２項、基本通達第１の４(1)ア、イ、同(2)ア、イ)。登記の事由は、「後見登記等に関する法律附則第２条第１項（又は第２項)」と記載する。登記手数料の額は、2,600円である（登記手数料令等の一部を改正する政

＊13　法務省民事局「成年後見登記の実務」テイハン（2001年）93頁。

令（平成23年政令第20号）第４条による改正後の登記手数料令等の一部を改正する政令（平成12年政令第25号）附則第２条)。

登記申請書には、①申請人の資格を証する書面、②申請人が法人であるときは、代表者の資格を証する書面、③代理人によって申請するときは、その権限を証する書面、④成年被後見人とみなされる者又は被保佐人とみなされる者の戸籍の謄抄本（当該者が禁治産宣告又は準禁治産宣告を受けている旨の記載があるもの)、⑤成年被後見人とみなされる者又は被保佐人とみなされる者に対して禁治産宣告又は準禁治産宣告をした裁判所及びその事件の表示を証する書面（審判書の謄本等)、⑥成年被後見人、成年後見人、成年後見監督人、被保佐人又は保佐人とみなされる者の住所を証する書面、⑦成年被後見人とみなされる者が外国人であるときは、当該者が成年被後見人とみなされる者であることを証する書面及び当該者の国籍を証する書面、⑧被保佐人とみなされる者が外国人であるときは、当該者の国籍を証する書面を添付しなければならない（令第６条、令附則第２条第１項及び第２項、省令第10条第１項第２号、省令附則第２条第１項及び第２項、基本通達第１の４⑴ウ、同⑵ウ)。

３　職権による戸籍から登記への移行（第３項）

成年被後見人とみなされる者又は被保佐人とみなされる者について、申請による後見又は保佐の登記がされないうちに、裁判所書記官から成年後見監督人の選任の審判、後見開始の審判の取消しの審判等に基づく変更又は終了の登記の嘱託がされた場合には、当該嘱託に係る登記事項を記録すべき登記記録の編成がされていないことから、登記官は職権で、当該者について後見又は保佐の登記をし、その上で、当該変更又は終了の登記を行う。ここで、当該変更又は終了の登記の嘱託書には、成年後見人又は保佐人とみなされる者の住所並びに後見開始の審判又は保佐開始の審判とみなされる禁治産宣告又は準禁治産宣告をした裁判所、その事件番号及び確定年月日について記載されていない。このため、当該嘱託の際には、裁判所書記官が、当該嘱託に係る審判の事件記録に添付されている資料の範囲内で、成年被後見人又は被保佐人とみなされる者の戸籍謄本の写しを送付するなどの取扱いがされている（基本通達第２の３(3)イ(ア)）。登記官は、これにより判明した登記事項を記録し、判明しない登記事項については「不詳」と記録して登記を行う（基本通達第２の３(3)イ(イ)）。

４　登記官の通知（第４項）

登記官は、附則第２条第１項から第３項までの規定により後見又は保佐の登記をしたときは、戸籍事務管掌者である市区町村長が戸籍の再製手続が行えるよう、遅滞なく、本籍地の市区町村長に対し、その旨を通知する。

５　戸籍事務管掌者による戸籍の再製（第５項）

戸籍事務管掌者である市区町村長は、前項（附則第２条第４項）の通知を受けたときは、法務省令で定めるところにより、当該通知に係る成年被後見人とみなされる者又は被保佐人とみなされる者の戸籍を再製しなければならない。

戸籍の再製は、平成12年の戸籍法施行規則の一部を改正する省令（平成12年法務省令第７号）附則第４条の規定により、滅失のおそれがある戸籍の再製手続に準じて行い、再製される従前の戸籍の禁治産又は準禁治産に関する事項は、再製後の戸籍には記載しないものとされた。なお、再製後の戸籍に記載しない事項は、現に効力を有する後見開始の審判又は保佐開始の審判とみなされる禁治産宣告又は準禁治産宣告に係る、①禁治産宣告・準禁治産宣告の裁判に関する事項、②後見人、保佐人及び後見監督人の選任及びその解任の裁判に関する事項、③後見人、保佐人及び後見監督人の職務執行停止、職務代行者選任及びその改任の裁判に関する事項である（平成12年３月15日付け法務省民二第600号法務局長、地方法務局長宛て民事局長通達（以下「平成12年600号通達」という。）第２の３⑵エ）。

禁治産又は準禁治産に関する事項の記載がある者の在籍する戸籍について、一葉であるときは、全部再製の手続を、数葉にわたるときは、当該記載のある一葉のみの一部再製手続を行い、磁気ディスクをもって戸籍を調製している場合には、戸籍の全部の再製を行うこととされた（平成12年600号通達第２の３⑵ウ）。

第２　後見登記等に関する政令（平成12年政令第24号）の逐条解説

第一章　総則

（目的）

第一条　この政令は、後見登記等に関する法律（以下「法」という。）第一条に規定する後見登記等に関し、登記申請の方式その他必要な細目を定めることを目的とする。

Ⅰ　本条の趣旨

本条は、本政令の目的を定めるものである。具体的には、法第１条に規定する後見登記等（後見、保佐及び補助に関する登記、任意後見契約の登記）に関し、登記申請の方式その他必要な細目を定めることが目的とされている。

Ⅱ　規定の内容

本政令では、法の個別の委任に基づき設けられた規定と法第17条の一般的な委任に基づき設けられた規定が置かれている。なお、法の原始附則第２条第１項及び第２項の委任に基づく規定は、附則（第２条）に置かれている[*14]。

おって、法第11条第１項においても登記手数料の額の定めを政令に委任しているが、これについては登記手数料令（登記事項証明書等につい

＊14　制定当初は、本政令の本則に、後見登記等ファイル等に記録される裁判所の保全処分に関する事項等について法に個別の委任根拠を置く条項が設けられていたが（旧法第４条第１項第９号、第２項等）、平成23年に成立した非訟事件手続法及び家事事件手続法の施行に伴う関係法律の整備等に関する法律（平成23年法律第53号）等により、委任をやめ、法に直接、具体的な規定を設けるなど、法と本政令を整備する改正が行われたことから、現状、本政令の本則には、法の個別の委任に基づき設けられた規定はない。

て第２条第９項、第３条第５項、第４条第５号及び第６号、登記の嘱託、申請について第13条～第17条、いわゆる公用請求について第18条）において定められている。

（事務の停止）
第二条　登記所においてその事務を停止しなければならない事故が生じたときは、法務大臣は、期間を定めて、その停止を命ずることができる。

Ⅰ　本条の趣旨

本条は、登記所において事務を停止しなければならない事故が生じたときは、法務大臣が、期間を定めた上で、停止命令をすることができることを定めるものである。

Ⅱ　事務を停止しなければならない場合

法務大臣が事務を停止しなければならない事故があるとして、登記事務の停止を命じるのは、登記所が火災、震災、水害等の自然災害その他の事故に遭遇したために登記事務に関して業務継続を行うことができない場合である。

Ⅲ　各種登記制度における事務の停止

不動産登記法第８条、商業登記法第３条、動産・債権譲渡登記令第２条においても、登記事務を停止する場合には、最上級行政庁である法務大臣の命令によるとされている。

第二章　後見登記等ファイル等

（後見登記等ファイル等の記録の滅失と回復）
第三条　後見登記等ファイル又は閉鎖登記ファイルの記録の全部又は一部が滅失したときは、法務大臣は、登記官に対し一定の期間を定めて、登記の回復に必要な処分を命ずることができる。

Ⅰ　本条の趣旨

本条は、後見登記等ファイル又は閉鎖登記ファイル（以下「後見登記等ファイル等」という。）の記録の全部又は一部が滅失したときの登記の回復に必要な処分について定めるものである。

後見登記等ファイル等の記録の全部又は一部が滅失した場合、登記事務を継続して行うためには、滅失した登記を回復する登記をしなければならないが、本条は、この回復登記の根拠規定となる。登記の回復は、関係人の利害に大きな影響を及ぼすので、登記官の判断ではなく、法務大臣の命によることとされている。

Ⅱ　滅失と回復

後見登記等ファイル等は、磁気ディスク又はこれに準ずる方法により一定の事項を確実に記録できる電磁的記録媒体であり（法第４条等）、これに記録された登記情報についてはバックアップデータがあれば、それにより回復することが可能である。このため、本条にいう「滅失」とは、媒体が物理的に損傷し、又は媒体に記録された情報が消去されただけなく、バックアップデータによっても回復することが不可能になった事態をいう。また、本条にいう「回復」とは、滅失前の状態に復元することをいう。

この点、省令第４条第１項及び第２項において、登記官は、後見登記等ファイル等に記録した事項と同一の事項を記録する副記録を備えることが義務付けられ、これらのファイルの記録によって登記事務を行うことができないときは、副記録によってこれを行うことができることとされているため、通常、本条による登記の回復が必要な事態にまで至らないことが多いと考えられる。

本条の登記の回復は、後見登記等ファイル等が滅失し、副記録によっても登記事務を行うことができないときにされるものであるが、この場合、登記官は、省令第３条に基づき、登記の回復の処分をするのに必要な事項を記載し、かつ、回復登記の期間を予定し、監督法務局又は地方法務局の長に対して申報しなければならず、これを受けた監督法務局又は地方法務局の長は、相当の調査をした後、法務大臣に具申しなければならない（省令第３条、基本通達第６の１(2))。

Ⅲ　各種の登記制度における登記記録の滅失と回復

不動産登記法第13条、商業登記法第８条、動産・債権譲渡登記令第３条においても、法務大臣は、滅失した登記記録の回復に必要な処分を命ずることができるとされている。

> **第三章　登記手続**
>
> （嘱託又は申請による登記）
>
> **第四条**　登記は、法令に別段の定めがある場合を除くほか、嘱託又は申請がなければ、することができない。
>
> ２　嘱託による登記の手続については、法令に別段の定めがある場合を除くほか、申請による登記に関する規定を準用する。

Ⅰ　本条の趣旨

本条は、後見登記等については、嘱託又は申請によることが原則であり、法令に別段の定めがある場合を除くほかは、登記官が職権で行うことができないことを定めるとともに（嘱託・申請主義。第１項)、嘱託による登記の手続については、法令に別段の定めがある場合を除くほかは、申請による登記に関する規定を準用することを定めるものである(第２項)。

Ⅱ　登記の原則と手続

１　登記の原則（第１項）

第１項は、登記は、嘱託又は申請によることが原則であることを明記するものである。嘱託又は申請によらない「法令に別段の定めがある場合」の登記については、①審査請求手続における監督法務局長等の命令による登記（法第15条第５項）、②民法改正法（平成11年法律第49号）附則第３条第１項又は第２項の規定により成年被後見人又は被保佐人とみなされる者について、民法改正法の施行後に確定した審判に基づき変更の登記又は終了の登記の嘱託がされた場合に登記記録がないために職権によってする後見又は保佐の登記（法附則第２条第３項）、③後見登記等ファイルが滅失した場合における法務大臣の命令による回復の登記（令第３条）、④監督法務局長等の許可を得てする職権による更正の登記（令第８条）及び⑤職権による抹消の登記（令第９条）がある。

２　登記の手続（第２項）

裁判所書記官からの嘱託による登記の手続は家事事件手続法及び家事事件手続規則に、公証人からの登記の嘱託については、公証人法（第57条ノ３）に規定されている。このように、嘱託の手続の多くは他の法令によって規定されているが、申請による登記の手続については、後見登記等に関する法令において定めることとしている。第２項によって、手続の方式（令第５条）、添付書面（令第６条）、却下事由（令第７条）など、申請による登記の手続の規定はあるがこれに対応する嘱託による登記の手続の規定がないものには、申請による登記の手続の規定が準用されることとなる。

（登記申請の方式）

第五条　登記の申請は、書面でしなければならない。

2　前項の書面（以下「登記申請書」という。）には、次に掲げる事項を記載し、申請人又はその代表者若しくは代理人が記名しなければならない。

一　申請人の氏名又は名称及び住所並びに申請人の資格

二　代理人によって申請するときは、その氏名及び住所

三　登記の事由

四　登記すべき事項

五　変更又は終了の登記の申請にあっては、当該変更又は終了に係る登記記録を特定するために必要な事項で法務省令で定めるもの

六　手数料の額

七　年月日

八　登記所の表示

Ⅰ　本条の趣旨

本条は、登記の申請は書面でしなければならないことを定めるとともに（第1項）、登記申請書の記載事項の通則を定めるものである（第2項）。

Ⅱ　規定の内容

1　書面申請主義（第1項）

第1項は、登記の申請は書面でしなければならず、口頭による登記申請は許されないことを明らかにしたものである。なお、書留郵便等によって申請することのほか（省令第8条）、情報通信技術を活用した行政の推進等に関する法律（平成14年法律第151号。通称「デジタル手続法」。省令第26条第2項においては「情報通信技術活用法」と呼称している。）第6条に基づき整備された省令第4章（電子情報処理組織による登記の申請等に関する特例）の規定に従い、オンラインによって登記の申請をすることも可能である。

２　登記申請書の記載事項等（第２項）

第２項は、登記官が適正に登記をするに当たり、登記の申請人に対し、必要な情報の提供を求めるものである。申請人又はその代表者若しくは代理人に、登記に必要な事項の記載と記名とを求めているのは、登記申請の意思及び申請内容を明示させることを通じて登記申請書の真正を担保するためである。

⑴　申請人の氏名又は名称及び住所並びに申請人の資格（第１号）

申請人が誰であるかを明確にするため、申請人の氏名又は名称及び住所が記載事項とされている。申請人が自然人の場合には氏名を、法人の場合には名称を記載する。また、資格については、変更の登記又は終了の登記を申請できる者が限定されていることから（法第７条、第８条）、いかなる資格（成年後見人等、成年後見監督人等、利害関係人など）で申請するのかを明確にするため記載事項とされたものである。

⑵　代理人によって申請するときは、その氏名及び住所（第２号）

法定代理人又は任意代理人によって申請する場合、それらの者の特定のためにその氏名及び住所が記載事項とされたものである。

⑶　登記の事由（第３号）

登記の事由とは、登記の原因をいう。登記実務上は、登記の申請を行う理由が特定できる程度に記載されていれば差し支えないものとされている。後見登記における登記の事由としては、「成年被後見人の住所変更」、「成年被後見人の死亡」、「任意後見契約の解除」などがある。

⑷　登記すべき事項（第４号）

登記すべき事項とは、登記事項のことであり、法第４条、第５条に定めがある。後見登記法令が採用している嘱託・申請主義の建前から（法第４条、第５条、令第４条）、登記すべき事項の内容は、申請に当たり登記の申請人が申請書に記載することとされたものである。

⑸　変更又は終了の登記の申請にあっては、当該変更又は終了に係る登記記録を特定するために必要な事項で法務省令で定めるもの（第５号）

変更又は終了の登記は、既に存在している登記記録について行われるものであることから、これを特定するために必要な事項を定めることについて省令に委任するものである。具体的には、成年被後見人等、任意後見契約の本人、後見命令等の本人の氏名のほか、①その生年月日、住所又は本籍（外国人の場合は国籍）又は②登記番号のいずれかを記載する必要がある（省令第６条）。

⑹　手数料の額（第６号）

「手数料を納付しないとき」には、登記申請が却下されることから（令第７条第７号）、審査の便宜、申請書において手数料の額を明らかにすることとしたものである。

⑺　年月日（第７号）

登記の申請をした事実を明らかにするとともに、事務処理や統計の用にも資するため、登記の申請の年月日を記載事項としたものである。

⑻　登記所の表示（第８号）

登記事務を取り扱う登記所を記載するものである。現状、後見登記等に関する事務のうち甲号事務を取り扱う登記所は、東京法務局のみであることから（法第２条の解説参照）、東京法務局と記載する。

（登記申請書の添付書面）

第六条　登記申請書には、次に掲げる書面を添付しなければならない。

一　申請人が法人であるときは、代表者の資格を証する書面

二　代理人によって申請するときは、その権限を証する書面

三　登記の事由を証する書面

Ⅰ　本条の趣旨

本条は、登記申請書の添付書面の通則を定めるものである。本条で掲げられている添付書面は、申請人が法人である場合における代表者の資格証明書（第１号）、代理人によって申請する場合における委任状等（第２号）、登記の事由を証明する書面（第３号）の３種類である。

Ⅱ　登記申請書の添付書面

１　申請人が法人であるときは、代表者の資格を証する書面（第１号）

「申請の権限を有しない者の申請によるとき」には、登記申請が却下されることから（令第７条第３号）、審査の便宜、申請人が法人であるときには、代表者であることを証する書面を添付書面とすることによって、正当な権限のある者による申請であることを明らかにさせようとしたものである。

２　代理人によって申請するときは、その権限を証する書面（第２号）

前号と同様、「申請の権限を有しない者の申請によるとき」には、登記申請が却下されることから（令第７条第３号）、審査の便宜、法定代理人又は委任による代理人が申請を行う場合にその代理権限を証する書面を添付書面とすることによって、正当な権限のある者による申請であることを明らかにさせようとしたものである。

委任による代理の場合には委任状がこれに該当する。変更の登記又は終了の登記において、成年後見人等の法定代理人及び任意後見人には固有の登記の申請権限があるため本人の代理人として申請するということはないものと考えられるが、仮に、本人の代理人として登記を申請する場合には、登記記録によって本人の代理人であることが登記官において明らかであるから代理権限を証する書面の添付は不要である。

３　登記の事由を証する書面（第３号）

登記の正確性を担保するため、登記の事由を証する書面の添付を要するものとしたものである。

⑴　申請による変更の登記

申請による変更の登記は、住所、本籍、氏名等の人定事項に変更があった場合にされるが、この場合は、当該変更に係る住民票の写し、戸籍謄本等が添付書面となる。なお、オンラインシステムによる登記の申請に当たり、登記官が個人につき住基ネットを利用して住所の変更を確認できるときや法人につき会社法人等番号の提供を受けて住所の変更を確認できるときは、住民票の写し等や登記事項証明書に代わる情報の提供を要しない（基本通達第４の２⑴イ）。

⑵　申請による終了の登記

終了の登記を申請するときは、終了の原因を証する書面がこれに該当する。後見等の登記の場合、申請による登記をする終了の原因は、成年被後見人等の死亡のみである。この場合は、死亡した者に係る戸籍謄抄本（除籍謄抄本）又は住民票の写し等がこれに該当する。任意後見契約の場合、申請による登記をする終了の原因は、①任意後見契約の本人の死亡、②任意後見契約の本人の破産、③任意後見受任者又は任意後見人の死亡、④任意後見受任者又は任意後見人の破産及び⑤後見の開始、⑥任意後見契約の解除である（任意後見契約法第２条、第９条、民法第653条）。

①任意後見契約の本人の死亡及び③任意後見受任者又は任意後見人の死亡の場合、死亡に係る戸籍謄抄本（除籍謄抄本）又は住民票の写し等が添付書面となる。②任意後見契約の本人の破産及び④任意後見受任者又は任意後見人の破産の場合、破産手続開始決定については当該破産手続開始の決定書の謄本及び確定証明書が添付書面となる。⑤後見の開始については、その旨の登記が既にされているときは、登記官は、登記記録によってこれを確認することができるので、添付書面は要しない。その旨の登記がされていないときは、後見開始の審判書

の謄本及び確定証明書が添付書面となる。⑥任意後見契約の解除の場合、任意後見契約が発効する前に解除されたときは、公証人の認証を受けた任意後見契約を解除する意思表示を記載した書面の写しとその配達証明書が（任意後見契約法第９条第１項）、任意後見契約が発効した後に解除された場合は、任意後見契約を解除する意思表示を記載した書面の写しとその配達証明書のほか、任意後見契約の解除についての許可の審判書又は裁判書の謄本及び確定証明書が（任意後見契約法第９条第２項）それぞれ添付書面となる（基本通達第１の３⑷イ㈣）。なお、オンラインシステムによる登記の申請に当たり、登記官が個人につき住基ネットを利用して死亡の事実を確認できるときは、住民票の写し等や戸籍謄抄本（除籍謄抄本）に代わる情報の提供を要しない[*15]（基本通達第４の２⑴イ）。

⑶　嘱託による登記

本条は申請による登記に関する規定であるが、令第４条第２項により、嘱託による登記の手続にも準用されることから、審判等に基づいて登記の嘱託がされたときは、審判書の謄本及び確定証明書が登記の事由を証する書面となる。

（登記申請の却下）

第七条　登記官は、次に掲げる場合には、理由を付した決定で、申請を却下しなければならない。

一　事件が登記すべきものでないとき。

二　事件が既に登記されているとき。

三　申請の権限を有しない者の申請によるとき。

＊15　死亡日時に「頃」や「推定」の記載がある場合には、戸籍を確認してからどのように登記するか判断する必要があるため、実務上、戸除籍謄抄本の添付を求めている。

四　登記申請書が方式に適合しないとき。
五　登記申請書に必要な書面を添付しないとき。
六　登記申請書又はその添付書面の記載が登記申請書の添付書面の記載又は登記記録の記録と抵触するとき。
七　手数料を納付しないとき。

Ⅰ　本条の趣旨

本条は、登記申請の却下事由を定めるものである。却下事由を列挙することで、登記官の審査権の範囲を明らかにするものである。令第４条第２項により、嘱託による登記の手続にも準用されることから、登記の嘱託の却下事由でもある。

Ⅱ　却下事由

１　事件が登記すべきものでないとき。（第１号）

「事件が登記すべきものではないとき」とは、主として、登記の申請の趣旨自体において既に法律上許容すべきでないことが明らかな場合をいう。登記の申請が登記事項以外の事項の登記を目的とする場合や登記事項が実体法上、当然無効である場合がこれに含まれる。例えば、登記事項とはされていない成年被後見人の性別や成年後見人の本籍の記載を求める変更の登記の申請、効力の発生を家庭裁判所による任意後見監督人の選任によるのではなく、別の事項を停止条件とする任意後見契約の登記の嘱託がこれに該当する。

逆に、審査の段階で、無効か否か判断しがたいようなものは、ここでの「登記すべきものでないとき」には当たらないと解される。例えば、任意後見契約を解除したところ、解除時に解除権者が心神喪失の状態にあったため、真実その解除の意思表示が無効であったとしても、登記官には真偽を確かめる審査権がないことから、このような場合は、「事件が登記すべきものではないとき」とは言えず、他に却下事由がないときには登記せざるを得ないものと考えられる。

２　事件が既に登記されているとき。（第２号）

いわゆる二重登記を防止するための規定である。後見等の登記にせよ、任意後見契約の登記にせよ、同一の審判や同一の任意後見契約に基づき同一の登記をしても意味がないだけでなく、公証上も混乱を惹起しかねないことから、却下事由としたものである。

３　申請の権限を有しない者の申請によるとき。（第３号）

登記は、嘱託又は申請によることとしており（法第４条、第５条、令第４条）、その権限を有する者及びその代表者又は代理人以外による登記は許されていないため、申請の資格のない者からの申請を却下事由としたものである。この規定は、嘱託による登記手続にも準用されるため、嘱託する権限のない者、例えば、裁判所書記官や公証人でない者が嘱託した場合には、本号により却下される。

４　登記申請書が方式に適合しないとき。（第４号）

令第５条において登記申請書の方式を定めているところ、法令で定めている方式を履践しない場合は、それ自体法令違反である上、登記すべきか否かの審査をして適正な登記をすることができないため、方式に適合していない申請を却下事由としたものである。

５　登記申請書に必要な書面を添付しないとき。（第５号）

令第６条において登記申請書の添付書面を定めているところ、必要な書面を添付しない場合は、それ自体法令違反である上、登記すべきか否かの審査をして適正な登記をすることができないため、必要な書面を添付していない申請を却下事由としたものである。

６　登記申請書又はその添付書面の記載が登記申請書の添付書面の記載又は登記記録の記録と抵触するとき。（第６号）

①登記申請書の記載とその添付書面の記載とが抵触するとき、②登記申請書の記載と登記記録とが抵触するとき、③添付書面の記載同士

で内容が抵触するとき又は④添付書面の記載と登記記録とが抵触するときは、いずれの内容が真実であるか不明であるため、却下事由としたものである。

７　手数料を納付しないとき。（第７号）

法第11条第１項において登記の申請に必要な手数料を納付すべきことを定めているところ、必要な手数料を納付しない場合は、それ自体法令違反である上、登記した後では手数料を徴収できなくなるおそれもあるため、必要な手数料を納付していない申請を却下事由としたものである。

（職権による登記の更正）
第八条　登記官は、登記に錯誤又は遺漏があることを発見したときは、監督法務局又は地方法務局の長の許可を得て、登記の更正をしなければならない。

Ⅰ　本条の趣旨

本条は、職権による登記の更正について定めるものである。登記官が登記に錯誤又は遺漏があることを発見したときは、監督法務局長等（監督法務局又は地方法務局の長をいう。）の許可を得て、職権で登記の更正をしなければならないことを規定している。

Ⅱ　職権による登記の更正

登記に錯誤又は遺漏がある場合は、適正な登記に更正して公示される必要があるところ、そのことを発見した登記官が職権で登記の更正をすることができることを規定したものである。「登記に錯誤がある」とは、登記と実体関係が客観的に合わないことをいう。例えば、登記官が誤って登記申請書に記載された成年後見人の氏名の表記と異なる表記で登記をした場合などがこれに該当する。「登記に遺漏がある」とは、本来、登記すべきであるのに登記がされず、公示されるべき登記事項が完全には揃っていないことをいう。例えば、成年被後見人について、氏名及び住所は登記されているが、本籍が登記されていない場合などがこれに該当する。

登記に表示された実体関係が不存在又は無効の場合には、次条（令第９条）の手続により抹消されるべきものであるため、本条により登記の更正をすることはできない。

監督法務局長等の許可を得て、登記の更正することとされているのは、登記官自らが登記後、自由に更正の登記ができるとすれば、通常の登記の審査がおろそかになりかねず、登記制度の信頼が損なわれかねないことに加え、更正手続を適切に行う必要があるからであると考えられる（職権による登記の更正手続については、基本通達第２の３(1)参照）。

登記の更正は、登記官の職権によるため、登記官以外の者が登記の錯誤又は遺漏を発見した場合には、登記官に対し、登記の更正に係る職権の発動を求める申出をすることになる。なお、裁判所又は公証人から書面による住所等の更正の申出があったときに限り、監督法務局長等は、包括的許可を与えることができるとされている（基本通達第２の３(1)エ）。

（職権による登記の抹消）

第九条　登記官は、登記が次の各号のいずれかの事由に該当することを発見したときは、その登記の申請をした者に、一月を超えない一定の期間内に書面で異議を述べないときは登記を抹消すべき旨を通知しなければならない。

一　第七条第一号又は第二号に掲げる事由があること。

二　登記された事項につき無効の原因があること。

２　登記官は、前項の申請をした者の住所又は居所が知れないときは、法務省令の定めるところにより、同項の通知に代えて通知すべき内容を公告しなければならない。
3　登記官は、異議を述べた者があるときは、その異議につき決定をしなければならない。
4　登記官は、異議を述べた者がないとき、又は異議を却下したときは、第一項の通知又は第二項の公告に係る登記を抹消しなければならない。

Ⅰ　本条の趣旨

本条は、職権による登記の抹消について定めるものである。登記の抹消は、登記事項が実体と乖離し、そのまま公示しておくことが社会的に相当ではない場合にその登記事項を修正（消去）する登記の手続である。

登記官が登記の抹消事由を発見したときは、登記の申請人に手続保障を与えた上で、職権により登記の抹消をする。第１項は、登記の抹消事由を掲げ、当該登記の抹消事由を発見した登記官が登記の申請人に対し１か月を超えない一定期間内に書面で異議を述べないときは登記を抹消する旨の通知をすること、第２項は、登記の申請人の住所又は居所が知れないときは、通知に代えて公告をすること、第３項は、異議があったときに登記官がその異議につき当否を判断して決定をすること、第４項は、異議がなかったとき又は異議について却下の決定したときは、登記官が対象となる登記を抹消すべきことを規定している。

登記官が行う通知については、様式が定められており、登記の申請人に通知するほか、通知書の写しを監督法務局局長等にも送付することとされている（基本通達第２の３⑵イ㈠ａ）。

Ⅱ　職権抹消事由（第１項）

登記の抹消事由は、①登記に係る事件が登記すべきものでないこと（令第７条第１号に掲げる事由があること）、②登記に係る事件が既に登記されていること（令第７条第２号に掲げる事由があること）、③登記された事項につき無効の原因があることの３つである。①、②の用語の意義については令第７条に記述したとおりであるが、いずれも登記申請時の基準を借用していることから、本来却下されるべきであったところ、却下されることなく登記された場合が該当する。③の「登記された事項につき無効の原因があること」とは、登記により公示された実体関係に無効の原因があることをいう＊16。これには、登記された事項が不存在の場合も含まれると解されている。

Ⅲ　職権抹消の手続（第２項～第４項）

１　通知に代わる公告

登記官が登記を職権で抹消しようとする際にする通知は、登記を抹消することに理由がないと考える登記の申請人に対し、異議を述べる機会を与えるためのものであることから、登記の申請人の住所又は居所が知れないときは、通知に代えて公告が行われる（第２項）。

２　公告の方法

公告の方法について、法務省令においては、抹消すべき事件又は事項が登記された登記所の掲示場その他登記所内の公衆の見やすい場所に掲示する方法及びウェブサイトに掲載する方法により２週間掲示して行うこととされている（省令第16条）。職権抹消に当たって商業登記法（第135条第２項）のように官報公告をしていないのは、後見登

＊16　①と③の関係については、登記申請時に無効の原因があることが分かれば、そもそも登記すべきものでないことに該当するため、却下事由としては③は①に含まれ、①のみ規定すれば十分であるとも考えられる。もっとも、①については、登記申請時を基準とする表現ぶりとなっているため、例えば、審判書の添付書面が偽造され、嘱託権限のない者からの嘱託により登記がされてしまった場合には、もはや「事件が登記すべきものでないとき」とは言い難く、また、文言上「事件が登記すべきものでなかったとき」にまで広げて解釈することができるか疑義が残るところ、③については、登記申請時には判明しなかった無効の原因となる事実が後日明らかになった場合には抹消事由に該当することが明らかであるという点で、①とは別に③の規律を設ける意義があるものと考えられる。

記等においては、成年被後見人等のプライバシー保護のため、官報公告の手続をすることは適当ではないと考えられたためである。

３　異議についての決定と登記の抹消

異議の催告に対して異議を述べた者がいるときは、登記官は異議につき決定をしなければならないところ（第３項）、その決定は、監督法務局長等に内議した上で、異議について決定をした場合には決定書の写しを添えて監督法務局長等にその旨の報告を行うこととされている（基本通達第２の３⑵イ⑴）。異議を述べた者がいないとき又は異議を却下したときは、登記を抹消することになるが（第４項）、この登記の抹消は、抹消に係る事項、職権により登記を抹消する旨及び登記の年月日を後見登記等ファイルに記録して行う（基本通達第２の３⑵イ(ウ)）。

（登記の抹消による登記記録の閉鎖）

第十条　登記官は、登記の全部を抹消したときは、登記記録を閉鎖し、これを閉鎖登記記録として、閉鎖登記ファイルに記録しなければならない。

Ⅰ　本条の趣旨

本条は、登記の全部を抹消したときの手続を定めるものである。登記官が終了の登記をしたときと同様、登記の全部を抹消したときは、登記記録を閉鎖し、それを閉鎖登記ファイルに記録することについて規定している。

Ⅱ　登記の全部を抹消した登記記録の閉鎖登記ファイルへの移行

登記の全部を抹消した登記記録を閉鎖登記ファイルへ移行することとしたのは、閉鎖された登記記録は、閉鎖されていない登記記録とは登記情報の利用頻度や記録の開示を必要とする者の範囲等が異なることが想定されることから、後見登記等ファイルの管理上、閉鎖された登記記録を別のファイルに記録する方が効率的であると考えられたためである。なお、保存期間については、後見登記等ファイルの記録は永久であるのに対し、閉鎖登記ファイルの記録は閉鎖した日から30年間とされている（省令第５条第４項第１号、第２号）。

第四章　登記事項証明書の送付請求等

第十一条　登記事項証明書又は閉鎖登記事項証明書の交付を請求する場合において、その送付を求めるときは、情報通信技術を活用した行政の推進等に関する法律（平成十四年法律第百五十一号）第六条第一項の規定により同項に規定する電子情報処理組織を使用して請求する場合を除き、法務省令で定めるところにより、送付に要する費用を納付しなければならない。

Ⅰ　本条の趣旨

本条は、登記事項証明書又は閉鎖登記事項証明書（以下「登記事項証明書等」という。）の送付請求における費用の納付について定めるものである。

Ⅱ　規定の内容

登記事項証明書等の「交付」には、登記事項証明書を対面で手交することのほか、送付して提供することも含まれる。情報通信技術を活用した行政の推進等に関する法律第６条第１項では、主務省令で定める場合においてオンラインで請求することを可能としており、後見登記等においては、省令の第４章（省令第22条～第28条）に必要な定めが規定されている。登記事項証明書等の交付を請求する者に対し、登記所から、登記事項証明書等を送付する場合には、送付に要する費用が必要になるところ、オンラインによる請求については、送付に要する費用を含んだ形で手数料の額が算定されていることから、オンラインによる請求を除き、送付に要する費用を納付しなければならないことを明らかにしたものである。法務省令においては、送付に要する費用は、郵便切手又は信書便事業者への支払いのために使用される一定の証票をもって納付することが規定されている（省令第33条第３項、第４項）。

第五章　補則

（登記申請書等の閲覧）

第十二条　登記事項証明書又は閉鎖登記事項証明書の交付を請求することができる者は、特別の事由がある場合に限り、手数料を納付して、当該登記事項証明書又は閉鎖登記事項証明書に係る登記の登記申請書若しくは登記の嘱託書又はその添付書面（以下「登記申請書等」と総称する。）の閲覧を請求することができる。

２　前項の請求は、書面でしなければならない。

３　前項の書面には、次に掲げる事項を記載し、申請人又はその代表者若しくは代理人が記名しなければならない。

一　閲覧を請求する登記申請書等

二　特別の事由

三　第五条第二項第六号から第八号までに掲げる事項

４　第一項の手数料の納付は、収入印紙をもってしなければならない。

Ⅰ　本条の趣旨

本条は、登記申請書等（登記申請書、登記の嘱託書又はその添付書面。以下同じ。）の開示の要件とその手続について定めるものである。

通常、申請又は嘱託のあった登記の内容は、後見登記等ファイル又は閉鎖登記ファイルに記録されるため、登記事項証明書又は閉鎖登記事項証明書をもって確認することができることから、登記申請書等を開示する必要性は高くないといえる。

しかし、偽造の添付書類によって登記がされた疑いがある場合など、登記申請書、嘱託書及びその附属書類の原本自体を確認する必要が生ずることもあり得ることから、登記事項証明書等の交付を請求することのできる者は、「特別の事由」がある場合に限って、登記の登記申請書等について、閲覧を請求することができることとされたものである。

Ⅱ　規定の内容

第１項は、登記事項証明書等の交付請求権者が特別の事由がある場合に限って、登記申請書等の原本の閲覧を請求することができることを定めるものである。

登記所に申請された登記申請書等の原本は、既に行政機関が管理する行政文書となっており（情報公開法第２条第２項）、これを提出した本人であっても自由に閲覧することを認めることはできない。「特別の事由」とは、特別の取扱いを認める理由のことをいい、具体的には、偽造の添付書類によって登記された疑いがある場合など、登記申請書の原本自体を確認する必要がある場合などが考えられる。登記申請書等に記載されている情報は、後見等の登記に直結するものであるところ、登記事項証明書等の交付を請求できない者に、成年被後見人等に係る高度なプライバシー情報が含まれている登記申請書等へのアクセスを認めることは妥当でないことから、登記事項証明書等の交付を請求できない者は、本条の対象から除外されている。なお、登記申請書等に記録されている保有個人情報については、個人情報の保護に関する法律を理由に閲覧の請求をすることも認められていない（令第14条）。

第２項は、閲覧について、口頭での請求は認めず、書面で請求しなければならないものとしている。第３項は、閲覧を請求する請求意思とその請求内容を明らかにするため、閲覧を請求する書面には、申請人又はその代理人等が記名し、閲覧を請求する登記申請書等の特定事項（第１

号)、特別の事由（第２号)、手数料の額、申請年月日、登記所の表示（第３号）を記載しなければならないものとしている。第４項は、手数料の収納事務の便宜から、閲覧の手数料は、収入印紙で納付しなければならないものとしている。

閲覧の手数料は、登記手数料令第５条第４項に定められている（１事件に関する書類につき500円)。

（行政機関の保有する情報の公開に関する法律の適用除外）
第十三条　登記申請書等については、行政機関の保有する情報の公開に関する法律（平成十一年法律第四十二号）の規定は、適用しない。

Ⅰ　本条の趣旨

登記申請書等に記載されている情報は、行政機関が保有する情報であるところ、本条は、登記申請書等については、情報公開法の規定全般の適用を受けないことを定めるものである。

Ⅱ　規定の内容

成年後見登記制度は、後見等の審判又は任意後見契約による成年後見人等の権限等を公示し、登記官が登記事項証明書等を交付することによって後見等又は任意後見契約の内容を公証する制度である。登記申請書等は、登記官が登記をするために作成されるものであって、その内容は登記に反映されている上、登記申請書等自体について、令第12条の規定に見られるように後見登記等に関する法令の統一的な法体系の下で独自の完結した開示制度が備えられていること、登記申請書等には情報公開法によっても不開示とされるべき情報が含まれていること、登記申請書等は、法第13条において情報公開法の適用除外となっている後見登記等ファイル等の附属書類といえることから、登記申請書等についても情報公開法の適用を除外したものである。

（個人情報の保護に関する法律の適用除外）

第十四条　登記申請書等に記録されている保有個人情報（個人情報の保護に関する法律（平成十五年法律第五十七号）第六十条第一項に規定する保有個人情報をいう。）については、同法第五章第四節の規定は、適用しない。

Ⅰ　本条の趣旨

登記申請書等に記録されている情報の中には、個人情報保護法第60条第１項に規定する保有個人情報も含まれているところ、本条は、登記申請書等に記録されている保有個人情報について、個人情報保護法第５章第４節の規定（開示、訂正及び利用停止に関する規定）の適用を受けないことを定めるものである。

Ⅱ　規定の内容

登記申請書等（これに記録されている保有個人情報を含む。）については、令第12条の規定に見られるように開示の請求が認められる一方で、これに従い既に登記が完了していることから、登記申請書等自体の訂正や利用停止は、後見登記等の制度になじまないものである。このように個人情報保護法の規定と類似又は相反する趣旨の規定が後見登記等に関する法令の統一的な法体系の下に整備されていること、登記申請書等は、法第14条において個人情報保護法第５章第４節（開示、訂正及び利用停止）の規定の適用除外となっている後見登記等ファイル及び閉鎖登記ファイルの附属書類といえることから、個人情報保護法の開示、訂正及び利用停止の規定の適用が排除されている。

（事件の送付）

第十五条　法第十五条第四項の規定による事件の送付は、審査請求書の正本によってする。

Ⅰ　本条の趣旨

登記官は、審査請求があった場合において自ら相当の処分をしないときは、法第15条第４項の規定に従い、監督法務局長等に事件を送付しなければならないところ、本条は、事件の送付は、審査請求人から提出された審査請求書の正本の送付をもってすることを定めるものである。

Ⅱ　規定の内容

登記官の処分に不服がある者又は登記官の不作為に係る処分を申請した者は、登記官に審査請求書を提出して、監督法務局長等に審査請求をすることができる（法第15条第１項、第２項）。審査請求に対し、登記官が相当の処分をしない場合には、事件を監督法務局長等に移送して、当該監督法務局長等が審査請求に理由があるかどうかを判断することになるところ、当該監督法務局長等に対して事件を送付する場合には、審査請求書の正本を送付することによってすることを規定している。

（意見書の提出等）

第十六条　法第十五条第四項の意見を記載した書面（次項において「意見書」という。）は、正本及び当該意見を送付すべき審査請求人の数に行政不服審査法（平成二十六年法律第六十八号）第十一条第二項に規定する審理員の数を加えた数に相当する通数の副本を提出しなければならない。

２　法第十五条第四項後段の規定による意見の送付は、意見書の副本によってする。

Ⅰ　本条の趣旨

登記官は、審査請求があった場合において自ら相当の処分をしないときは、法第15条第４項の規定に従い、意見を付して事件を監督法務局長等に送付しなければならないところ、本条は、意見書の提出の取扱いについて定めるものである。

Ⅱ　規定の内容

審査請求に対し、登記官が相当の処分をしない場合には、登記官の意見を付して事件が監督法務局長等に移送されるところ、これを受けた当該監督法務局長等は、行審法に定める審理手続に付すため、当該登記官の意見を記載した意見書を審理員に送付することになる（法第15条第４項後段）。また、法第15条第７項により読み替えて適用される行審法第29条第５項により、審理員は、監督法務局長等から法第15条第４項に規定する意見の送付があったときは、これを審査請求人に送付しなければならない。

これらを踏まえ、第１項は、登記官は、意見書について、審査請求人及び審理員の数を合わせた通数の副本を提出しなければならないことを規定している。

また、第２項は、法第15条第４項後段に基づき監督法務局長等が意見書を審理員に送付する場合には、第１項により監督法務局長等に提出された意見書の副本を送付することを規定している。この場合、意見書の正本は、監督法務局長等の手元に残ることとなる。

（行政不服審査法施行令の規定の読替え）

第十七条　法第十五条第一項の審査請求に関する行政不服審査法施行令（平成二十七年政令第三百九十一号）の規定の適用については、同令第六条第二項中「法第二十九条第五項」とあるのは「後見登記等に関する法律（平成十一年法律第百五十二号）第十五条第七項の規定により読み替えて適用する法第二十九条第五項」と、「弁明書の送付」とあるのは「後見登記等に関する法律第十五条第四項に規定する意見の送付」と、「弁明書の副本」とあるのは「後見登記等に関する政令（平成十二年政令第二十四号）第十六条第一項に規定する意見書の副本」とする。

I　本条の趣旨

審査請求については、一般法として行政不服審査法（平成26年法律第68号）が制定されているところ、本条は、法や令において審査請求について特別の定めを置いていることや登記事件の性質を踏まえ、行政不服審査法施行令（平成27年政令第391号）第6条（弁明書の提出）第2項の規定の読み替えについて定めるものである。

II　規定の内容

審理員から審査請求人に弁明書を送付する場合にはその副本によることを定める行政不服審査法施行令第6条第2項の規定を読み替えて適用することにより、本条は、「後見登記等に関する法律（平成11年法律第152号）第15条第7項の規定により読み替えて適用する（行政不服審査）法第29条第5項の規定による後見登記等に関する法律第15条第4項に規定する意見の送付は、後見登記等に関する政令（平成12年政令第24号）第16条第1項に規定する意見書の副本によってする。」ことを規定している。具体的には、審理員から審査請求人に登記官の意見書を送付する場合にはその副本によることを規定している。

（法務省令への委任）
第十八条　この政令の実施のため必要な事項は、法務省令で定める。

I　本条の趣旨

本条は、本政令の実施のために必要な事項の規律の制定を法務省令に委任することを定めるものである。本政令には、令第9条（職権による登記の抹消）第2項、令第11条（登記事項証明書の送付請求等）のように特定事項の規律の制定を省令に委ねる個別の委任規定があるが、本条は、一般的な委任規定である。

Ⅱ　省令の規定

本条に基づき、後見登記等ファイル等に関する規定（省令第１章）、登記手続に関する規定（省令第２章）、登記事項の証明に関する規定（省令第３章）、電子情報処理組織による登記申請等に関する特例に関する規定（省令第４章）等の詳細な定めが省令に規定されている。

附　則

（施行期日）

第一条　この政令は、平成十二年四月一日から施行する。

Ⅰ　本条の趣旨

本条は、本政令の施行期日を定めるものである。

Ⅱ　規定の内容

法と同様、本政令は、平成12年４月１日から施行することを規定している。

（後見又は保佐の登記の申請）

第二条　法附則第二条第一項の規定による後見の登記の登記申請書には、第六条第一号及び第二号に掲げる書面のほか、当該後見の登記に係る成年被後見人とみなされる者の戸籍の謄本又は抄本（いずれも当該者が禁治産の宣告を受けている旨の記載のあるものに限る。）その他法務省令で定める書面を添付しなければならない。

２　前項の規定は、法附則第二条第二項の規定による保佐の登記の登記申請書に準用する。

Ⅰ　本条の趣旨

本条は、法原始附則第２条第１項に基づく後見登記の申請、同条第２項に基づく保佐の登記の申請をする際の添付書面を定めるものである。

Ⅱ　規定の内容

法原始附則第２条第１項の後見の登記の申請は、民法改正法附則第３条第１項により、成年被後見人や成年後見人とみなされる者等がすることができるところ、第１項は、登記申請書に、当該後見の登記に係る成年被後見人とみなされる者につき、禁治産宣告を受けている旨の記載のある戸籍謄抄本を含め、法務省令で定める書面を添付しなければならないことを規定している。

同様に、法原始附則第２条第２項の保佐の登記の申請は、民法改正法附則第３条第２項により、被保佐人や保佐人とみなされる者等がすることができるところ、第２項は、第１項を準用することで、登記申請書に、当該保佐の登記に係る被保佐人とみなされる者につき、準禁治産宣告を受けている旨の記載のある戸籍謄抄本を含め、法務省令で定める書面を添付しなければならないことを規定している。

第３　後見登記等に関する省令（平成12年法務省令第２号）の逐条解説

第一章　後見登記等ファイル等

（後見登記等ファイル等の持出禁止）

第一条　後見登記等ファイル及び閉鎖登記ファイル（以下「後見登記等ファイル等」と総称する。）並びに登記申請書等（後見登記等に関する政令（以下「令」という。）第十二条第一項に規定する登記申請書等をいう。以下同じ。）は、事変を避けるためにする場合を除き、登記所外に持ち出してはならない。ただし、登記申請書等については、裁判所の命令又は嘱託があったときは、この限りでない。

Ⅰ　本条の趣旨

本条は、後見登記等ファイル等及び登記申請書等は、事変を避けるためにする場合を除き、登記所外に持ち出してはならないことについて定めるものである（本文）。ただし、登記申請書等については、裁判手続の便宜、裁判所の命令又は嘱託がある場合には、これを持ち出すことを許容している（ただし書）。

持出を禁止するのは、後見登記等ファイル等、登記申請書等については、常に公示的機能を果たすようにするため、安全かつ整備された状態で、登記事項証明書の交付、登記申請書等の閲覧の用に供し得るものにしておく必要があるためである。

Ⅱ　規定の内容

「事変を避けるため」にする持出とは、火災、風水害、地震等により後見登記等ファイル等及び登記申請書等に滅失のおそれがあるような場合にする持出である。

「裁判所の命令又は嘱託」によりする持出とは、民事訴訟法第223条の文書提出命令、同226条の文書送付の嘱託等を受けてする持出である。文書提出命令は、これに従わない場合には過料の制裁が科せられる（民事訴訟法第225条）ことから、登記官に登記申請書等の提出の是非についての裁量の余地はない。しかし、文書送付の嘱託については、強制力を伴わない処分であることから、登記官は、文書送付の是非を審査することができ、登記申請書等の閲覧の場合（令第12条第１項）と同様、閲覧を請求することができる者であること及び特別の事由があることを確認し、関係がある部分に限って、登記申請書等を送付することとなる（省令第２条）。

（裁判所への登記申請書等の送付）
第二条　裁判所から登記申請書等を送付すべき命令又は嘱託があったときは、登記官は、その関係がある部分に限り、送付しなければならない。

Ⅰ　本条の趣旨

本条は、裁判所への登記申請書等の送付について定めるものである。

Ⅱ　規定の内容

前条（省令第１条）ただし書により、裁判所に登記申請書等を送付する場合には、登記官は、関係がある部分に限り送付しなければならないことを規定している。これは、登記申請書等には、プライバシーに関する事柄が多く記載されているため、プライバシー保護のため、必要最小限を送付しなければならないと考えられたためである。

裁判所からの命令または嘱託により申請書等を裁判所に送付した場合には、当該命令書または嘱託書及びこれらの附属書類を、登記申請書類つづり込み帳中の送付した書類の編てつしてあった箇所に編てつし、送付した書類が返還された場合には、その書類は、命令書又は嘱託書の次に編てつする（基本通達第６の２(1)）。

登記申請書等を登記所外に持ち出した場合には、登記官は、速やかに報告書を作成し、監督法務局又は地方法務局の長に報告しなければならない（基本通達第６の２(2)）。

（後見登記等ファイル等の記録の滅失の場合）

第三条　後見登記等ファイル等の記録の全部又は一部が滅失したときは、登記官は、遅滞なく、その事由、年月日、滅失した後見登記等ファイル等の記録その他令第三条の処分をするのに必要な事項を記載し、かつ、回復登記の期間を予定し、監督法務局又は地方法務局の長に申報しなければならない。

２　法務局又は地方法務局の長が前項の申報を受けたときは、相当の調査をした後、法務大臣に具申しなければならない。

Ⅰ　本条の趣旨

本条は、後見登記等ファイル等の記録の全部又は一部が滅失した場合の登記官の措置を定めるものである。

Ⅱ　規定の内容

後見等の登記は、人の行為能力の制限や法定代理人、任意後見人の権限等を公示するもので、その内容を示す登記事項証明書等は、広く社会生活において利用されるものであるから、後見登記等ファイル等の記録の全部又は一部が滅失した場合には、速やかに登記を回復する必要がある。法務大臣は、一定期間を定めて、登記官に登記の回復に必要な処分を命ずることができるが（令第３条）、法務大臣は、自ら後見登記等ファイル等の記録の全部又は一部の滅失を知ることができないことから、第１項では、登記官が、速やかに必要事項を記載した書面で監督法務局又は地方法務局の長に報告しなければならないことを規定し、第２項では、報告を受けた法務局又は地方法務局の長は、さらに相当の調査をした後、法務大臣にその内容を具申しなければならないことを規定している。

Ⅲ　監督法務局長等への申報（第１項）

１　「後見登記等ファイル又は閉鎖登記ファイルの記録の全部又は一部が滅失したとき」

省令第４条により、登記官は、後見登記等ファイル等のバックアップファイルを備えなければならないとされているところ、通常の事務処理に使用する後見登記等ファイル等が破損し、その中の記録が消失しても、バックアップファイル中の記録が失われていなければ、「後見登記等ファイル又は閉鎖登記ファイルの記録の全部又は一部が滅失したとき」には当たらない。

２　監督法務局長等に申報する情報

(1)　「滅失の事由」

「滅失の事由」とは、後見登記等ファイルが滅失した原因をいう。滅失の原因が火災、水害等の災害による場合には、その旨を記載すれば足りるが、滅失の原因が必ずしも明らかでない場合には、後見登記等ファイルの滅失を発見した端緒、滅失した後見登記等ファイル等の記録に関する調査の経緯等をできるだけ具体的に記載する必要がある。

(2)　「その他後見登記等に関する政令第３条の処分をするのに必要な事項」

登記を回復するために用いることができる資料等が考えられる。

（副記録）

第四条　登記官は、後見登記等ファイル等に記録した事項と同一の事項を記録する副記録を備えなければならない。

２　登記官は、後見登記等ファイル等の記録によって登記の事務を行うことができないときは、前項の副記録によってこれを行うことができる。この場合において、副記録に記録した事項は、後見登記等ファイル等の記録に記録した事項とみなす。
３　登記官は、後見登記等ファイル等の記録によって登記の事務を行うことができるようになったときは、直ちに、前項の規定により副記録に記録した事項を後見登記等ファイル等の記録に記録しなければならない。

Ⅰ　本条の趣旨

本条は、副記録（バックアップファイル）について定めるものである。

Ⅱ　規定の内容

第１項では、後見登記等ファイル等が破損した場合に備えて、副記録を備えなければならないことを規定している。第２項では、後見登記等ファイルの記録によって登記事務を行うことができないときには、副記録を利用して登記事務を行うことができること、さらにその場合には副記録に記録された事項は、後見登記等ファイル等の記録に記録された事項とみなすことを規定している。後見登記等ファイルの記録によって登記の事務が行うことができないときにあっては副記録に記録されることで登記したことと同様の効果を与えるものであり、例えば、任意後見人の代理権の消滅が副記録に記録されれば、後見等登記等ファイルに記録されたことになるため、善意の第三者にも対抗できると解される（任意後見契約法第11条）。第３項では、その後、登記事務を行うことができるようになったときは、副記録に記録した事項を後見登記等ファイルに記録しなければならないことを規定している。後見登記等ファイル等が破損した場合においても、本条により備え付けた副記録により後見登記等ファイル等を修復し、これにより登記記録を回復できる場合には、令第３条、省令第３条の回復登記の手続は必要ない。副記録により破損したファイルを修復することができる場合には、速やかにその修復をはかり、登記事務を遂行すべきであるからである。

（帳簿）

第五条　登記所には、次に掲げる帳簿を備えるものとする。

一　受付帳

二　登記申請書類つづり込み帳

三　証明書交付申請書等つづり込み帳

四　決定原本つづり込み帳

五　審査請求書類等つづり込み帳

六　登記関係帳簿保存簿

七　登記事務日記帳

八　登記事項証明書等用紙管理簿

九　登記事項通知書通知簿

十　再使用証明申出書類等つづり込み帳

十一　統計表つづり込み帳

十二　雑書つづり込み帳

２　次の各号に掲げる帳簿には、当該各号に定める書類をつづり込むものとする。

一　登記申請書類つづり込み帳　登記申請書等

二　証明書交付申請書等つづり込み帳　登記申請事件以外の事件の申請書及びその添付書面

三　決定原本つづり込み帳　登記の嘱託又は申請を却下した決定に係る決定書の原本

四　審査請求書類等つづり込み帳　審査請求書その他の審査請求事件に関する書類

五　再使用証明申出書類等つづり込み帳　収入印紙に係る再使用証

明申出書及び償還に関する書類

六　統計表つづり込み帳　登記事件及び登記以外の事件に係る各種の統計表

七　雑書つづり込み帳　他の帳簿につづり込まない書類

3　次の各号に掲げる帳簿には、当該各号に定める事項を記載するものとする。

一　登記関係帳簿保存簿　第五条第一項各号に掲げる帳簿及び書類の保存状況

二　登記事務日記帳　受付帳その他の帳簿に記載しない書類の発送及び受領に関する事項

三　登記事項証明書等用紙管理簿　登記事項証明書及び閉鎖登記事項証明書（以下「登記事項証明書等」と総称する。）の作成に使用する用紙の管理に関する事項

四　登記事項通知書通知簿　第十三条及び後見登記等に関する法律（平成十一年法律第百五十二号。以下「法」という。）附則第二条第四項の通知に関する事項

4　次の各号に掲げる記録、帳簿、書類又は電磁的記録媒体（以下「記録等」という。）の保存期間は、当該各号に定めるとおりとする。

一　後見登記等ファイルの記録　永久

二　閉鎖登記ファイルの記録　閉鎖した日から三十年間

三　受付帳の記録　当該年度の翌年から五年間

四　登記申請書類つづり込み帳　受付の日から五年間

五　証明書交付申請書等つづり込み帳　受付の日から一年間

六　決定原本つづり込み帳　これにつづり込まれた決定書に係る決定の翌年から五年間

七　審査請求書類等つづり込み帳　これにつづり込まれた審査請求書の受付の年の翌年から五年間

八　登記関係帳簿保存簿　永久
九　登記事務日記帳　作成した年の翌年から五年間
十　登記事項証明書等用紙管理簿　作成した年の翌年から一年間
十一　登記事項通知書通知簿　作成した年の翌年から五年間
十二　再使用証明申出書類等つづり込み帳　作成した年の翌年から五年間
十三　統計表つづり込み帳　作成した年の翌年から十年間
十四　雑書つづり込み帳　作成した年の翌年から二年間

Ⅰ　本条の趣旨

本条は、登記所が作成、取得等した行政文書の管理、保存等について定めるものである。

Ⅱ　規定の内容

第１項は帳簿について、第２項は帳簿につづり込む書類について、第３項は帳簿の記載事項について、第４項は、帳簿に加え、後見登記等ファイル等の記録の保存期間について規定している（別図省令第５条の規定の内容参照）。

Ⅲ　保存期間

帳簿や後見登記等ファイル等の保存期間については、概ね、①長期（後見登記等ファイルは永久、閉鎖登記ファイルは30年間）、②短期（証明書に係る帳簿は１年間、雑書に係る帳簿については２年間）、③その中間（一般の帳簿は５年間、統計に係る帳簿は10年）の３つに分かれている。

１　保存期間が長期間であるもの

(1)　後見登記等ファイル、登記関係帳簿保存簿の保存期間・永久（第４項第１号、第８号）

後見登記等ファイルは、現在の成年後見登記制度が続く限り維持する必要があることから永久とされている。また、各種の登記関係の帳簿や書類の保存状況に関する事項を記載する登記関係帳簿保存簿（第３項第１号）も、現在の成年後見登記制度が続く限り必要になるものであることから、永久とされている。

(2)　閉鎖登記ファイルの保存期間・30年間（第４項第２号）

閉鎖登記ファイルは、人の過去の行為能力の制限や法定代理人、任意後見人の権限等に関わる事項を記録、証明するものである。過去のこうした事項については、取引との関係で証明が求められると考えられるところ、取引との関係においては、時効期間を考慮するとともに、時効の完成猶予を考慮して20年間より長めの30年間とされたものである。また、行政文書の管理に関するガイドライン（平成23年４月１日内閣総理大臣決定）によれば、有期の保存期間については30年を上限とするとされていることも考慮されている。

２　保存期間が短期間であるもの

(1)　証明書交付申請書等つづり込み帳の保存期間・１年（第４項第５号）

証明書交付申請書等つづり込み帳は、登記申請事件以外の事件の申請書及びその添付書面をつづり込む帳簿である（第５条第２項第２号)。ここで、登記申請事件以外の事件の申請書とは、登記事項証明書及び閉鎖登記事項証明書の交付の申請書、登記申請書等の閲覧の申請書を指す。これらの申請書類は、件数が多く、かなりの分量になる一方、利用頻度が高いとはいえないことに加え、他の登記制度（商業登記規則第34条第４項第５号、動産・債権譲渡登記規則第５条第４項第７号）においても保存期間が１年間とされていることから、これと平仄を合わせて１年間とされたものである。

(2)　登記事項証明書等用紙管理簿の保存期間・１年（第４項第10号）

登記事項証明書等用紙管理簿は、登記事項証明書等の作成に使用する用紙、いわゆる地紋紙の管理に関する帳簿である（第３項第３号）。これについては、毎年、管理すれば十分であることから、１年間とされている。

⑶　雑書つづり込み帳の保存期間・２年（第４項第14号）

雑書つづり込み帳は、他の帳簿につづり込まない書類を管理するもので（第２項第７号）、書類としての利用頻度がそれほど高くないことから、最短期間である１年間に少しの余裕を加え、２年間とされている。

３　保存期間が中間であるもの

⑴　受付帳、登記申請書類つづり込み帳の保存期間・５年（第４項第３号、第４号）

受付帳や申請書類は、戸籍の取扱いにおいては再製の資料として利用されることが見込まれ、受付帳は150年間（戸規第21条第３項）、届書は27年間（戸規第49条第２項）と長期間の保存期間が設けられている。一方、後見登記等においては、副記録（バックアップファイル）を作成し、これにより後見登記等ファイル等の修復を行うことになり、登記申請書等を参考にして修復することはほとんどないと想定されること、受付帳の記録及び登記申請書等については、登記官の処分に対する審査請求の際に必要となり、審査請求については請求期間が定められていないが、実際上は処分後速やかに審査請求がされる場合が大多数であると考えられることから、他の登記制度（動産・債権登規第５条第４項第４号、第５号）にならって、いずれも５年間とされている。

⑵　決定原本つづり込み帳、審査請求書類等つづり込み帳、登記事務日記帳、登記事項通知書通知簿、再使用証明申出書類等つづり込み帳・５年（第４項第６号、第７号、第９号、第11号、第12号）

決定原本つづり込み帳は、登記の嘱託又は申請を却下した決定に係る決定書の原本をつづり込む管理簿（第２項第３号）、審査請求書類等つづり込み帳は、審査請求書その他の審査請求事件に関する書類をつづり込む管理簿である（第２項第４号）。また、登記事務日記帳は、受付帳その他の帳簿に記載しない書類の発送及び受領に関する事項を記載する管理簿（第３項第２号）、登記事項通知書通知簿は、市区町村への通知に関する事項を記載する管理簿（第３項第４号）、再使用証明申出書類等つづり込み帳は、収入印紙に係る再使用証明申出書及び償還に関する書類をつづり込む管理簿（第２項第５号）である。いずれも、通常の登記の事務処理で使用する文書を管理するものであるところ、前記行政文書の管理に関するガイドラインによれば、取得した文書の管理を行うための帳簿は、５年間とされていることから、これを参考にして５年間とされたものと考えられる。

⑶　統計表つづり込み帳の保存期間・10年（第４項第13号）

統計表つづり込み帳は、登記事件及び登記以外の事件に係る各種の統計表をつづり込む帳簿である（第２項第６号）。統計は、一定の期間継続して観察できるように管理されることが求められることから、一般の行政文書と比べて長めの10年間という保存期間が設けられたものと考えられる。

省令第５条の規定の内容
（○数字は各項の号数を表す）

保存期間が長期間
保存期間が短期間

（記録）・帳簿（第１項）	つづり込む書類（第２項）	帳簿の記載事項（第３項）	保存期間（第４項）
（後見登記等ファイルの記録）			永久（①）
（閉鎖登記ファイルの記録）			閉鎖した日から30年間（②）
受付帳（①）			（受付帳の記録）当該年度の翌年から５年間（③）
登記申請書類つづり込み帳（②）	登記申請書等（①）		受付の日から５年間（④）
証明書交付申請書等つづり込み帳（③）	登記申請事件以外の事件の申請書及びその添付書面（②）		受付の日から１年間（⑤）
決定原本つづり込み帳（④）	登記の嘱託又は申請を却下した決定に係る決定書の原本（③）		これにつづり込まれた決定書に係る決定の翌年から５年間（⑥）
審査請求書類等つづり込み帳（⑤）	審査請求書その他の審査請求事件に関する書類（④）		これにつづり込まれた審査請求書の受付の年の翌年から５年間（⑦）
登記関係帳簿保存簿（⑥）		第５条第１項各号に掲げる帳簿及び書類の保存状況（①）	永久（⑧）
登記事務日記帳（⑦）		受付帳その他の帳簿に記載しない書類の発送及び受領に関する事項（②）	作成した年の翌年から５年間（⑨）
登記事項証明書等用紙管理簿（⑧）		登記事項証明書及び閉鎖登記事項証明書（以下「登記事項証明書等」と総称する。）の作成に使用する用紙の管理に関する事項（③）	作成した年の翌年から１年間（⑩）
登記事項通知書通知簿（⑨）		第13条及び後見登記等に関する法律附則第２条第４項の通知に関する事項（④）	作成した年の翌年から５年間（⑪）
再使用証明申出書類等つづり込み帳（⑩）	収入印紙に係る再使用証明申出書及び償還に関する書類（⑤）		作成した年の翌年から５年間（⑫）
統計表つづり込み帳（⑪）	登記事件及び登記以外の事件に係る各種の統計表（⑥）		作成した年の翌年から10年間（⑬）
雑書つづり込み帳（⑫）	他の帳簿につづり込まない書類（⑦）		作成した年の翌年から２年間（⑭）

（記録等の廃棄）

第五条の二　登記所において記録等を廃棄するときは、法務局又は地方法務局の長の認可を受けなければならない。

Ⅰ　本条の趣旨

本条は、登記所において記録等（記録、帳簿、書類又は電磁的記録媒体）を廃棄するときは、法務局又は地方法務局の長の認可を要することを定めるものである。記録等の廃棄に当たって、法務局長等の認可を要することとしたのは、記録等の不正利用を防止するなど、記録等の管理の適正を確保するためであるほか、通常時の登記の事務処理において不正が行われることを抑止するためでもあると考えられる。

Ⅱ　公文書管理法との関係

公文書等の管理に関する法律（平成21年法律第66号。以下「公文書管理法」という。）は、行政文書の整理、保存、管理簿、移管又は廃棄の規定等（公文書管理法第５条～第８条）を整備し、その第３条において、「他の法律又はこれに基づく命令に特別の定めがある場合を除くほか、この法律の定めるところによる」とされている。

この点、前条（令第５条）において帳簿、帳簿につづり込む書類、帳簿への記載事項、帳簿等の保存期間を規定していることに加え、本条では、帳簿等の廃棄の手続を規定していることから、後見登記等に関する法令は、登記関係帳簿を適切に管理するための規律が整備されており、「特別の定めがある場合」に該当する。

公文書管理法の規律によれば、保存期間が満了した行政文書ファイル等は、国立公文書館に移管するか、廃棄することとされ、廃棄する場合には、あらかじめ内閣総理大臣に協議し、その同意を得なければならないとされている（公文書管理法第８条）が、登記関係帳簿については適用が除外されることから、内閣総理大臣の同意を得ることなく、監督法務局長等が廃棄の認可をすることができる。

第二章　登記手続

（登記記録を特定するために必要な事項）

第六条　令第五条第二項第五号に規定する登記記録を特定するために必要な事項は、成年被後見人等、任意後見契約の本人又は後見命令等の本人の氏名のほか、次の各号のいずれかに掲げる事項とする。

一　成年被後見人等、任意後見契約の本人又は後見命令等の本人の出生の年月日及び住所又は本籍（外国人にあっては、国籍）

二　登記番号

Ⅰ　本条の趣旨

本条は、登記申請の方式を定める令第５条第２項第５号により省令に個別に委任された「登記記録を特定するために必要な事項」を定めるものである。変更の登記をする場合など、既に存在している登記記録を特定するために必要な事項を登記申請書の記載事項とするものである。

Ⅱ　規定の内容

まず、本文の柱書では、登記記録を特定するためには、成年被後見人等、任意後見契約の本人、後見命令等の本人（以下単に「本人」という。）の氏名については不可欠であるので、本人の氏名については、必ず登記申請書に記載することを規定している。また、各号列記の部分では、①本人の生年月日及び住所又は本籍（外国人にあっては国籍）（第１号）か、②登記番号（第２号）かのどちらかが特定できれば、登記記録の特定には支障がないことから、これらのうちいずれか一つを登記申請書に記載することを規定している。

（数個の同時申請）

第七条　同一の登記記録に係る数個の変更の登記の申請を同時にするときは、一個の申請書で登記の申請をすることができる。

２　同一の登記所に対し、同時に数個の登記の申請をする場合において、各申請書に添付すべき書面に内容が同一であるものがあるときは、一個の申請書のみに一通を添付すれば足りる。

３　前項の場合には、他の各申請書にその旨を付記しなければならない。

Ⅰ　本条の趣旨

本条は、同一の登記記録について同時に行われる複数の変更の登記の申請をする場合には一つの登記申請書をもって申請できること（第１項）、異なる登記記録について、例えば、成年後見人等として登記されている同一人に住所変更又は死亡の事実があったこと等を理由に、同時に数個の登記の申請をする場合には各登記申請書にその旨を付記した上で１通の添付書面を添付すれば足りることを定めるものである（第２項、第３項）。

Ⅱ　規定の内容

第１項は、法第６条の規定に従い編成される同一の登記記録に関して、同時に数個の申請をする場合には、「登記の種類」が同一であるときに限り、申請者の便宜を図り、１個の申請書に記載して登記の申請をすることができることを内容としている。この登記の種類は、受付帳に記録される（省令第９条第１項）。ここで、「登記の種類」とは、①後見等の開始の審判に基づく登記、②後見命令等の審判に基づく登記、③任意後見契約の登記、④変更の登記、⑤終了の登記、⑥法附則第２条の経過措置による登記のことである。後見開始の審判の際には、必ず後見人選任の審判が同時にされることから、後見人選任の登記は後見等の開始の審判の登記に含まれる。後見人の開始の審判の登記後に後見監督人の選任の審判がされた場合、その選任の登記は変更の登記である。成年後見人等の職務執行の停止、職務代行者の選任の審判がされた場合の登記も変更の登記である。また、任意後見監督人の選任の登記も変更の登記である。変更の登記には、そのほか、本人等の氏名変更、住所変更、本籍変更等の登記、保佐人等の代理権の変更の審判がされた場合の登記などがある。終了の登記には、本人の死亡による終了の登記、後見等の開始の審判の取消しの審判による終了の登記、任意後見契約の解除による終了の登記等がある。

１個の申請書で数個の登記申請ができる場合は、後見登記等ファイル等の記録と登記の種類が同一である場合であるが、具体例としては、本人の住所変更と成年後見人の住所変更とを同時に申請する変更の登記の申請をする場合が挙げられる。登記の種類が同一の場合に限っているのは、登記の種類が異なる場合にまで、１個の申請書による登記申請を認めると、登記手続の過程で混乱が生じるおそれがあるからである。

登記記録が別の場合には、登記記録ごとに登記申請書を作成しなければならないが、第２項は、申請者等の便宜を図るため、数個の登記申請書の添付書面が共通している場合には、１個の申請書のみに１通の添付書面を添付すれば足りることを規定している。

第３項は、第２項を受けて、添付書面を１通とする場合には、他の各申請書にはその旨が分かるように付記しなければならないことを規定している。具体例としては、ある法人が複数の成年被後見人の成年後見人となっている場合に、当該法人の商号が変更されたため、変更の登記の申請をする場合に、登記事項証明書を添付書面として提出する場合が挙げられる。

（登記申請書等の送付方法）

第八条　登記の申請をしようとする者が登記申請書等を送付するときは、書留郵便又は民間事業者による信書の送達に関する法律（平成十四年法律第九十九号）第二条第六項に規定する一般信書便事業者若しくは同条第九項に規定する特定信書便事業者による同条第二項に規定する信書便（以下「信書便」という。）の役務であって当該一般信書便事業者若しくは当該特定信書便事業者において引受け及び配達の記録を行うものによらなければならない。

Ⅰ　本条の趣旨

本条は、登記申請書等の送付方法を定めるものである。

Ⅱ　規定の内容

登記の申請は、郵便局による郵送又は信書便事業者による信書便で送付することができることを明示するとともに、郵送又は信書便で送付する場合には、登記所に到達したことを確認できるようにするため書留郵便（簡易書留も含む。）又は信書便において引受け及び配達の記録を行うものによらなければならないことを規定している。

（登記申請書の受付）

第九条　登記官は、登記申請書を受け取ったときは、磁気ディスク（これに準ずる方法により一定の事項を確実に記録することができる物を含む。以下同じ。）をもって調製する受付帳に登記の種類、申請人の氏名又は名称、受付の年月日及び受付番号を記録し、当該登記申請書に受付の年月日及び受付番号を記載しなければならない。

２　受付番号は、一年ごとに更新しなければならない。

Ⅰ　本条の趣旨

本条は、登記申請書の受付手続を定めるものである。

Ⅱ　規定の内容

１　登記申請書の受付処理（第１項）

第１項は、登記官が登記申請書を受け取ったときは、受付帳＊17に登記の種類、申請人の氏名又は名称、受付の年月日及び受付番号を記録するとともに、受付帳と紐付けることができるよう、登記申請書にも受付の年月日及び受付番号を記載しなければならないことを規定している。

受付帳に記載される「登記の種類」は、省令第７条第１項に記述したとおりである。１個の登記申請書で同時に数個の申請をする場合（省令第７条第１項）には、受付番号は一つである。

本条は嘱託の登記の手続にも準用されるところ（令第４条第２項）、受付帳に記載する嘱託者の氏名について、裁判所書記官からの嘱託については、裁判所名を、公証人からの嘱託については、公証人という肩書きを付して公証人の氏名を記載する（基本通達第２の１(1)ア(ア)）。

２　受付番号（第２項）

受付番号は、１年ごとに更新しなければならないことを規定している。具体的には、暦年単位で更新される。受付番号を設けるのは、事務処理と統計の用に資するためであると考えられる。

（登記申請書の添付書面）

第十条　登記の申請書には、次に掲げる書面を添付しなければならない。

＊17　成年後見登記システムから出力される後見登記受付帳には、①「受付番号」、②「登記番号」、③「被後見人等の氏名」、④「登記区分」、⑤「登記種類」、⑥「登記種別」、⑦「受付年月日」、⑧「申請方法」、⑨「処理状況」が記載される。

一　令第六条第一号の申請人が登記された法人であるときは、当該法人の代表者の資格を証する登記事項証明書（商業登記法（昭和三十八年法律第百二十五号）第十条第一項（他の法令において準用する場合を含む。）に規定する登記事項証明書をいう。次号及び第三号並びに第十八条第一項第二号及び第三号において同じ。）
二　令第六条第二号の代理人が登記された法人であるときは、当該法人の代表者の資格を証する登記事項証明書
三　令第六条第三号に掲げる書面は、登記事項証明書その他の登記の事由を証する書面
２　令第六条第一号に掲げる書面（前項第一号に掲げる書面を除く。）若しくは令第六条第二号に掲げる書面（同項第二号に掲げる書面を除く。）又は同項第一号若しくは第二号に掲げる書面で官庁又は公署の作成したものは、その作成後三月以内のものに限る。

Ⅰ　本条の趣旨

本条は、登記申請書の添付書面について定めるものである。令第６条に規定する書面を具体化するとともに（第１項）、法人の代表者の資格を証する書面及び代理権限を証する書面であって官公署作成のものは、作成後３か月以内のものに限ること（第２項）を規定している。①令和元年の情報通信技術の活用による行政手続等に係る関係者の利便性の向上並びに行政運営の簡素化及び効率化を図るための行政手続等における情報通信の技術の利用に関する法律等の一部を改正する法律（令和元年法律第16号）において新設された情報通信技術を活用した行政の推進等に関する法律第11条の規定の整備と、②令和２年10月26日から稼動を開始したいわゆる登記情報連携システムの利用によって、行政機関が不動産登記や商業・法人登記の情報を確認できる場合に登記事項証明書の添付省略が可能となったことから、令和４年の省令改正（令和４年法務省

令第３号）において、後見登記等の手続において求めている添付書面としての商業・法人登記に係る登記事項証明書を明示することとしたものである。

Ⅱ　規定の内容

1　令第６条に規定する書面（第１項）

第１号は、令第６条第１号の申請人が登記された法人であるときの代表者の資格を証する書面は、代表者の資格を証明する商業・法人登記の登記事項証明書、具体的には代表者事項証明書（商業登記規則第30条第１項第４号、各種法人等登記規則第５条等。以下同じ。）であることを規定している。また、第２号は、令第６条第２号の代理人が登記された法人であるときの代理人の権限を証する書面は、代表者の資格を証明する商業・法人登記の登記事項証明書（代表者事項証明書）であることを規定している。さらに、第３号は、令第６条第３号の登記の事由を証する書面は、商業・法人登記の登記事項証明書が含まれることを規定している。

登記・法人設立等関係手続の簡素化・迅速化に向けたアクションプラン（平成28年10月31日各府省情報化統括責任者（CIO）連絡会議決定）やデジタル・ガバメント実行計画（平成30年７月20日デジタル・ガバメント閣僚会議決定）に基づき、商業・法人登記や不動産登記の登記事項証明書の添付を求める行政手続については、当該情報の提供を受けるための環境が整った場合はその添付を省略することができることとされた。一方、前記令和元年の改正法（令和元年法律第16号）により新設された情報通信技術を活用した行政の推進等に関する法律第11条において、申請等の手続において法令上添付が求められている登記事項証明書その他の政令で定める書面等については、電子情報処理組織を使用した行政機関等への情報提供など、同じく政令で定める一定の措置がされることによって、行政機関等が当該書面等によって確認すべき事項に係る情報を入手又は参照等できる場合には、当該申請等において添付することを要しないこととなり、情報通信技術を活用した行政の推進等に関する法律施行令（平成15年政令第27号）第5条第4号において、添付省略が可能な書面として商業・法人登記の登記事項証明書（商業登記法（昭和38年法律第125号）第10条第1項に規定する登記事項証明書）が掲げられることになった。第1項は、後見登記等の登記申請書の添付書面として、この商業・法人登記の登記事項証明書（商業登記法（昭和38年法律第125号）第10条第1項に規定する登記事項証明書）が該当することを明記するものである。

2　官公署の作成に係る添付書面の有効期限（第2項）

第2項は、①登記情報連携によって添付書面省略が可能となる前項（第1項）第1号の登記事項証明書を除く令第6条第1号の法人の代表者事項証明書であって官公署で作成したもの若しくは②同項第2号の登記事項証明書を除く令第6条第2号の代理人によって申請する場合の代理権限証書であって官公署で作成したもの又は③登記情報連携によって確認すること等ができず添付が必要となる、申請人が登記された法人であるときの代表者事項証明書若しくは④代理人が登記された法人であるときの代表者事項証明書について、作成後3か月以内のものに限ることを規定している[*18]。

官公署の作成に係る書面について作成後3か月以内のものに限るとして期限を設けているのは、①法や令で規定している添付書面は、登記事項証明書や戸籍証明書など、証明内容の更新を予定する公証制度を活用するものであることに加え、②仮に有効期限を設けない場合に

＊18　登記事項証明書は、官庁が作成したものであることは自明であるため、法文としては、「令第六条第一号に掲げる書面（前項第一号に掲げる書面を除く。）若しくは令第六条第二号に掲げる書面（同項第二号掲げる書面を除く。）で官庁又は公署の作成したもの又は同項第一号若しくは第二号に掲げる書面は、その作成後三月以内のものに限る。」とするのがより適切であると考えられる。

は、登記申請時には、既に実体と異なっている場合があり得るから、添付書面を通じて登記すべき事項の真実性を担保しようとした目的が果たせなくなるおそれがある一方で、逆に有効期限があまりにも短い場合には、これを収集、提出する申請人の負担になりかねないことから、そのバランスを考慮したことによるものと考えられる。

官公署の作成に係る書面について作成後３か月以内のものに限るとしている例としては、不動産登記規則第202条の14第４項第１号、同第202条の15第４項第１号、商業登記規則第36条の２、動産・債権譲渡登記規則第22条第２項、組合等登記令第31条第８項第３号、戸籍法施行規則第11条の４第２項等がある。

（登記番号）

第十一条　登記番号は、登記記録ごとに付する。

２　登記番号は、一年ごとに更新しなければならない。

Ⅰ　本条の趣旨

本条は、登記番号の付番の方法について定めるものである。登記番号は、変更又は終了の登記の際や登記事項証明書の交付請求の際に、後見登記等の登記記録の特定を容易かつ迅速にすることを可能とするものであり、利用者の利便や登記所の事務処理の効率化に資するものといえる。

Ⅱ　規定の内容

第１項は、登記番号は、編成された登記記録ごとに付することを規定している。

また、第２項は、登記番号の更新は１年ごとにすることを規定している。具体的には、暦年ごとに更新し、上４桁は西暦が用いられている。

登記番号は、変更の登記申請などのように登記記録が既に存在する場合に、その登記記録を特定するために必要となる。したがって、登記番号も編成された登記記録ごとに付すれば足り、変更又は終了の登記の場合には改めて登記番号を付することを要しない。

（登記の方法等）

第十二条　登記をするには、登記の事由及びその年月日並びに登記の年月日をも後見登記等ファイルに記録しなければならない。

２　登記官が、法令の規定により、磁気ディスクをもって記録等を調製する場合においては、クラウド・コンピューティング・サービス関連技術（官民データ活用推進基本法（平成二十八年法律第百三号）第二条第四項に規定するクラウド・コンピューティング・サービス関連技術をいう。）その他の情報通信技術の進展の状況を踏まえた適切な方法によるものとする。

Ⅰ　本条の趣旨

本条は、登記の方法について定めるものである。第１項は、後見登記等ファイルに、登記事項（法第４条、第５条）以外にも、登記の事由及びその年月日、登記の年月日を記録して、登記しなければならないことを規定している。これらの事項についても、登記事項証明書及び閉鎖登記事項証明書に記載される。

第２項は、登記官が磁気ディスクをもって記録等を調製する場合において、クラウド・コンピューティング・サービス等の最新のデジタル技術の活用を妨げるものではないことを規定している。

Ⅱ　後見登記等ファイルに記録される事項

１　「登記の事由」

登記の事由は、令第５条第２項第３号及び第６条第３号の「登記の事由」と同義であり、登記原因を指す。例えば、「成年後見監督人の選任」、「保佐人の住所変更」、「成年被後見人の死亡による終了」等がこれに該当する。登記の更正にあっては、「錯誤・遺漏」が登記の事由となり、登記の抹消にあっては、「全抹消」又は「一部抹消」が登記の事由となる。

２　「登記の事由の年月日」、「登記の年月日」

「登記の事由の年月日」とは、登記の事由が生じた年月日である。例えば、成年後見監督人の選任の場合には、その審判の確定日である。これとは別に登記の年月日を記録しなければならないとしているのは、任意後見人の代理権の消滅は登記が対抗要件とされているほか（任意後見契約に関する法律第11条）、登記を信用したかどうかが表見代理等の成否の重要な判断資料となり得ることなどから、実務上、登記された年月日を明らかにする意義があると考えられたためである。

登記の更正にあっては、更正許可の年月日が登記の事由の年月日であり、登記の抹消にあっては、「登記の事由の年月日」と「登記の年月日」は同日となる。

（市町村長への通知）

第十三条　登記官は、後見開始の審判に基づく登記又はその審判の取消しの審判に基づく登記をしたときは、これらの審判に係る成年被後見人の本籍地（外国人にあっては、住所地）の市町村長（特別区の区長を含むものとし、地方自治法（昭和二十二年法律第六十七号）第二百五十二条の十九第一項の指定都市にあっては、区長又は総合区長とする。）に対し、その旨を通知しなければならない。

Ⅰ　本条の趣旨

本条は、登記官は、後見開始の審判に基づく登記又はその審判の取消しの審判に基づく登記をしたときは、成年被後見人の本籍地の市区町村長にその旨を通知しなければならないことを定めるものである。

Ⅱ　本条の沿革と現行の取扱い

１　本条の沿革（従来の取扱い）

平成11年の民法改正法の施行前は、禁治産宣告又は準禁治産の審判があり、確定したものについては、公告し、かつ、裁判所書記官から禁治産者又は準禁治産者の本籍地の戸籍事務管掌者にその旨を通知していたが、民法改正法の施行後は、後見等の開始の審判がされたことは戸籍には記載されなくなったため、戸籍事務管掌者には通知しないこととされた。

もっとも、法の施行当初は、平成25年の成年被後見人の選挙権の回復等のための公職選挙法等の一部を改正する法律（平成25年法律第21号）が施行される前であったため、改正前の公職選挙法（以下「旧公職選挙法」という。）において、成年被後見人については選挙権、被選挙権を有しないこととされていた（旧公職選挙法第11条第１項第１号。現行は「削除」）。このため、戸籍事務管掌者への通知及び官報による公告の制度が廃止される中、市区町村の選挙管理委員会が行う選挙人名簿の管理に資するよう、本条が設けられたという経緯がある。

なお、保佐、補助開始の審判については、このような通知の必要性がないことから、当初から通知しないこととされていた。

２　現行の取扱い

１のとおり、本条は、選挙権、被選挙権の資格に関する通知の必要性から設けられたものであるが、通知の目的を限定するものではなく、通知を受けた市区町村長が、それを印鑑登録証明事務その他の事務等に利用することは差し支えないこととして、施行当初から、選挙管理委員会ではなく、広く市区町村長を通知先としていた。このため、本条は、旧公職選挙法第11条第１項第１号が「削除」と改正された際にも改正されることなく、法の施行当初から継続して、後見開始の審判に基づく登記又はその審判の取消しの審判に基づく登記をしたときには、本籍地の市区町村長に対し、その旨の通知が行われている。

（行政区画等の変更）

第十四条　後見登記等ファイルに記録された行政区画、郡、区、市町村内の町若しくは字又はそれらの名称の変更があったときは、その変更による登記があったものとみなす。

２　前項の場合において、登記官は、後見登記等ファイルの記録にその変更があったことを記録することを妨げない。

Ⅰ　本条の趣旨

本条は、行政区画等に変更があった場合の登記の取扱いと登記官の措置について定めるものである。

Ⅱ　規定の内容

第１項は、後見登記等ファイル等に記録された成年被後見人等の本籍、住所の行政区画等又はその名称に変更があった場合に、変更の登記がされたものとみなすことを規定している。

第２項は、第１項において変更の登記がされたものとみなされる場合においても、職権により変更の登記ができることを規定している。

第１項の「行政区画、郡、区、市町村内の町若しくは字又はそれらの名称の変更があったとき」とは、市町村の廃置分合又は境界の変更により、行政区画等の全部又は一部が変更され若しくはこれらの名称が変更になったときを意味している。登記実務上、これらの変更に伴い地番が変更になったとき及び土地改良事業又は土地区画整理事業等の施行のため地番が変更になった場合を含まないと解されている。

「変更による登記があったものとみなす」とは、変更の登記がされたのと同一に取り扱うということであり、具体的には、登記について旧市区町村名を新市区町村名に読み替えて取り扱うことと同義である。

（登記申請の却下の方式）
第十五条　令第七条の決定は、書面でしなければならない。

Ⅰ　本条の趣旨

令第７条の登記申請の却下は、書面でしなければならないことを定めるものである。登記申請の却下事由を書面で明らかにすることで、登記官の恣意を防止するとともに、申請人に不服申立ての便宜を与えている。

Ⅱ　却下の手続

登記の嘱託又は申請の全部又は一部を却下するときは、決定書を作成して、これを嘱託者若しくは申請人又はその代理人に交付又は送付し、登記所に保存すべき決定書原本には、その欄外に決定告知の年月日及びその方法を記載して押印し、日記番号の順に従い、決定原本つづり込み帳に編てつする。受付帳の処理状況欄に「却下」又は「一部却下」と記録し、嘱託書又は申請書にもその旨を記載する。嘱託書又は申請書に貼付された収入印紙に係る賠償償還の手続をした（一部却下した場合を除く）上、偽造された書面その他の不正な登記の申請のために用いられた疑いがなければ、添付書面は還付される（基本通達第２の１⑵ウ）。

Ⅲ　登記の申請の取下げ

登記の申請は、登記又は却下決定がされるまでの間であれば、書面により取り下げることができる。登記の申請が取り下げられた場合には、受付帳の処理状況欄に「取下」と記録する（基本通達第２の１⑶）。登記の申請の取下げの際、申請書に貼付された収入印紙で消印されたものについては、当該取下げの日から１年以内に再使用の申出があったときは、当該申請書の余白に、再度使用することができる印紙の額等を記載した上で、再使用証明印及び登記官印が押される。後日、再使用証明をした収入印紙を使用して新たな登記の申請があったときは、使用済印、登記官印が押される。再使用証明の日から１年を経過した収入印紙については、再度の使用は認められないため、申請人の請求により賠償償還の手続が執られる（基本通達第２の１(4)）。

（職権による登記の抹消の際の公告の方法）

第十六条　令第九条第二項に規定する公告は、抹消すべき事件又は事項が登記された登記所の掲示場その他登記所内の公衆の見やすい場所に掲示する方法及びウェブサイトに掲載する方法により二週間行うものとする。

Ⅰ　本条の趣旨

本条は、令第９条第２項の職権抹消の際の通知に代わる公告の方法を定めるものである。

Ⅱ　規定の内容

本条は、登記官が職権により登記の抹消をするに当たって、当該登記をした申請人の住所又は居所が知れないときは、通知に代えて、通知すべき内容を登記所内の掲示場への掲載又はウェブサイトに掲載する方法で公告することを規定している。

後見登記等の手続においては、行政手続法の趣旨を踏まえた手続保障の規定を独自に設けていることから、行政手続法（第２章及び第３章）の適用が除外されている（法第12条）。

ここで、行政手続法第13条は、不利益処分の名あて人となるべき者について聴聞又は弁明の機会の付与の手続を執るよう行政機関に義務付け、さらに行政手続法第15条第３項[*19]が行政庁の事務所内の掲示板に２週間掲示することを義務付けている。

この趣旨を踏まえて、令第９条において職権による後見等の登記の抹消をする場合に、不利益処分の名あて人となるべき申請者に対する事前通知を義務付けるとともに、本条における事前通知に代わる公告の方法については、行政手続法第15条第３項と同様の方法によることとされたものである。

登記官の職権による登記の抹消手続について、商業登記法にも類似の規定があるが（商業登記法第135条第２項、第３項）、これと異なり、通知に代わる公告を官報や新聞紙への公告によることとはせずに、登記所内の掲示場への掲示等にとどめたのは、後見等の登記においてはプライバシー保護の要請が強いと考えられたためである。

第三章　登記事項の証明

（登記事項証明書等の交付請求の方式）

第十七条　登記事項証明書等の交付の請求は、書面でしなければならない。

２　前項の申請書には、次に掲げる事項を記載し、申請人又はその代表者若しくは代理人が記名しなければならない。

一　申請人の氏名又は名称及び住所並びに申請人の資格

二　後見登記等ファイル等に記録されている事項を証明した登記事項証明書等の交付を請求するときは、請求に係る登記記録又は閉鎖登記記録を特定するために必要な事項

三　後見登記等ファイル等に成年被後見人等、任意後見契約の本人若しくは後見命令等の本人又はこれらの者であった者としての記録がない旨を証明した登記事項証明書等の交付を請求するときは、

＊19　行政手続法（平成５年法律第88号）第15条第３項

行政庁は、不利益処分の名あて人となるべき者の所在が判明しない場合においては、第１項の規定による通知を、その者の氏名、同項第３号及び第４号に掲げる事項並びに当該行政庁が同項各号に掲げる事項を記載した書面をいつでもその者に交付する旨を当該行政庁の事務所の掲示場に掲示することによって行うことができる。この場合においては、掲示を始めた日から２週間を経過したときに、当該通知がその者に到達したものとみなす。

その旨並びに証明の対象となる者の氏名、出生の年月日及び住所又は本籍（外国人にあっては、国籍）

四　後見登記等ファイル等に前号に規定する者以外の者としての記録がない旨を証明した登記事項証明書等の交付を請求するときは、その旨並びに証明の対象となる者の氏名又は名称及び住所

五　請求する登記事項証明書等の数

六　手数料の額

七　年月日

八　登記所の表示

Ⅰ　本条の趣旨

本条は、登記事項証明書等（登記事項証明書及び閉鎖登記事項証明書）の交付の請求は書面でしなければならないことを定めるとともに（第１項）、登記事項証明書等の交付の申請書の記載事項の通則を定めるものである（第２項）。

Ⅱ　規定の内容

１　書面申請主義（第１項）

第１項は、登記事項証明書等の交付の請求は書面でしなければならず、口頭による請求は許されないことを明らかにしたものである。なお、郵送等*20によって請求することのほか（令第11条）、情報通信技術を活用した行政の推進等に関する法律第６条に基づき整備された省令第４章（電子情報処理組織による登記の申請等に関する特例）の規定に従い、オンラインによって請求することも可能である。

*20　登記事項証明書の交付の申請は、窓口申請にあっては、東京法務局民事行政部後見登録課及び東京法務局以外の法務局・地方法務局戸籍課において行い、郵送申請にあっては、東京法務局民事行政部後見登録課において行うものとされている（基本通達第３の１(1)ア(ウ)）。オンラインによる請求については、東京法務局宛てに行う。

２　登記事項証明書等の交付の申請書の記載事項等（第２項）

第２項は、登記官が適正に登記事項証明書等を交付するに当たり、登記事項証明書等の交付を請求する申請人に対し、必要な情報の提供を求めるものである。申請人又はその代表者若しくは代理人に、登記事項証明書等の交付に必要な事項の記載と記名とを求めているのは、申請の意思及び申請内容を明示させることを通じて申請書の真正を担保するためである。

⑴　申請人の氏名又は名称及び住所並びに申請人の資格（第１号）

申請人が誰であるかを明確にするため、申請人の氏名又は名称及び住所が記載事項とされている。申請人が自然人の場合には氏名を、法人の場合には名称を記載する。また、資格については、プライバシー保護のため、登記事項証明書等の交付請求権者が、成年被後見人等の本人、成年後見人等、成年後見監督人等、任意後見受任者、任意後見人、任意後見監督人、本人の配偶者又は４親等内の親族等に限定されていることから（法第10条）、いかなる資格（成年後見人等、成年後見監督人等）で請求するのかを明確にするため記載事項とされたものである。申請人本人が請求する場合には、申請書に署名又は記名するので、氏名を二重に記載する必要はない。

⑵　後見登記等ファイル等に記録されている事項を証明した登記事項証明書等の交付を請求するときは、請求に係る登記記録又は閉鎖登記記録を特定するために必要な事項（第２号）

後見登記等ファイル等に記録されている事項についての登記事項証明書等の証明の対象となる登記記録を特定するための記載事項であり、省令第６条と同様、登記記録を特定するために必要な事項が記載事項とされている。

具体的には、成年被後見人等、後見命令等の本人又は任意後見契約の本人の氏名のほか、⒜成年被後見人等、後見命令等の本人又は任意後見契約の本人の出生の年月日及び住所又は本籍（外国人にあっては、国籍）、(b)登記番号のいずれかである（基本通達第３の１(3)②）。

住所については、他の登記制度と同様、住民票上の住所が登記事項*21とされているため、交付の申請書にも住民票上の住所を記載する必要がある。

(3)　後見登記等ファイル等に成年被後見人等、任意後見契約の本人若しくは後見命令等の本人又はこれらの者であった者としての記録がない旨を証明した登記事項証明書等の交付を請求するときは、その旨並びに証明の対象となる者の氏名、出生の年月日及び住所又は本籍（外国人にあっては、国籍）（第３号）

記録がない旨の証明書を求める場合には、その旨を明示させることとし、証明の対象となる者の特定事項が異なることから、本人としての記録（本号）とそれ以外の者としての記録（次号）とで分けて規定している。

本人としての記録がない旨の証明書を求める場合には、証明の対象となる者の氏名、出生の年月日、住所又は本籍（外国人にあっては国籍）の記載が必要となる。

これらの記載事項のいずれか一つでも登記記録の記載事項と合致しない場合には、記録がない旨の証明書を交付することとなる。取引の相手方等は、証明の対象者の戸籍証明書、住民票の写し等により、証明書の人定事項を確認することによって、記録がない旨の証明書の真正が担保されることとなる。

また、「後見登記等ファイルに一切の記録がない。」旨の証明書のみならず、例えば「成年被後見人とする記録がない。」旨の証明書についても交付することが想定されており、交付の申請書に記載する「その旨」には、どのような種別の「記録がないことの証明」を請求する

＊21　基本通達第１の１(1)②。

かを記載する必要がある。

⑷　後見登記等ファイル等に前号に規定する者以外の者としての記録がない旨を証明した登記事項証明書等の交付を請求するときは、その旨並びに証明の対象となる者の氏名又は名称及び住所（第４号）

後見登記等ファイルに成年後見人等、成年後見監督人等、任意後見受任者、任意後見人、任意後見監督人、職務代行者又は財産の管理者としての記録がない旨の登記事項証明書及び閉鎖登記ファイルにこれらの者であった者としての記録がない旨の閉鎖登記事項証明書の交付の申請書の記載事項について規定するものである。

証明の対象となる者の特定事項として、登記事項と同様の氏名又は名称を記載する必要がある。

前号（第３号）と同様、請求により証明の範囲を限定することができ、「一切の記録がない。」旨の証明書のみならず、「成年後見人とする記録がない。」旨の証明についても交付することが想定されており、交付の申請書に記載する「その旨」には、どのような種別の「記録がないことの証明」を請求するかを記載する必要がある。

⑸　請求する登記事項証明書等の数（第５号）

手数料の額の計算その他の事務処理や統計の用にも資するため、請求する登記事項証明書等の数を記載事項としたものである。

⑹　手数料の額（第６号）

「手数料を納付しないとき」には、相当の処分として請求が却下されるべきであることから（省令第19条）、審査の便宜、申請書において手数料の額を明らかにすることとしたものである。

⑺　年月日（第７号）

登記事項証明書等の交付の請求をした事実を明らかにするとともに、事務処理や統計の用にも資するため、登記事項証明書等の交付の請求の年月日を記載事項としたものである。

⑻　登記所の表示（第８号）

登記事項証明書等の交付の請求を行う登記所を明らかにするために記載事項としたものである。請求先に応じ、窓口申請にあっては、東京法務局又は東京法務局以外の法務局若しくは地方法務局を、郵送申請にあっては、東京法務局を登記所として記載する。

（登記事項証明書等の交付の申請書の添付書面）

第十八条　前条第一項の申請書には、次に掲げる書面を添付しなければならない。

一　申請人の資格を証する書面（申請人が、登記事項証明書等の交付請求に係る登記記録又は閉鎖登記記録に記録されている者である場合及び後見登記等ファイル等に記録がない旨を証明した登記事項証明書等の証明の対象となる者である場合を除く。）

二　申請人が法人であるときは、当該法人の登記事項証明書その他の代表者の資格を証する書面

三　代理人によって申請するときは、その権限を証する書面（代理人が登記された法人である場合には、当該法人の代表者の資格を証する登記事項証明書を含む。）

２　前項各号の書面で官庁又は公署の作成したものは、その作成後三月以内のものに限る。

Ⅰ　本条の趣旨

本条は、登記事項証明書等の交付の申請書の添付書面の通則を定めるものである。第１項で掲げられている添付書面は、申請人の資格を証する証明書（第１号）、申請者が法人である場合における代表者の資格証明書（第２号）、代理人によって申請する場合における委任状等（第３号）の３種類である。第２項は、添付書面が官公署の作成に係るもので

ある場合に、省令第10条第２項と同様、有効期限を設けたものである。

Ⅱ　規定の内容

１　登記事項証明書等の交付の申請書の添付書面（第１項）

⑴　申請人の資格を証する書面（申請人が、登記事項証明書等の交付請求に係る登記記録又は閉鎖登記記録に記録されている者である場合及び後見登記等ファイル等に記録がない旨を証明した登記事項証明書等の証明の対象となる者である場合を除く。）（第１号）

登記事項証明書等の交付の請求については、請求することができる者が限定されているところ（法第10条）、「申請の資格を有しない者の請求によるとき」には、相当の処分として請求が却下されることから（省令第19条）、審査の便宜、申請人の資格を証する書面を添付書面とすることによって、正当な資格のある者による請求であることを明らかにさせようとしたものである。ここで、資格を証する書面を添付書面として要求するのは、登記所に登記記録がない者のみに限定されている（括弧書）。登記記録に記録されている成年後見人等、成年後見監督人等、任意後見契約の受任者、任意後見人、任意後見監督人、職務代行者、財産の管理者等の資格については、登記官が登記記録を参照することによって容易に確認することができるためである。また、申請人が後見登記等ファイル等に記録がない旨を証明した登記事項証明書等の証明の対象となる者である場合には、登記官において該当者がいるかどうかを登記記録上、幅広く確認することになるため、その資格（例えば成年被後見人でないこと）について申請者の側で積極的に証明する必要はなく、資格を証する書面の提出は不要である。なお、登記事項証明書等の交付に当たっては証明書の交付を請求する者又はその代理人が本人であることを確認するため、マイナンバーカード等の本人確認書類が必要とされている（基本通達第３の１⑹）。

⑵　申請人が法人であるときは、当該法人の登記事項証明書その他の代表者の資格を証する書面（第２号）

前号と同様、「申請の資格を有しない者の請求によるとき」には、請求が却下されることから（省令第19条）、審査の便宜、申請人が法人であるときには、代表者であることを証する書面を添付書面とすることによって、正当な権限のある者による請求であることを明らかにさせようとしたものである。商業・法人登記の登記事項証明書（代表者事項証明書）がこれに該当する。なお、商号及び本店、法人番号又は会社法人等番号などを提供することで登記官がその内容を確認することができる場合には、本号の登記事項証明書の添付を省略することができる（省令第10条の解説参照）。

⑶　代理人によって申請するときは、その権限を証する書面（代理人が登記された法人である場合には、当該法人の代表者の資格を証する登記事項証明書を含む。）（第３号）

第１号及び前号と同様、「申請の資格を有しない者の請求によるとき」には、請求が却下されることから（省令第19条）、審査の便宜、法定代理人又は委任による代理人が申請を行う場合にその代理権限を証する書面を添付書面とすることによって、正当な権限のある者による申請であることを明らかにさせようとしたものである。

委任による代理の場合の委任状、４親等内の親族が未成年被後見人である場合の未成年後見人であることを証する戸籍証明書がこれに該当する。代理人が司法書士法人など、登記された法人である場合には、当該法人の代表者の資格を証する登記事項証明書（代表者事項証明書）が必要となる。なお、商号及び本店、法人番号又は会社法人等番号などを提供することで登記官がその内容を確認することができる場合には、本号の登記事項証明書の添付を省略することができる（省令第10条の解説参照）。

成年後見人等の法定代理人及び任意後見人等には、固有の登記事項証明書等の交付請求権限があるので、これらの者が本人の代理人として交付請求するということはほとんどないと考えられるが、仮に本人の代理人として登記事項証明書等の交付請求をする場合には、登記記録によって代理人であることが登記官に明らかであるから、代理権限を証する書面の添付は不要である。

２　官公署作成に係る添付書面の有効期限（第２項）

戸籍証明書又は商業・法人登記の登記事項証明書等、官公署が作成した証明書については、その作成後３か月内のものを添付しなければならないことを規定している。登記申請書の添付書面についての省令第10条第２項と同様の趣旨である（省令第10条第２項参照）。もっとも、相続人が閉鎖登記事項証明書の交付を請求する場合に相続人であることを証するために用いられる除籍謄本等、改製原戸籍の謄本等は内容に変動がないことから期限の制約はない。

また、同じく相続人であることを証するために用いられる不動産登記規則第247条第１項に規定する法定相続情報一覧図の写しについては、養子に係る申請をする場合において成年被後見人等、後見命令等の本人又は任意後見契約の本人の相続人につき法定相続情報一覧図の写しをもって資格を証明するときは、法定相続情報一覧図の申出後３か月以内にものに限られるが、それ以外については期限はない（基本通達第３の１(4)ア）。

（登記事項証明書等の交付の申請書の処理等）

第十九条　登記官が第十七条第一項の申請書を受け取ったときは、申請書に受付の年月日を記載した上、受付の順序に従って相当の処分をしなければならない。

Ⅰ　本条の趣旨

本条は、登記官が、登記事項証明書等の交付申請書を受け取ったときの処理の手順を定めるものである。

Ⅱ　規定の内容

１　登記官の処理

登記官は、証明書の交付申請書を受け取ったときは、後日、確認する必要が生じたときに検索しやすくするため、申請書に受付の年月日を記載しなければならないこと、また、申請書の処理については、登記官の恣意的な運用を防止するため、受付の順序に従って処分しなければならないことを規定している。

２　「相当の処分」

「相当の処分」には、例えば、交付請求の資格のない者から交付請求がされた場合などの却下処分も含まれる。交付請求を却下した場合には、申請書及びその添付書面の写しを作成して登記所に保管し、原本を返戻する。

（登記事項証明書等の作成方法）

第二十条　登記事項証明書等を作成するには、登記官は、証明すべき事項（令第八条の規定による更正前の登記事項を除く。）を記載した書面の末尾に認証文を付記し、年月日及び職氏名を記載し、職印を押し、毎葉のつづり目に契印又はこれに準ずる措置をしなければならない。

２　前項の規定にかかわらず、法第七条第一項の規定による変更の登記の記録があるときは、特別の請求がない限り、変更前の登記事項の記載をすることを要しない。

Ⅰ　本条の趣旨

本条は、登記事項証明書等の作成方法を定めるものである。成年後見人等の職権による更正前の住所等の登記事項又は成年被後見人等の施設入所前の自宅住所等の登記事項の一部について、登記事項証明書に表示しないでほしいとの要望を踏まえ、平成30年に一部改正が行われている。

Ⅱ　規定の内容

第１項は、登記事項証明書等の様式及び登記官が行うべき措置を規定している。ここでは、まず、「令第八条の規定による更正前の登記事項を除く。」として、更正前の住所等の登記事項は証明しないこととしている。次に、証明内容と証明主体を明らかにするため、登記事項証明書等の末尾には、認証文を付記し、証明する年月日及び職氏名を記載し、職印を押すこととしている。具体的には、証明内容を記載した登記事項証明書等の末尾に「上記のとおり後見登記等ファイルに記録されていることを証明する」といった認証文が付され、証明主体として「東京法務局　登記官　○○　○○」とする職氏名が記載される。登記事項証明書等が数葉に及ぶ場合には、一体のものであることを示すため、毎葉のつづり目に契印を押すか、これに準ずる措置として、毎葉ごとに証明書番号、ページ数及び全体のページ数を記載する扱いがされている。

第２項は、変更の記録がある登記記録についての取扱いを規定している。ここでは、成年被後見人等の施設入所前の自宅住所等の変更の登記記録がある場合には、特別の請求がない限り、変更前の住所等の登記事項は証明しないことを規定している。「特別の請求」とは、その必要性を明らかにして請求することをいう。

（登記事項証明書等の交付の記録）

第二十一条　登記事項証明書等を交付するときは、申請書に登記事項証明書等の枚数及び交付の年月日を記載しなければならない。

Ⅰ　本条の趣旨

本条は、登記事項証明書等を交付した場合には、事務処理及び統計の用に資するため、その記録を登記事項証明書等の交付の申請書に残しておかなければならないことを定めるものである。

Ⅱ　規定の内容

登記事項証明書等を交付する場合には、登記事項証明書等の交付の申請書に、登記事項証明書等の枚数及び交付の年月日を記載しておかなければならないことを規定している。

第四章　電子情報処理組織による登記の申請等に関する特例

（電子情報処理組織による登記の申請等）

第二十二条　次の申請又は請求は、登記所の使用に係る電子計算機と申請又は請求をする者の使用に係る電子計算機であって法務大臣の定める技術的基準に適合するものとを電気通信回線で接続した電子情報処理組織を使用してすることができる。ただし、当該申請又は請求は、法務大臣が定める条件に適合するものでなければならない。

一　変更の登記又は終了の登記の申請

二　登記事項証明書等の交付の請求（当該請求に係る登記事項証明書等について、送付又は第二十六条の規定による交付を求めるときに限る。）

Ⅰ　本条の趣旨

本条は、一定の要件の下に、登記所と申請又は請求をする者のそれぞれの電子計算機を通信回線で接続した電子情報処理組織（以下「オンラインシステム」という。）を使用して、登記の申請及び登記事項証明書等の交付の請求が可能であることを定めるものである。登記申請については令第５条第１項により、登記事項証明書等の交付の請求については令第12条第２項により、それぞれ「書面でしなければならない」とされているところ、法令の規定にかかわらず、主務省令で定める一定の場合には、電子情報処理組織を使用してすることができるとする、情報通信技術を活用した行政の推進等に関する法律（平成14年法律第151号）第６条に基づき、本条が設けられたものである。

①申請又は請求をする者の使用に係る電子計算機は、法務大臣の定める基準に適合するものであること、②申請又は請求は、法務大臣が定める条件に適合するものであること、③変更の登記又は終了の登記の申請又は登記事項証明書等の交付請求（送付またはオンラインシステムの使用による交付を求めるものに限る。）であることが要件となる。

Ⅱ　規定の内容

１　電子計算機が「法務大臣の定める技術的基準に適合するものであること」（本条本文柱書）

申請又は請求をする者の使用に係る電子計算機は、必要なスペック（CPU・メモリ・ディスプレイサイズ・HDD・OSブラウザなど）を有していること、稼働条件を満たしたPDFソフトをインストールしていること、要件を満たす電子証明書を有していることなど、法務省ホームページに示されているオンラインシステムの適切な使用に対応できるものであることが求められる。

２　申請又は請求が「法務大臣が定める条件に適合するものであること」（本条ただし書）

申請又は請求は、法務省が設置、管理している「登記・供託オンライン申請システム」を介し、法務省ホームページで示されている条件を満たす形で行われる必要がある。

３　「変更の登記又は終了の登記の申請又は登記事項証明書等の交付請求（送付またはオンラインシステムの使用による交付を求めるものに限る。）であること」（第１号、第２号）

現行の規律の下では、裁判所書記官又は公証人からの嘱託による登記、法附則第２条第１項の後見の登記の申請及び法附則第２条第２項の保佐の登記の申請は、オンラインシステムを使用して行うことはできない（基本通達第４の１）。

（登記申請の方法）

第二十三条　前条の規定により同条第一号の申請をするには、申請人又はその代表者若しくは代理人は、法務大臣の定めるところに従い、令第五条第二項各号に掲げる事項に係る情報を、これについて電子署名（電子署名及び認証業務に関する法律（平成十二年法律第百二号）第二条第一項に規定する電子署名をいう。以下同じ。）を行い、送信しなければならない。

２　申請人又はその代表者若しくは代理人は、法令の規定により登記申請書に添付すべき書面があるときは、法務大臣の定めるところに従い、当該書面に代わるべき情報にその作成者（認証を要するものについては、作成者及び認証者。第二十五条第二項において同じ。）による電子署名が行われたものを併せて送信しなければならない。

３　前二項の電子署名が行われた情報を送信するときは、当該電子署名に係る電子証明書（当該電子署名を行った者を確認するために用いられる事項が当該者に係るものであることを証明するために作成された電磁的記録をいう。以下同じ。）であって次の各号のいずれかに該当するものを併せて送信しなければならない。

一　電子署名等に係る地方公共団体情報システム機構の認証業務に関する法律（平成十四年法律第百五十三号）第三条第一項の規定

に基づき作成されたもの
二　商業登記法第十二条の二第一項及び第三項（これらの規定を他の法令の規定において準用する場合を含む。）の規定に基づき作成されたもの
三　その他当該電子署名を行った者を確認することができるものであって、前二号に掲げるものに準ずるものとして法務大臣が定めるもの

Ⅰ　本条の趣旨

本条は、オンラインシステムを使用して変更の登記又は終了の登記の申請をする場合の方法を定めるものである。オンラインによる登記の申請に当たって、第１項は、登記申請書に記載すべき事項に係る情報について電子署名が必要であること、第２項は、委任状や登記の事由を証する書面などの添付書面に代わる情報について電子署名が必要であること、第３項は、さらにこれらの電子署名を行った情報については公的個人認証サービス又は電子認証登記所の電子証明書等を併せて送信しなければならないことを規定している。

Ⅱ　規定の内容

第１項は、紙の登記申請書における記載事項とその提出に相当する規定である。「電子署名及び認証業務に関する法律（平成12年法律第102号）第２条第１項に規定する電子署名」とは、電磁的記録（電子的方式、磁気的方式その他人の知覚によっては認識することができない方式で作られる記録であって、電子計算機による情報処理の用に供されるものをいう。）に記録することができる情報について行われる措置であって、①当該情報が当該措置を行った者の作成に係るものであることを示すためのものであること（本人性）、②当該情報について改変が行われていないかどうかを確認することができるものであること（非改ざん性）の

いずれにも該当するものいう。「登記申請書に記載すべき情報に電子署名を行うこと」は、紙の登記申請書にサインするのと同様、当該情報が署名した本人の意思に基づき作成されたこと及びその内容に偽りがないことを担保する意義を持つ。「送信すること」は、電子署名が施された情報を提供することである。

第２項は、紙の添付書面の添付とその提出に相当する規定である。紙の添付書面に代わる情報について、作成者が電子署名を行うこと、添付書面につき認証が必要なものである場合には認証すべき者も併せて添付書面に代わる情報に電子署名を行う必要があることを規定している。

第３項は、登記申請書に記載すべき事項に係る情報や添付書面に代わるべき情報について、本人が作成したものであること及び内容に改ざんがないことを担保するため、これらの電子署名に係る電子証明書も併せて送信しなければならないことを定める規定である。

電子証明書は、電子署名が本人によりされたことを第三者である認証局（CA：Certificate Authorities）が証明するものであるが、さらにタイムスタンプを利用して、その電子証明書が付与された日時を記録するため、署名の本人性に加え、その時点において情報が改ざんされていないことをも担保するものである。

電子証明書については、①個人の電子署名を証明する公的個人認証サービスによるもの（地方公共団体情報システム機構（J-LIS）が運営主体となって発行する個人番号カード用署名用電子証明書。第１号）、②法人の代表者の電子署名を証明する電子認証登記所のサービスによるもの（商業登記に基礎を置く電子認証登記所が発行する電子証明書。第２号）、③その他これらに準ずるものとして法務大臣が定めるもの*22（第３号）の３種類がある。

（情報の閲覧）
第二十四条　令第十二条第一項の規定による前条第一項及び第二項の情報の閲覧は、日本産業規格Ａ列四番の用紙に出力したものを閲覧する方法により行う。この場合において、当該閲覧をした者の請求があるときは、登記官は、当該閲覧に係る用紙を当該者に交付しなければならない。

Ⅰ　本条の趣旨

本条は、オンラインによって登記申請が行われた場合の登記申請書等及び添付書面に係る情報の閲覧の手続について定めるものである。

Ⅱ　規定の内容

前段は、オンラインによって登記申請が行われた場合の登記申請書等及び添付書面に係る情報の閲覧のために出力する用紙は、日本産業規格Ａ列４番を用いることを規定している。後段は、登記申請書等及び添付書面に係る情報の閲覧として、内容を出力した用紙を用いることを踏まえ、閲覧を請求した者から、当該用紙の交付を求める請求があった場合に、登記官がこれに応じなければならないことを規定している。

（登記事項証明書等の交付の請求方法）
第二十五条　第二十二条の規定により同条第二号の請求をするには、申請人又はその代表者若しくは代理人は、法務大臣の定めるところに従い、第十七条第二項各号に掲げる事項に係る情報を、これにつ

＊22　①「セコムパスポート for G-ID（属性型）」（セコムトラストシステムズ株式会社）の電子証明書（注：住所情報を確認することができないものを除く。）、②「AOSignサービス」（日本電子認証株式会社）の電子証明書、③「電子認証サービス（e-Probatio PS2）」（株式会社NTTビジネスソリューションズ）の電子証明書がある。

いて電子署名を行い、送信しなければならない。
２　申請人又はその代表者若しくは代理人は、法令の規定により登記事項証明書等の交付の申請書に添付すべき書面があるときは、法務大臣の定めるところに従い、当該書面に代わるべき情報にその作成者による電子署名が行われたものを併せて送信しなければならない。
３　第二十三条第三項の規定は、前二項の電子署名が行われた情報を送信するときに準用する。

Ⅰ　本条の趣旨

本条は、オンラインシステムを使用して登記事項証明書等の交付の請求をする場合の方法を定めるものである。オンラインによる登記事項証明書等の交付の請求に当たって、第１項は、申請書に記載すべき事項に係る情報について電子署名が必要であること、第２項は、登記事項証明書などの添付書面に代わる情報について電子署名が必要であること、第３項は、さらにこれらの電子署名を行った情報については公的個人認証サービス又は電子認証登記所の電子証明書等を併せて送信しなければならないことを規定している。

Ⅱ　規定の内容

第１項は、紙の登記事項証明書等の交付の申請書における記載事項とその提出に相当する規定である。省令第23条第１項と同様の趣旨から、オンラインによる登記事項証明書等の交付の請求については、登記事項証明書等の交付の請求の申請書の記載事項に係る情報に、電子署名を行い、送信しなければならないことを規定している。

第２項は、紙の添付書面の添付とその提出に相当する規定である。省令第23条第２項と同様の趣旨から、紙の添付書面に代わる情報について、作成者が電子署名を行うこと、添付書面につき認証が必要なものである場合には認証すべき者も併せて添付書面に代わる情報に電子署名を行う必要があることを規定している。

第３項は、申請書に記載すべき事項に係る情報、添付書面に代わるべき情報について、本人が作成したものであること及び内容に改ざんがないことを担保するため、これらの電子署名に係る電子証明書も併せて送信しなければならないことを規定している。

省令第23条第３項が準用されており、オンラインによる登記事項証明書等の交付の請求において利用が認められている電子証明書については、①個人の電子署名を証明する公的個人認証サービスによるもの（地方公共団体情報システム機構（J-LIS）が運営主体となって発行する個人番号カード用署名用電子証明書。第１号）、②法人の代表者の電子署名を証明する電子認証登記所のサービスによるもの（商業登記に基礎を置く電子認証登記所が発行する電子証明書。第２号）、③その他これらに準ずるものとして法務大臣が定めるもの（第３号）の３種類がある。

（電子情報処理組織による登記事項証明書等の交付）

第二十六条　第二十二条の規定により同条第二号の登記事項証明書等の交付を請求する場合においては、登記所の使用に係る電子計算機と請求をする者の使用に係る電子計算機であって法務大臣の定める技術的基準に適合するものとを電気通信回線で接続した電子情報処理組織の使用による交付を求めることができる。

２　情報通信技術を活用した行政の推進等に関する法律（平成十四年法律第百五十一号。以下「情報通信技術活用法」という。）第七条第一項ただし書に規定する主務省令で定める方式は、電子情報処理組織を使用する方法により登記事項証明書等の交付を受けることを希望する旨の法務大臣の定めるところにより行う届出とする。

Ⅰ　本条の趣旨

本条は、紙の登記事項証明書等ではなく、電子的な登記事項証明書等についてオンラインによる交付の請求を求めることができることを前提にその方法を定めるものである。登記事項証明書等については、法第10条により「書面」とされているところ、行政機関が行う処分通知等は、法令の規定にかかわらず、主務省令で定める電子情報処理組織を使用する方法により行うことができるとする、情報通信技術を活用した行政の推進等に関する法律（「デジタル手続法」と呼ばれることがあるが、以下、省令の定義に合わせて「情報通信技術活用法」という。）第７条第１項本文に基づき、本省令で一定の規定を設けることにより電子的な登記事項証明書等の交付が可能となったものである。第１項は、情報通信技術活用法第７条第１項本文に基づく電子情報処理組織を使用する方法を、第２項は、情報通信技術活用法第７条第１項ただし書に基づく、登記所から電子的な登記事項証明書等を交付する場合の条件を規定している。

Ⅱ　規定の内容

第１項は、一定の要件の下に、オンラインシステムを使用して、電子的な登記事項証明書等の交付の請求が可能であることを定めるものである。第22条が、紙の登記事項証明書等の送付を受けることもあることを想定し、請求の方法に焦点を当てて規定しているのに対し、第１項は、電子的な登記事項証明書等の交付を受けることを念頭に、請求をする者の電子計算機について、オンラインシステムを利用するに当たり請求と交付の両方に必要な技術的基準の充足を要求するものである。

第２項は、情報通信技術活用法第７条第１項ただし書において、オンラインを利用して処分通知等を受ける場合の方式については、主務省令で定める方式による表示をする場合に限るとしているところ、オンラインによって登記事項証明書等の交付を受けることを希望する法務大臣の定めに従った届出をすることを規定している。

（電子情報処理組織による登記事項証明書等の交付方法）

第二十七条　前条の規定による登記事項証明書等の交付を求められたときは、登記官は、証明すべき事項に係る情報を、これについて電子署名を行い、当該電子署名に係る電子証明書を併せて法務省の使用に係る電子計算機に備えられたファイルに記録しなければならない。

Ⅰ　本条の趣旨

本条は、電子的な登記事項証明書等の交付を求められた場合に、登記官が行うべき措置を定めるものである。

Ⅱ　規定の内容

本条は、電子的な登記事項証明書等の交付を求められたときは、登記官が証明すべき事項に係る情報について電子署名を行い、その電子署名に係る電子証明書を法務省の使用に係る電子計算機に備えられたファイルに記録しなければならないことを規定している。登記官が証明すべき事項に係る情報について電子署名を行うのは、紙の登記事項証明書に職氏名を記載し、職印を押印するのと同様、当該情報が署名した登記官の意思に基づき作成されたこと及びその内容に偽りがないことを担保するためである。また、当該電子署名に係る電子証明書を法務省の使用に係る電子計算機に備えられたファイルに記録しなければならないとされたのは、登記官が作成したものであること及び内容に改ざんがないことを担保するため電子署名に係る電子証明書を作成し、これを請求をした者に提供するためである。

（氏名等を明らかにする措置）

第二十八条　情報通信技術活用法第六条第四項及び第七条第四項の氏名又は名称を明らかにする措置であって主務省令で定めるものは、

当該署名等をすべき者による電子署名とする。

Ⅰ　本条の趣旨

本条は、情報通信技術活用法第６条第４項及び第７条第４項において主務省令で規定することが求められている、氏名又は名称を明らかにする措置について定めるものである。

Ⅱ　規定の内容

①情報通信技術活用法第６条第４項は、電子情報処理組織を使用して行う請求をする者からの請求、②情報通信技術活用法第７条第４項は電子情報処理組織を使用して行う行政機関からの処分通知等につき、それぞれ法令の規定で求められている署名等について、氏名又は名称を明らかにする措置であって主務省令で定めるものをもって代えることができる旨規定している。本条は、これを受けて、署名等に代わる措置について、電子情報処理組織を利用した場合には、署名をすべき者による電子署名であることを規定している。

第五章　補則

（登記申請書等の閲覧の申請書の添付書面等）

第二十九条　第十八条及び第十九条の規定は、登記申請書等の閲覧の請求に準用する。

Ⅰ　本条の趣旨

本条は、登記申請書等の閲覧の請求があった場合の添付書面及び閲覧申請書の処理について定めるものである。

Ⅱ　規定の内容

登記申請書等の閲覧申請書について、登記申請書等の交付の申請書等の添付書面を定める省令第18条及び申請書等を受け取ったときの登記官の処理を定める省令第19条の規定を準用している。具体的には、登記申請書等の閲覧の請求書には、①請求者の資格を証する書面、②請求者が法人であるときは、当該法人の登記事項証明書その他の代表者の資格を証する書面、③代理人によって請求するときは、その権限を証する書面を添付する必要があり、これらが官公署の作成に係るものであるときは、作成後３か月以内のものに限られる（省令第18条の準用）。また、登記官が登記申請書等の閲覧の請求書を受け取ったときには、請求書に受付の年月日を記載した上、受付の順序にしたがって相当の処分をしなければならない（省令第19条の準用）。

（登記申請書等の閲覧の方法）
第三十条　登記申請書等の閲覧は、登記官の面前でさせなければならない。

Ⅰ　本条の趣旨

本条は、登記申請書等の閲覧の方法を定めるものである。

Ⅱ　規定の内容

登記申請書等の閲覧は、紛失、汚損、抜き取り、改ざん等を防止するため、登記官の面前でさせなければならないことを規定している。

（法務局長等の命令による登記の方法）
第三十一条　登記官が法務局又は地方法務局の長の命令によって登記をするときは、命令をした法務局又は地方法務局の長、命令及び登記の年月日並びに命令によって登記をする旨をも記録しなければならない。

Ⅰ　本条の趣旨

本条は、登記官が、法務局又は地方法務局の長の命令に基づき登記を実行する場合の方法について定めるものである。法務局又は地方法務局の長の命令に基づき登記する場合とは、登記官の処分に対して審査請求がされ、その請求を法務局又は地方法務局の長が理由があると認めて登記官に相当の処分を命じた場合（法第15条第５項）である。

Ⅱ　規定の内容

登記官の処分に対してされた審査請求について、法務局又は地方法務局の長が理由があると認めて登記官に登記を命じた場合、登記記録に、命令をした法務局又は地方法務局長名、命令内容、登記の年月日及び命令によって登記をする旨を記録しなければならないことを規定している。これは、独任庁とされる登記官が法務局又は地方法務局の長の命令によって登記をすることは例外であることから、そのことを登記記録にも明らかにしておく必要があるためであると考えられる。

（登記官が登記をすることができない場合）

第三十二条　登記官又はその配偶者若しくは四親等内の親族（配偶者又は四親等内の親族であった者を含む。以下この条において同じ。）が申請人であるときは、当該登記官は、登記をすることができない。登記官又はその配偶者若しくは四親等内の親族が申請人を代表して申請するときも、同様とする。

２　前項の規定は、登記官又はその配偶者若しくは四親等内の親族が法第四条第一項第二号から第四号までに規定する者、同条第一項第十号に規定する職務代行者、法第四条第二項第二号若しくは第三号に規定する者、法第五条第二号、第三号若しくは第六号に規定する者若しくは同条第十号に規定する職務代行者又はこれらの者であった者であるときに準用する。

Ⅰ　本条の趣旨

本条は、登記事務の公正、登記の信頼性の保持のため、登記官や登記官と一定の親族関係に立つ者が申請人、成年被後見人等の本人、成年後見人等である場合には、当該登記官は除斥され、登記することができないことを定めるものである。

Ⅱ　規定の内容

第１項は、登記官、登記官の配偶者若しくは配偶者であった者又は登記官の４親等以内の親族若しくは親族であった者が、登記の申請人又は申請人の代表者となるときは、登記官は登記ができないことを規定している。

第２項は、登記官、登記官の配偶者若しくは配偶者であった者又は登記官の４親等以内の親族若しくは親族であった者が、成年被後見人等、成年後見人等、成年後見監督人等、成年後見人等の職務代行者、成年後見監督人等の職務代行者、後見命令等の本人、財産の管理者、任意後見契約の本人、任意後見受任者、任意後見監督人、任意後見監督人の職務代行者となるときは、登記官は登記ができないことを規定している。

（手数料等の納付の方法）

第三十三条　法第十一条第二項本文及び令第十二条第四項の手数料の納付は、収入印紙を嘱託書又は申請書に貼ってしなければならない。

２　第二十二条の規定により同条第二号に掲げる請求を行う場合において、現金をもって手数料を納付するときは、登記官から得た納付情報により納付する方法によってしなければならない。

３　令第十一条の送付に要する費用は、郵便切手又は信書便の役務に関する料金の支払のために使用することができる証票であって法務大臣の指定するもので納付しなければならない。

４　前項の指定は、告示してしなければならない。

Ⅰ　本条の趣旨

本条は、登記の嘱託等の手数料及び登記事項証明書等の送付に要する費用の納付方法について定めるものである。

Ⅱ　規定の内容

第１項は、登記の嘱託等の手数料は収入印紙を用い、嘱託書等に貼付して納付しなければならないことを規定している（収入印紙による納付の原則）。第２項は、オンラインシステムを利用して登記事項証明書等の交付の請求を行う場合において、インターネットバンキング等、現金をもって手数料を納付するときは、事件管理のため、オンラインシステムから払い出された納付番号を付して納付しなければならないことを規定している。第３項は、紙の登記事項証明書等の送付を求めるときに必要となる送付に要する費用は、郵便切手又は信書便の役務に関する料金の支払のために使用することできる証票であって法務大臣が指定するものによって納付しなければならないことを規定している（送付に要する費用の証票等による納付の原則）。第４項は、信書便の役務の提供に係る証票についての法務大臣の指定は告示によることを規定している。

附　則

（施行期日）

第一条　この省令は、平成十二年四月一日から施行する。

Ⅰ　本条の趣旨

本条は、省令の施行期日を定めるものである。

Ⅱ　規定の内容

法と同様、本省令は、平成12年４月１日から施行することを規定している。

（後見又は保佐の登記の登記申請書の添附書面）

第二条　令附則第二条第一項の法務省令で定める書面は、次に掲げる書面とする。

一　申請人の資格を証する書面

二　民法の一部を改正する法律（平成十一年法律第百四十九号。以下「民法改正法」という。）附則第三条第一項の規定により成年被後見人とみなされる者に対して禁治産の宣告をした裁判所及びその事件の表示を証する書面

三　民法改正法附則第三条第一項の規定により成年被後見人、成年後見人又は成年後見監督人とみなされる者の住所を証する書面

四　民法改正法附則第三条第一項の規定により成年被後見人とみなされる者が外国人であるときは、当該者が成年被後見人とみなされる者であることを証する書面及び当該者の国籍を証する書面

2　令附則第二条第二項において準用する同条第一項の法務省令で定める書面は、次に掲げる書面とする。

一　申請人の資格を証する書面

二　民法改正法附則第三条第二項の規定により被保佐人とみなされる者であることを証する書面

三　民法改正法附則第三条第二項の規定により被保佐人とみなされる者に対して準禁治産の宣告をした裁判所及びその事件の表示を証する書面

四　民法改正法附則第三条第二項の規定により被保佐人又は保佐人とみなされる者の住所を証する書面

五　民法改正法附則第三条第二項の規定により被保佐人とみなされる者が外国人であるときは、当該者の国籍を証する書面

Ⅰ　本条の趣旨

民法改正法附則第３条第１項及び第２項により、従前の禁治産者、準禁治産者（浪費を理由とする者を除く）が改正後にはそれぞれ成年被後見人、被保佐人とみなされることとなるが、本条は、これらの者に関して、後見の登記又は保佐の登記の申請をする場合の申請書の添付書面について定めるものである。

Ⅱ　規定の内容

１　後見の登記の申請の添付書面（第１項）

⑴　申請人の資格を証する書面（第１号）

登記の申請人は、法附則第２条第１項により、成年被後見人、成年後見人若しくは成年後見監督人とみなされる者又は成年被後見人とみなされる者の配偶者若しくは４親等内の親族に限られていることから、これらの申請人の資格を証する書面が添付書面とされている。具体的には、成年被後見人とみなされる者の戸籍謄抄本、除籍謄抄本等がこれに該当する。成年被後見人の戸籍謄抄本については、令附則第２条第１項で添付書面として規定されていることから、この規定では、成年被後見人以外の者、具体的には成年被後見人の４親等内の親族等が資格を証明するための戸籍謄抄本等の添付を求めている。

⑵　民法の一部を改正する法律（平成十一年法律第百四十九号。以下「民法改正法」という。）附則第三条第一項の規定により成年被後見人とみなされる者に対して禁治産の宣告をした裁判所及びその事件の表示を証する書面（第２号）

成年被後見人とみなされる禁治産者の戸籍謄抄本には、身分事項欄に禁治産宣告を受けた旨とその確定年月日は記載されているが、それ以外の審判事項については記載されていない。しかし、それ以外の審判事項についても登記事項となっているものがあるため、審判をした裁判所及び審判の事件の表示を証する書面が添付書面とされている。

具体的には、審判書の謄本等がこれに該当する。

⑶　民法改正法附則第三条第一項の規定により成年被後見人、成年後見人又は成年後見監督人とみなされる者の住所を証する書面（第３号）

成年被後見人、成年後見人及び成年後見監督人とみなされる者については、住所も登記事項とされているが、その者の戸籍謄抄本には、住所は記載されていないことから、これらの者の住所を証する書面が添付書面とされている。具体的には、戸籍の附票、住民票の写し又は住民票記載事項証明書がこれに該当する。

⑷　民法改正法附則第三条第一項の規定により成年被後見人とみなされる者が外国人であるときは、当該者が成年被後見人とみなされる者であることを証する書面及び当該者の国籍を証する書面（第４号）

成年被後見人とみなされる者が外国人であるときは、戸籍がないため、禁治産宣告を受けたことは、審判書の謄本等で証明するほかはない。そこで、禁治産宣告を受けた旨を証する書面が添付書面とされている。また、外国人の国籍を証する書面についても添付書面とされている。具体的には、住民票の写し、旅券の写し等がこれに該当する。

２　保佐の登記の申請の添付書面（第２項）

⑴　申請人の資格を証する書面（第１号）

第１項第１号と同趣旨の規定である。

⑵　民法改正法附則第三条第二項の規定により被保佐人とみなされる者であることを証する書面（第２号）

準禁治産者については、浪費を理由として準禁治産宣告を受けた者については、被保佐人とはみなされないため（民法改正法附則第３条第２項）、準禁治産宣告が心神耗弱を理由としてされたことを証する書面が添付書面とされている。具体的には、準禁治産宣告の審判書の謄本等がこれに該当する。

⑶　民法改正法附則第三条第二項の規定により被保佐人とみなされる者に対して準禁治産の宣告をした裁判所及びその事件の表示を証する書面（第３号）

第１項第２号と同趣旨の規定である。

⑷　民法改正法附則第三条第二項の規定により被保佐人又は保佐人とみなされる者の住所を証する書面（第４号）

第１項第３号と同趣旨の規定である。

⑸　民法改正法附則第三条第二項の規定により被保佐人とみなされる者が外国人であるときは、当該者の国籍を証する書面（第５号）

第１項第４号と同趣旨の規定である。

第3章　成年後見登記法令の改正経緯等

平成11年12月1日に後見登記等に関する法律が成立して以来、約四半世紀が経過したが、その間、政令、省令を含む後見登記等に関する法令について多くの改正が行われている。そこで、これまでの法令改正の経緯を紹介することとしたい。

第1　後見登記等に関する法律の改正経緯

1　行政機関の保有する情報の公開に関する法律の施行に伴う関係法律の整備等に関する法律（平成11年法律第43号）第10条の2による改正（平成13年4月1日施行）

平成11年5月、後見登記等に関する法律（平成11年法律第152号）の成立に先立ち、行政機関の保有する情報の公開に関する法律（平成11年法律第42号。以下「情報公開法」という。）及び行政機関の保有する情報の公開に関する法律の施行に伴う関係法律の整備等に関する法律（平成11年法律第43号。以下「情報公開法整備法」という。）が制定された。情報公開法は、行政機関の保有する情報の一層の公開を図り、公正で民主的な行政の推進に資すること等を目的とする法律であるところ、情報公開法整備法では、行政機関が保有する情報開示の規定が独自に整備されている不動産登記法（明治32年法律第24号）や戸籍法（昭和22年法律第224号）などについて情報公開法の適用除外の規定を設ける一部改正の規定が設けられたが（情報公開法整備法第4条、第6条等）、後見登記等に関する法律においても、情報公開法の適用除外の規定を置くため、後見登記等に関する法律原始附則第8条において、情報公開法整備法の一部改正が行われ、情報公開法整備法に第10条の2（後見登記等に関する法律の一部改正）が追加された。これにより、後見登記等に関する法律について、情報公開法整備法第10条の２の規定の施行日か後見登記等に関する法律の施行日のいずれか遅い日に、原始規定の第13条から第15条までを１条ずつ移動させるとともに、新たに第13条（行政機関の保有する情報の公開に関する法律の適用除外）の規定を追加する一部改正が行われた。

具体的には、後見登記等ファイル及び閉鎖登記ファイルについては、情報公開法の規定は適用されないこととされた。

情報公開法整備法第10条の２の規定の施行日が平成13年４月１日となったため、後見登記等に関する法律は同日から第13条（行政機関の保有する情報の公開に関する法律の適用除外）が溶け込んだ形で施行されることとなった。

２　中央省庁等改革関係法施行法（平成11年法律第160号）第330条による改正（平成13年１月６日施行）

同じく平成11年には、縦割り行政による弊害をなくし、内閣機能の強化、事務及び事業の減量、効率化を図ること等を目的とする中央省庁等改革の一環として、中央省庁等改革関係法施行法（平成11年法律第160号）が制定され、同法第330条（後見登記等に関する法律の一部改正）において、後見登記等に関する法律第２条（登記所）の定義について、支局、出張所の位置付けを明確化する一部改正が行われた。

具体的には、支局は法務局又は地方法務局に置かれること、出張所は法務局、地方法務局、支局に置かれることが明確にされた。

３　行政手続等における情報通信の技術の利用に関する法律の施行に伴う関係法律の整備等に関する法律（平成14年法律第152号）第24条による改正（平成16年３月29日施行）

平成14年には、行政機関等に係る申請、届出その他の手続等に関し、電子情報処理組織を使用する方法その他の情報通信の技術を利用する方法により行うことができるようにすることを目的として、行政手続等における情報通信の技術の利用に関する法律（平成14年法律第151号）が制定された。これに伴い、行政手続等における情報通信の技術の利用に関する法律の施行に伴う関係法律の整備等に関する法律（平成14年法律第152号）も制定され、同法第24条（後見登記等に関する法律の一部改正）において、後見登記等に関する法律第11条（手数料）について、第２項ただし書に、オンラインによる申請等について現金納付を可能とする一部改正が行われた。

具体的には、オンラインによって登記の嘱託又は申請をする場合や登記事項証明書又は閉鎖登記事項証明書（以下「登記事項証明書等」という。）の交付を請求する場合には、手数料につき、印紙による納付の原則の例外として、現金をもって納付することが可能となった。

４　行政機関の保有する個人情報の保護に関する法律等の施行に伴う関係法律の整備等に関する法律（平成15年法律第61号）第17条による改正（平成17年４月１日施行）

平成15年には、行政の適正かつ円滑な運営を図りつつ、個人の権利利益を保護することを目的として、行政機関の保有する個人情報の保護に関する法律（平成15年法律第58号）が制定された。これに伴い、行政機関の保有する個人情報の保護に関する法律等の施行に伴う関係法律の整備等に関する法律（平成15年法律第61号）も制定され、同法第17条（後見登記等に関する法律の一部改正）において、後見登記等に関する法律について、従来の第14条から第16条までを１条ずつ移動させた上、新たに第14条（行政機関の保有する個人情報の保護に関する法律の適用除外）を追加する一部改正が行われた。

具体的には、後見登記等ファイル及び閉鎖登記ファイルに記録されている保有個人情報については、行政機関の保有する個人情報の保護に関する法律（平成15年法律第58号）第４章（開示、訂正及び利用停止）の規定は適用されないこととされた。

５　行政事件訴訟法の一部を改正する法律（平成16年法律第84号）第38条による改正（平成17年４月１日施行）

平成16年には、行政事件訴訟法の一部を改正する法律（平成16年法律第84号）第37条（行政不服審査法の一部改正）において、行政不服審査法（昭和37年法律第160号）第34条（執行停止）に第５項（執行停止の判断における重大な損害を生ずるか否かの考慮要素等を定める条項）が追加され、条項の移動があったことに伴い、同じ行政事件訴訟法の一部を改正する法律38条（商業登記法等の一部改正）第３号において、後見登記等に関する法律第16条（行政不服審査法の適用除外）について、適用除外とされる行政不服審査法の規定につき「第34条第２項から第６項まで」を、新設された行政不服審査法第34条第５項を含む「第34条第２項から第７項まで」とする改正が行われた。

具体的には、後見登記等に関する法律においては、行政不服審査法第34条第２項から第７項までに規定する執行停止の規定は適用されないこととされた。

６　特別会計に関する法律（平成19年法律第23号）附則第340条による改正（平成23年４月１日施行）

平成19年には、特別会計の整理が行われ、特別会計に関する法律（平成19年法律第23号）附則第66条（法律の廃止）第32号及び第67条（暫定的に設置する特別会計）第１項第14号において、登記特別会計が平成22年度末をもって廃止されることとなったことに伴い、附則第340条（後見登記等に関する法律の一部改正）において、後見登記等に関する法律第11条（手数料）について、第２項の「登記印紙」を「収入印紙」に改める改正が行われた。

具体的には、登記の嘱託又は申請をする場合や登記事項証明書等の交付を請求する場合には、これまでの登記印紙に代えて、収入印紙をもって手数料を納めることが原則とされた。

なお、特別会計に関する法律附則第382条において、当分の間、手数料を納付するときは、収入印紙又は登記印紙をもってすることができることとされた。

７　非訟事件手続法及び家事事件手続法の施行に伴う関係法律の整備等に関する法律（平成23年法律第53号）第129条による改正（平成25年１月１日施行）

平成23年には、非訟事件手続法（平成23年法律第51号）及び家事事件手続法（平成23年法律第52号）が制定され、これに伴い、非訟事件手続法及び家事事件手続法の施行に伴う関係法律の整備等に関する法律（平成23年法律第53号。以下「非訟事件手続法等関係整備法」という。）が制定された（なお、非訟事件手続法（明治31年法律第14号）は、非訟事件手続法等関係整備法第１条において、題名が「外国法人の登記及び夫婦財産契約の登記に関する法律」に変更され、家事審判法（昭和22年法律第152号）は、非訟事件手続法等関係整備法第３条において、廃止された。）。この非訟事件手続法等関係整備法第129条（後見登記等に関する法律の一部改正）において、後見登記等に関する法律について、①第４条（後見等の登記等）、②第５条（任意後見契約の登記）、③第６条（後見登記等ファイルの記録の編成）、④第７条（変更の登記）、⑤第８条（終了の登記）及び⑥第10条（登記事項証明書の交付等）の一部改正が行われた（③第６条及び⑤第８条の改正は、形式的な改正）。

具体的には、①後見登記等ファイルの記録事項を規定する第４条中、第１項第３号及び第４号において、成年後見人等又は成年後見監督人等となる者が法人である場合の扱いを明確にするとともに、第９号及び第10号において、従前、後見登記等に関する政令第４条（後見等に係る登記記録に記録すべき保全処分）第１号及び第２号に規定していた成年後見人等の職務の執行を停止する保全処分に関する事項を法律に引き上げる改正が、第２項において、同じく従前、後見登記等に関する政令第５条（後見命令等の登記）に規定していた後見命令等に関する事項を法律に引き上げる改正が行われた。

また、②任意後見契約の登記に係る後見登記等ファイルの記録事項を規定する第５条中、第３号及び第６号において、任意後見受任者又は任意後見人及び任意後見監督人となる者が法人である場合の扱いを明確にするとともに、第９号及び第10号において、従前、後見登記等に関する政令第６条（任意後見契約に係る登記記録に記録すべき保全処分）に規定していた任意後見人又は任意後見監督人の職務の執行を停止する保全処分に関する事項を法律に引き上げる改正が行われた。

さらに、④後見登記等ファイルの変更の登記の申請人を規定する第７条中、第１項において、従前、後見登記等に関する政令第７条（保全処分に係る変更の登記）に規定していた保全処分に係る登記記録の申請人に関する事項を法律に引き上げる改正が行われた。

併せて、⑥交付請求の対象となる登記事項証明書に記録する登記記録又は閉鎖登記事項証明書に記録する閉鎖登記記録を規定する第10条において、従前、後見登記等に関する政令第15条（登記事項証明書の交付を請求することができる登記記録等）に規定していた保全処分に係る閉鎖登記記録に関する事項を法律に引き上げる改正が行われた。

８　行政不服審査法の施行に伴う関係法律の整備等に関する法律（平成26年法律第69号）第83条による改正（平成28年４月１日施行）

平成26年には、行政不服審査法（昭和37年法律第160号。以下「旧行政不服審査法」という。）が行政不服審査法（平成26年法律第68号）に全部改正された。これに伴い、行政不服審査法の施行に伴う関係法律の整備等に関する法律（平成26年法律第69号）も制定され、同法第83条（後見登記等に関する法律の一部改正）において、①後見登記等に関する法律第15条（審査請求）及び②第16条（行政不服審査法の適用除外）の規定の改正が行われた。

①第15条（審査請求）については、登記官の不作為に係る処分の扱いを明確にするとともに、行政不服審査法の制定によって導入された審理員の制度についての規定が整備された。②第16条（行政不服審査法の適用除外）については、後見登記等に関する法律に実質的に同趣旨の規定が置かれている条項等について、行政不服審査法の適用除外とすることとされた。

具体的には、旧行政不服審査法下においても適用除外されていた規定であって、新行政不服審査法にも引き継がれている規定（第13条、第15条第６項、第18条、第21条、第25条第２項から第７項まで、第31条、第45条第３項、第46条、第47条及び第52条）のほか、弁明書の提出に係る第29条第１項から第４項まで、審理手続の計画的遂行に係る第37条及び不作為についての審査請求の裁決に係る第49条第３項（審査請求に係る不作為が違法又は不当である旨の宣言に係る部分を除く。）から第５項までの規定が適用除外とされた。

９　行政機関等の保有する個人情報の適正かつ効果的な活用による新たな産業の創出並びに活力ある経済社会及び豊かな国民生活の実現に資するための関係法律の整備に関する法律（平成28年法律第51号）附則第５条による改正（平成29年５月30日施行）

平成28年には、行政機関等の保有する個人情報の適正かつ効果的な活用による新たな産業の創出並びに活力ある経済社会及び豊かな国民生活の実現に資するための関係法律の整備に関する法律（平成28年法律第51号）第１条（行政機関の保有する個人情報の保護に関する法律の一部改正）において、行政機関の保有する個人情報の保護に関する法律（平成15年法律第58条）第２条（定義）について、第３項として「個人識別符号」を、第４項として「要配慮個人情報」の定義を追加したことに伴い、これまで第３項として規定されていた「保有個人情報」の定義規定が第５項に移動する改正が行われた。これに伴い、行政機関等の保有する個人情報の適正かつ効果的な活用による新たな産業の創出並びに活力ある経済社会及び豊かな国民生活の実現に資するための関係法律の整備に関する法律附則第５条（鉄道抵当法等の一部改正）において、後見登記等に関する法律第14条（行政機関の保有する個人情報の保護に関する法律の適用除外）について、保有個人情報を引用している「第２条第３項」を「第２条第５項」に改める改正が行われた。

10　情報通信技術の活用による行政手続等に係る関係者の利便性の向上並びに行政運営の簡素化及び効率化を図るための行政手続等における情報通信の技術の利用に関する法律等の一部を改正する法律（令和元年法律第16号）附則第56条による改正（令和元年12月16日施行）

令和元年には、情報通信技術の活用による行政手続等に係る関係者の利便性の向上並びに行政運営の簡素化及び効率化を図るための行政手続等における情報通信の技術の利用に関する法律等の一部を改正する法律（令和元年法律第16号）第１条（行政手続等における情報通信の技術の利用に関する法律の一部改正）において、行政手続等における情報通信の技術の利用に関する法律（いわゆる「行政手続オンライン化法」）の題名を「情報通信技術を活用した行政の推進等に関する法律」（いわゆる「デジタル手続法」）に改めるとともに、第３条（電子情報処理組織による申請等）について、第５項として、「５　申請等のうち当該申請等に関する他の法令の規定において収入印紙をもってすることその他の手数料の納付の方法が規定されているものを第１項の電子情報処理組織を使用する方法により行う場合には、当該手数料の納付については、当該法令の規定にかかわらず、電子情報処理組織を使用する方法その他の情報通信技術を利用する方法であって主務省令で定めるものをもってすることができる。」とする規定を設け、同条を第６条とする改正が行われた。これにより、収入印紙による手数料の納付が原則とされる申請等の手続について、オンラインによって申請等を行う場合に現金納付をすることができる旨の例外を認める根拠規定を個別の法律に置く必要がなくなったことを受け、同じ情報通信技術の活用による行政手続等に係る関係者の利便性の向上並びに行政運営の簡素化及び効率化を図るための行政手続等における情報通信の技術の利用に関する法律等の一部を改正する法律附則第56条（後見登記等に関する法律の一部改正）において、後見登記等に関する法律第11条（手数料）について、オンラインによって申請等を行う場合に、例外として法務省令で定めるところにより、現金納付をすることができる旨を定める第２項ただし書を削る改正が行われた。

11　デジタル社会の形成を図るための関係法律の整備に関する法律（令和３年法律第37号）附則第35条による改正（令和４年４月１日施行）

令和３年には、デジタル社会の形成を図るための関係法律の整備に関する法律（令和３年法律第37号。以下「デジタル社会形成整備法」という。）第50条（個人情報の保護に関する法律の一部改正）において、個人情報の保護に関する法律（平成15年法律第57号）第60条（定義）第１項に保有個人情報の定義を設けるほか、行政機関の保有する保有個人情報の開示、訂正及び利用停止についての規定を第５章（行政機関等の義務等）第４節（開示、訂正及び利用停止）に設けるなど、行政機関の保有する個人情報の保護に関する法律（平成15年法律第58号）の内容を統合する改正が行われるとともに、デジタル社会形成整備法附則第２条（行政機関の保有する個人情報の保護に関する法律及び独立行政法人等の保有する個人情報の保護に関する法律の廃止）第１号において、行政機関の保有する個人情報の保護に関する法律を廃止する改正が行われた。これに伴い、デジタル社会形成整備法附則第35条（後見登記等に関する法律の一部改正）において、後見登記等に関する法律第14条（行政機関の保有する個人情報の保護に関する法律の適用除外）について、見出しを「（個人情報の保護に関する法律の適用除外）」に改めるとともに、保有個人情報の定義を引用する対象を「行政機関の保有する個人情報の保護に関する法律（平成15年法律第58号）第２条第５項」から「個人情報の保護に関する法律（平成15年法律第

57号）第60条第１項」に改め、適用除外とする対象を（行政機関の保有する個人情報の保護に関する法律）「第４章」から（個人情報の保護に関する法律）「第５章第４節」に改める改正が行われた。

第２　後見登記等に関する政令の改正経緯

１　行政機関の保有する情報の公開に関する法律の施行に伴う法務省関係政令の整備に関する政令（平成13年政令第83号）第３条による改正（平成13年４月１日施行）

平成13年には、行政機関の保有する情報の公開に関する法律の施行に伴う法務省関係政令の整備に関する政令（平成13年政令第83号）第３条（後見登記等に関する政令の一部改正）において、後見登記等に関する政令について、従前の第18条を第19条として移動させた上、新たに第18条（行政機関の保有する情報の公開に関する法律の適用除外）を追加する改正が行われた。

具体的には、登記申請書等については、行政機関の保有する情報の公開に関する法律（平成11年法律第42号）の規定は適用されないこととされた。

２　民間事業者による信書の送達に関する法律及び民間事業者による信書の送達に関する法律の施行に伴う関係法律の整備等に関する法律の施行に伴う関係政令の整備に関する政令（平成14年政令第386号）第10条による改正（平成15年４月１日施行）

平成14年には、民間事業者による信書の送達を可能とする民間事業者による信書の送達に関する法律（平成14年法律第99号）が制定された。これに伴い、民間事業者による信書の送達に関する法律及び民間事業者による信書の送達に関する法律の施行に伴う関係法律の整備等に関する法律の施行に伴う関係政令の整備に関する政令（平成14年政令第386号）第10条（後見登記等に関する政令の一部改正）において、後見登記等に関する政令第16条（登記事項証明書の送付請求等）について、「手数料のほか郵送料」を「法務省令で定めるところにより、手数料のほか送付に要する費用」に改める改正が行われた。

具体的には、登記事項証明書等の送付を請求する場合には、法務省令で定めるところによる送付に要する費用を求めることができることとされ、郵送料を支払い、郵便を利用するだけでなく、役務に関する料金を支払い、民間事業者が提供する信書便の役務を利用することが可能となった。

３　行政機関の保有する個人情報の保護に関する法律等の施行に伴う関係政令の整備等に関する政令（平成15年政令第551号）第８条による改正（平成17年４月１日施行）

平成15年には、行政機関の保有する個人情報の保護に関する法律等の施行に伴う関係政令の整備等に関する政令（平成15年政令第551号）第８条（後見登記等に関する政令の一部改正）において、従来の第19条を第20条とした上で、新たに第19条（行政機関の保有する個人情報の保護に関する法律の適用除外）を追加し、関係する目次を改める改正が行われた。

具体的には、登記申請書等に記録されている保有個人情報については、行政機関の保有する個人情報の保護に関する法律（平成15年法律第58号）第４章（開示、訂正及び利用停止）の規定は適用されないこととされた。

４　後見登記等に関する政令及び登記手数料令の一部を改正する政令（平成16年政令第69号）第１条による改正（平成16年３月29日施行）

平成16年には、後見登記等に関する政令及び登記手数料令の一部を改正する政令（平成16年政令第69号）第１条（後見登記等に関する政令の一部改正）において、後見登記等に関する政令第16条（登記事項証明書の送付請求等）について、「は、法務省令で定めるところにより、手数料のほか送付に要する費用を納付して、その送付を求めることができる」を「、その送付を求めるときは、行政手続等における情報通信の技術の利用に関する法律（平成14年法律第151号）第３条第１項の規定により同項に規定する電子情報処理組織を使用して請求する場合を除き、法務省令で定めるところにより、送付に要する費用を納付しなければならない」に改める改正が行われた。

具体的には、行政手続等における情報通信の技術の利用に関する法律の施行に伴い、法務省令で定めるところにより電子情報処理組織を使用する方法によって登記事項証明書等の送付を求めることが可能となったところ、その場合の手数料は、送付に要する実費を含んだものとして算定することとし（同時に改正された登記手数料令（昭和24年政令第140号）第２条の２第１項）、別途、送付に要する費用を徴収しないこととされた。

５　特別会計に関する法律の一部の施行に伴う関係政令の整備に関する政令（平成23年政令第48号）第３条による改正（平成23年４月１日施行）

平成23年には、特別会計に関する法律の一部の施行に伴う関係政令の整備に関する政令（平成23年政令第48号）第３条（後見登記等に関する政令の一部改正）において、後見登記等に関する政令第17条（登記申請書等の閲覧）について、第４項の「登記印紙」を「収入印紙」に改める改正が行われた。

具体的には、登記申請書等の閲覧を請求する場合には、収入印紙をもって手数料を納めることとされた。

６　非訟事件手続法等の施行に伴う関係政令の整備に関する政令（平成24年政令第197号）第40条による改正（平成25年１月１日施行）

平成24年には、非訟事件手続法等の施行に伴う関係政令の整備に関する政令（平成24年政令第197号）第40条（後見登記等に関する政令の一部改正）において、後見登記等に関する政令について、非訟事件手続法等関係整備法第129条の改正において後見登記等に関する法律に引き上げて規定された事項を削る改正とそれに伴う形式的な改正が行われた（後見登記等に関する法律の改正経緯の７参照）。

具体的には、①第３章の保全処分に係る登記事項等（第４条～第７条）の４か条及び②登記事項証明書の交付を請求することができる登記記録等について規定する第15条の１か条が後見登記等に関する法律に引き上げられたことから、第３章の４か条を削り、これに伴い、①従前の第８条から第14条までを４条ずつ繰り上げる改正、②第16条以降について５条ずつ繰り上げる改正のほか、条項移動に伴う形式的な改正等が行われた。

７　行政不服審査法及び行政不服審査法の施行に伴う関係法律の整備等に関する法律の施行に伴う関係政令の整備に関する政令（平成27年政令第392号）第24条による改正（平成28年４月１日施行）

平成27年には、行政不服審査法及び行政不服審査法の施行に伴う関係法律の整備等に関する法律の施行に伴う関係政令の整備に関する政令（平成27年政令第392号）第24条（後見登記等に関する政令の一部改正）において、後見登記等に関する政令について、従来の第15条を第18条に移動させた上で、①新たに第15条（事件の送付）、②第16条（意見書の提出等）及び③第17条（行政不服審査法施行令の規定の読替え）の３か条を追加するとともに、関係する目次を改める改正が行われた。

具体的には、①第15条において、審査請求があった場合に監督法務局の長又は地方法務局の長に対してする事件の送付は、審査請求書の正本によってすることとされたほか、②第16条において、登記官による意見書の提出に関し、意見書の正本や副本の通数、オンラインによる意見書の提出の扱いが明確にされた。また、③第17条において、行政不服審査法による弁明書については、登記官による意見又は意見書と読み替えて扱うこととされた。

８　行政機関等の保有する個人情報の適正かつ効果的な活用による新たな産業の創出並びに活力ある経済社会及び豊かな国民生活の実現に資するための関係法律の整備に関する法律の施行に伴う関係政令の整備及び経過措置に関する政令（平成29年政令第19号）第３条による改正（平成29年５月30日施行）

平成29年には、行政機関等の保有する個人情報の適正かつ効果的な活用による新たな産業の創出並びに活力ある経済社会及び豊かな国民生活の実現に資するための関係法律の整備に関する法律の施行に伴う関係政令の整備及び経過措置に関する政令（平成29年政令第19号）第３条（鉱業登録令等の一部改正）第７号において、後見登記等に関する政令第14条（行政機関の保有する個人情報の保護に関する法律の適用除外）について、「第２条第３項」を「第２条第５項」に改める改正が行われた。

これは、行政機関等の保有する個人情報の適正かつ効果的な活用による新たな産業の創出並びに活力ある経済社会及び豊かな国民生活の実現に資するための関係法律の整備に関する法律（平成28年法律第51号）第１条（行政機関の保有する個人情報の保護に関する法律の一部改正）の改正により、引用している保有個人情報の定義規定に条項移動があったことを受けて行われたものである（後見登記等に関する法律の改正経緯の９参照）。

９　情報通信技術の活用による行政手続等に係る関係者の利便性の向上並びに行政運営の簡素化及び効率化を図るための行政手続等における情報通信の技術の利用に関する法律等の一部を改正する法律の施行に伴う関係政令の整備等に関する政令（令和元年政令第183号）第38条による改正（令和元年12月16日施行）

令和元年には、情報通信技術の活用による行政手続等に係る関係者の利便性の向上並びに行政運営の簡素化及び効率化を図るための行政手続等における情報通信の技術の利用に関する法律等の一部を改正する法律の施行に伴う関係政令の整備等に関する政令（令和元年政令第183号。以下「デジタル手続法関係整備政令」という。）第46条（行政不服審査法施行令の一部改正）において、弁明書の提出に係る行政不服審査法施行令第６条について、オンラインによって弁明書の提出をした場合に弁明書の正本及び副本の提出として正規の取扱いをしたこととみなす第２項及び弁明に係る電磁的記録について弁明書の副本とみなす第４項を削る等の改正が行われた。また、同じデジタル手続法関係整備政令第38条（後見登記等に関する政令の一部改正）において、後見登記等に関する政令について、①第14条（登記事項証明書の送付請求等）、②第16条（意見書の提出等）及び③第17条（行政不服審査法施行令の規定の読替え）の規定の改正が行われた（第17条の改正は、読替えの具体化や引用条項の移動等に伴う形式的な改正）。

これらは、情報通信技術の活用による行政手続等に係る関係者の利便性の向上並びに行政運営の簡素化及び効率化を図るための行政手続等における情報通信の技術の利用に関する法律等の一部を改正する法律（令和元年法律第16号）第１条（行政手続等における情報通信の技術の利用に関する法律の一部改正）の改正を受けて行われたものである（後見登記等に関する法律の改正経緯の10参照）。

具体的には、①後見登記等に関する政令第14条において、引用していた法律の題名について「行政手続等における情報通信の技術の利用に関する法律」を「情報通信技術を活用した行政の推進等に関する法律」に改めるとともに、電子情報処理組織による申請等について定める「行政手続等における情報通信の技術の利用に関する法律第３条」が「情報通信技術を活用した行政の推進等に関する法律第６条」となったことから、「第３条第１項」を「第６条第１項」に改める改正が行われた。また、②後見登記等に関する政令第16条において、デジタル手続法関係整備政令第46条による行政不服審査法施行令の一部改正にならい、オンラインによって意見書の提出をした場合に意見書の正本及び副本の提出として正規の取扱いをしたこととみなす第２項及び意見に係る電磁的記録について意見書の副本とみなす第４項を削る等の改正が行われた。

10　後見登記等に関する政令の一部を改正する政令（令和３年政令第33号）による改正（令和３年３月１日施行）

令和３年には、後見登記等に関する政令の一部を改正する政令（令和３年政令第33号）において、後見登記等に関する政令について、第５条（登記申請の方式）第２項及び第12条（登記申請書等の閲覧）第３項中「記名押印しなければ」を「記名しなければ」に改める改正が行われた。

具体的には、後見登記等の申請及び登記申請書等の閲覧の請求に係る手続について、申請人等の押印を不要とすることとされた。

これは、令和３年のデジタル社会形成整備法の制定手続の中で、押印・書面の交付等を求める手続の見直しがあったことを受けて行われたものである。

11　個人情報の保護に関する法律施行令等の一部を改正する等の政令（令和３年政令第292号）第４条第３号による改正（令和４年４月１日施行）

同じく、令和３年には、個人情報の保護に関する法律施行令等の一部を改正する等の政令（令和３年政令第292号）第４条（鉱害賠償登録令等の一部改正）第３号において、後見登記等に関する政令第14条（行政機関の保有する個人情報の保護に関する法律の適用除外）について、見出しを「(個人情報の保護に関する法律の適用除外)」に改め、当該規定中「行政機関の保有する個人情報の保護に関する法律（平成15年法律第58号）第２条第５項」を「個人情報の保護に関する法律（平成15年法律第57号）第60条第１項」に、「第４章」を「第５章第４節」に改める改正が行われた。

これは、デジタル社会形成整備法第50条（個人情報の保護に関する法律の一部改正）の改正を受けて行われたものである（後見登記等に関する法律の改正経緯の11参照)。

第３　後見登記等に関する省令の改正経緯

１　後見登記等に関する省令の一部を改正する省令（平成15年法務省令第30号）による改正（平成15年４月１日施行）

平成15年には、民間事業者による信書の送達に関する法律（平成14年法律第99号）及び民間事業者による信書の送達に関する法律の施行に伴う関係法律の整備等に関する法律の施行に伴う関係政令の整備に関する政令（平成14年政令第386号）の施行に伴い、後見登記等に関する省令について、

①第８条（登記申請書等の郵送方法）及び②第26条（手数料等の納付の方法）を改める改正が行われた。

具体的には、①第８条の改正において、見出しの「郵送」が「送付」に改められ、登記の申請人が登記申請書等を送付するときは、従来認められていた書留郵便のほか、一般信書便事業者又は特定信書便事業者において引受け及び配達の記録を行うものによることが可能となった。また、②第26条の改正において、登記事項証明書等の送付を請求するときは、送付に要する費用について、従来認められていた郵送料を郵便切手で納付することのほかに、信書便の役務に関する料金の支払いのために使用することができる証票であって法務大臣が告示によって指定するもので納付することが可能となった。

２　後見登記等に関する省令の一部を改正する省令（平成16年法務省令第21号）による改正（平成16年３月29日施行）

平成16年には、行政手続等における情報通信の技術の利用に関する法律の施行に伴い、電子情報処理組織による登記の申請等の手続を法務省令で定めることができるようになったことから、後見登記等に関する省令について、第22条から第26条までを７条ずつ繰り下げ、従来の第４章を第５章とした上で、新たに第４章（電子情報処理組織による登記の申請等に関する特例）の規定を設け、①第22条（電子情報処理組織による登記の申請等）、②第23条（登記申請の方法）、③第24条（情報の閲覧）、④第25条（登記事項証明書等の交付の請求方法）、⑤第26条（電子情報処理組織による登記事項証明書等の交付）、第27条（電子情報処理組織による登記事項証明書等の交付方法）及び⑥第28条（氏名等を明らかにする措置）の６か条を追加する等の改正が行われた（その他の改正は形式的な改正）。

具体的には、①第22条において、変更又は終了の登記の申請、登記事項証明書等の送付、又は電子的な登記事項証明書等の交付の請求について、法務大臣が定める条件に適合するものであればオンラインによって行うことができることとなった。また、②第23条において、オンラインによる場合には、変更又は終了の登記の登記申請書に記載すべき事項に係る情報について電子署名を行うこと、委任状や登記の事由を証する添付書面に代わる情報について電子署名を行うこと、さらにこれらの電子署名を行った情報については公的個人認証サービス又は電子認証登記所の電子証明書等を併せて送信しなければならないこととされ、③第24条において、オンラインで申請された登記申請書等の情報の閲覧について、日本工業規格Ａ列四番の用紙に出力して行うこととされたほか、④第25条において、オンラインによる場合には、登記事項証明書等の送付の請求の申請書に記載すべき事項に係る情報について電子署名を行うこと、委任状や登記の事由を証する添付書面に代わる情報について電子署名を行うこと、さらにこれらの電子署名を行った情報については公的個人認証サービス又は電子認証登記所の電子証明書等を併せて送信しなければならないこととされた。さらに、④第26条において、電子的な登記事項証明書等についてオンラインによる交付の請求を求めることができること、その場合には、⑤第27条において、登記官が証明すべき事項に係る情報について電子署名を行い、その電子署名に係る電子証明書を法務省の使用に係る電子計算機に備えられたファイルに記録しなければならないこととされた。そのほか、⑥第28条において、法令の規定により署名等をすることとしているものについてオンラインを利用した場合に求められる氏名又は名称を明らかにする措置については、署名をすべき者による電子署名であることが明らかにされた。

３　不動産登記規則等の一部を改正する省令（平成22年法務省令第17号）第６条による改正（平成22年４月１日施行）

平成22年には、不動産登記規則等の一部を改正する省令（平成22年法務省令第17号）第６条（後見登記等に関する省令の一部改正）において、後見登記等に関する省令第４条（後見登記等ファイル等の記録と同一の記録の備付け）を全部改める改正が行われた。

具体的には、見出しが「(後見登記等ファイル等の記録と同一の記録の備付け)」から「(副記録)」に改められるとともに、登記官は後見登記等ファイル等に記録した事項と同一の事項を記録する副記録を備えることに加え、後見登記等ファイル等の記録によって登記の事務を行うことができないときは、副記録に記録し、登記の事務を行うことができるようになった場合には、直ちに副記録に記録した事項を後見登記等ファイル等の記録に記録しなければならないこととされた。

４　不動産登記規則等の一部を改正する省令（平成23年法務省令第５号）第７条による改正（平成23年４月１日施行）

平成23年には、不動産登記規則等の一部を改正する省令（平成23年法務省令第５号）第７条（後見登記等に関する省令の一部改正）において、後見登記等に関する省令第33条（手数料等の納付方法）中「登記印紙」を「収入印紙」に、「はって」を「貼って」に改める改正が行われた。

具体的には、平成22年末をもって登記特別会計が廃止されることに伴い、登記の嘱託、申請、登記事項証明書等の交付請求、登記申請書等の閲覧に係る手数料について、従来の登記印紙に代えて収入印紙を嘱託書又は申請書に貼って納付しなければならないこととされた。

５　後見登記等に関する省令の一部を改正する省令（平成24年法務省令第44号）による改正（平成25年１月１日施行）

平成24年には、非訟事件手続法及び家事事件手続法の施行に伴う関係法律の整備等に関する法律（平成23年法律第53号）及び非訟事件手続法等の施行に伴う関係政令の整備に関する政令（平成24年政令第197号）の施行に伴い、後見登記等に関する省令の一部改正が行われた。

具体的には、後見登記等に関する政令の一部改正において（後見登記等に関する政令の改正経緯の６参照)、第８条から第14条までを４条ずつ繰り上げる改正及び第16条以降について５条ずつ繰り上げる改正が行われたことを受け、これらの規定を引用している条項について改正後の条項を引用することにする改正、申請人等について、自然人である場合と法人である場合とを分けて表現していたものをまとめた形で表現することにする改正等の形式的な改正が行われた。

６　戸籍法施行規則等の一部を改正する省令（平成27年法務省令第51号）第５条による改正（平成28年１月１日施行）

平成27年には、行政手続における特定の個人を識別するための番号の利用等に関する法律（平成25年法律第27号）及び行政手続における特定の個人を識別するための番号の利用等に関する法律の施行に伴う関係法律の整備等に関する法律（平成25年法律第28号）の施行に伴い、戸籍法施行規則等の一部を改正する省令（平成27年法務省令第51号）第５条（後見登記等に関する省令の一部改正）において、後見登記等に関する省令第23条（登記申請の方法）第３項第１号中「電子署名に係る地方公共団体の認証業務に関する法律」を「電子署名等に係る地方公共団体情報システム機構の認証業務に関する法律」に改める改正が行われた。これは、平成25年の行政手続における特定の個人を識別するための番号の利用等に関する法律の施行に伴う関係法律の整備等に関する法律（平成25年法律第28号）第31条（電子署名に係る地方公共団体の認証業務に関する法律の一部改正）において、「電子署名に係る地方公共団体の認証業務に関する法律」の題名を「電子署名等に係る地方公共団体情報システム機構の認証業務に関する法律」に改める改正が行われたことによるものである。

具体的には、登記の申請人、その代表者若しくは代理人がオンラインによって登記申請を行う場合に登記申請書に記載すべき情報や添付書面に代わる情報について、公的個人認証制度に基づき電子署名を行ったことを証明するためには、電子署名等に係る地方公共団体情報システム機構の認証業務に関する法律第３条第１項に規定する署名用電子証明書を併せて送信しなければならないこととなった。

７　戸籍法施行規則等の一部を改正する省令（平成28年法務省令第９号）第３条による改正（平成28年４月１日施行）

平成28年には、地方自治法の一部を改正する法律（平成26年法律第42号）の施行に伴い、及び関係法令の規定に基づき、戸籍法施行規則等の一部を改正する省令（平成28年法務省令第９号）第３条（後見登記等に関する省令の一部改正）において、①第５条（帳簿）、②第５条の２（記録等の廃棄）、③第13条（市町村長への通知）、④第17条（登記事項証明書等の交付請求の方式）及び⑤第32条（登記官が登記をすることができない場合）の改正が行われた（④第17条と⑤第32条の改正は、字句の整理などの形式的な改正）。

このうち、①第５条（帳簿）、②第５条の２（記録等の廃棄）の改正は、登記関係帳簿について、公文書等の管理に関する法律（平成21年法律第66号）の適用除外であることを明確にするため、改めて帳簿、帳簿につづり込む書類、帳簿への記載事項、帳簿等の保存期間及び帳簿等の廃棄の手続を明確化したものである。また、③第13条（市町村長への通知）の改正は、地方自治法の一部を改正する法律において、指定都市に新たに総合区及び総合区長を設けることができるようになったことから、必要な規定の整理を行ったものである。

具体的には、①第５条（帳簿）においては、登記所には受付帳、登記申請書類つづり込み帳、登記関係帳簿保存簿等を備えるといった帳簿等の備付けの規定、登記申請書類つづり込み帳には登記申請書等をつづり込むといった書類のつづり込みの整理の規定、登記関係帳簿保存簿には、帳簿や書類の保存状況を記載し、保存期間は永久であるなど、保存状況や保存期間などの管理の規定について整理がされ、さらに、②第５条の２（記録等の廃棄）においては、帳簿書類を廃棄するときは法務局又は地方法務局の長の認可を受けなければならないとして、廃棄の手続が明確化された。また、③第13条（市町村長への通知）においては、登記官が後見開始の審判に基づく登記等をしたときは、総合区にあっては総合区長に通知しなければならないこととなった。

８　後見登記等に関する省令の一部を改正する省令（平成30年法務省令第25号）による改正（平成30年12月１日施行）

平成30年には、後見登記等に関する省令第20条（登記事項証明書等の作成方法）において、登記事項証明書等について登記事項の一部を表示しない取扱いとする改正が行われた。

これは、成年後見人等の職権による更正前の住所等の登記事項又は成年被後見人等の施設入所前の自宅住所等の登記事項の一部について、登記事項証明書に表示しないでほしいとの要望を踏まえたものである。

具体的には、登記事項証明書等において更正前の住所等の登記事項は証明しないこととし、さらに登記事項に変更の登記記録がある場合には、特別の請求がない限り、変更前の住所等の登記事項は証明しないこととなった。

９　後見登記等に関する省令の一部を改正する省令（令和元年法務省令第19号）による改正（令和元年７月１日施行）

令和元年には、後見登記等に関する省令第24条（情報の閲覧）について、「日本工業規格」を「日本産業規格」に改める改正が行われた。これは、平成30年の不正競争防止法等の一部を改正する法律（平成30年法律第33号）第２条（工業標準化法の一部改正）において、工業標準化法（昭和24年第185号）の題名を産業標準化法に改めるとともに、「日本工業規格」を「日本産業規格」に改める改正をしたことによるものである。

具体的には、オンラインによって登記申請が行われた場合の登記申請書や添付書面に係る情報の閲覧のために出力する用紙は、日本産業規格Ａ列４番を用いることとなった。

10　後見登記等に関する省令の一部を改正する省令（令和元年法務省令第53号）による改正（令和元年12月16日施行）

同じく令和元年には、後見登記等に関する省令について、①第22条（電子情報処理組織による登記の申請等）、②第26条（電子情報処理組織による登記事項証明書等の交付）、③第28条（氏名等を明らかにする措置）及び第33条（手数料等の納付の方法）の改正が行われた。これは、情報通信技術の活用による行政手続等に係る関係者の利便性の向上並びに行政運営の簡素化及び効率化を図るための行政手続等における情報通信の技術の利用に関する法律等の一部を改正する法律（令和元年法律第16号）第１条（行政手続等における情報通信の技術の利用に関する法律の一部改正）の改正を受けて行われたものである（後見登記等に関する法律の改正経緯の10参照）。

具体的には、①後見登記等に関する省令第22条において、オンラインにより申請等を行う場合の電子情報処理組織の仕組みを、②第26条第１項において、オンラインにより登記事項証明書等の交付を請求する場合の電子情報処理組織の仕組みをそれぞれ書き下して表現する改正が行われた。また、新たに追加された第26条第２項において、引用していた法律の題名を「行政手続等における情報通信の技術の利用に関する法律」から「情報通信技術を活用した行政の推進等に関する法律」に改めた上で、情報通信技術を活用した行政の推進等に関する法律第７条第１項に新設された、オンラインを利用して処分通知等を受ける場合の方式については、オンラインによって登記事項証明書等の交付を受けることを希望する法務大臣の定めに従った届出をすることとする旨の規定が設けられた。

さらに、電子情報処理組織による申請等について定める「行政手続等における情報通信の技術の利用に関する法律第３条及び第４条」が「情報通信技術を活用した行政の推進等に関する法律第６条及び第７条」となったことから、第28条において、「第３条第４項及び第４条第４項」を「第６

条第４項及び第７条第４項」に改める改正が行われた。併せて、後見登記等に関する法律の一部改正において、同法第11条第２項ただし書が削除されたことから、③オンライン請求における納付番号の払出しについて規定する第33条第２項において、後見登記等に関する法律第11条第２項ただし書を引用しない規定ぶりとする改正が行われた。

11　後見登記等に関する省令の一部を改正する省令（令和３年法務省令第３号）による改正（令和３年３月１日施行）

令和３年には、後見登記等に関する省令第17条（登記事項証明書等の交付請求の方式）第２項中「記名押印しなければ」を「記名しなければ」に改める改正が行われた。

具体的には、登記事項証明書等の交付請求をする申請書について、申請人又はその代表者若しくは代理人の押印を不要とすることとされた。

これは、令和３年のデジタル社会形成整備法の制定手続の中で、押印・書面の交付等を求める手続の見直しがあったことを受けて行われたものである（後見登記等に関する政令の改正経緯の10と同様）。

12　後見登記等に関する省令の一部を改正する省令（令和４年法務省令第３号）による改正（令和４年１月31日施行）

令和４年には、後見登記等に関する省令について、①第10条（登記申請書の添付書面）、②第18条（登記事項証明書等の交付の申請書の添付書面）、③第23条（登記申請の方法）及び④第25条（登記事項証明書等の交付の請求の方法）の改正が行われた。これは、後見登記に係る申請及び登記事項証明書の交付申請において求めている添付書面としての商業・法人登記の登記事項証明書（代表者の資格証明書）の省略等に係る改正であるが、「登記・法人設立等関係手続の簡素化・迅速化に向けたアクションプラン」（平成28年10月31日各府省情報化統括責任者（CIO）連絡会議決定）や「デジタル・ガバメント実行計画」（平成30年７月20日デジタル・ガバメント閣僚会議決定）などにおいて求められていた登記情報連携の施策の一環として行われたものである。

前記令和元年の情報通信技術の活用による行政手続等に係る関係者の利便性の向上並びに行政運営の簡素化及び効率化を図るための行政手続等における情報通信の技術の利用に関する法律等の一部を改正する法律（令和元年法律第16号）第１条（行政手続等における情報通信の技術の利用に関する法律の一部改正）において、新たに設けられた情報通信技術を活用した行政の推進等に関する法律（平成14年法律第151号）第11条では、申請等の手続において法令上添付が求められている登記事項証明書その他の政令で定める書面等については、電子情報処理組織を使用した行政機関等への情報提供など、同じく政令で定める一定の措置がされることによって、行政機関等が当該書面等によって確認すべき事項に係る情報を入手又は参照等できる場合には、当該申請等において添付することを要しないこととされている。

また、これを受けて、情報通信技術を活用した行政の推進等に関する法律施行令（平成15年政令第27号）第５条第４号において、添付可能な書面として商業・法人登記の登記事項証明書（商業登記法（昭和38年法律第125号）第10条第１項に規定する登記事項証明書）が掲げられている。

そこで、後見登記手続においても登記情報連携による添付書面の省略を実現するため、後見登記等に関する省令において、後見登記に係る申請及び登記事項証明書の交付申請において求めている添付書面としての代表者の資格証明書について、これが商業・法人登記の登記事項証明書であることを明確化する等の改正が行われた。

具体的には、①登記申請書の添付書面についての規定である第10条第１項において、後見登記等に関する政令第６条（登記申請書の添付書面）に規定している書面について、代表者の資格を証する書面（第１号）は申請人が法人である場合には代表者の資格を証する登記事項証明書である旨、代理人によって申請する場合の代理人が法人である場合には代表者の資格を証する登記事項証明書である旨（第２号）及び登記の事由を証する書面（第３号）には登記事項証明書が含まれる旨を明らかにする規定が新設され、第２項では第１項の新設に伴う修辞的な改正が行われた。

また、②登記事項証明書等の交付の申請書の添付書面について規定する第18条第１項においても、申請人が法人である場合の代表者の資格を証する書面は、代表者の資格を証する登記事項証明書である旨及び代理人によって申請する場合の代理人が法人である場合には代表者の資格を証する登記事項証明書である旨を明らかにする改正が行われた。さらに、③電子情報処理組織による登記申請の方法や登記事項証明書等の交付の請求方法について規定する第23条第２項及び④第25条第２項について、代表者の資格を証する書面である登記事項証明書は、それに代わる電子情報が存在しないこと及び電子認証登記所の電子証明書が使用された場合には代表者の資格を確認することができることを踏まえ、添付情報から除外されていたところ、上記の改正により添付省略が可能となることから、商業登記規則第102条第２項にならい、添付情報は同書面を含む書面申請の際に添付すべきものに代わる情報である旨の包括的な規定に改める改正が行われた。

13　後見登記等に関する省令の一部を改正する省令（令和６年法務省令第29号）による改正（令和６年４月18日施行）

令和６年には、後見登記等に関する省令について、①第12条（登記の方法）及び②第16条（職権による登記の抹消の際の公告の方法）の改正が行われた。これは、令和４年12月に開催された第６回デジタル臨時行政調査会において、「デジタル原則を踏まえたアナログ規制の見直しに係る工程表」が決定され、当該工程表において磁気ディスク等の記録媒体を指定する規制について見直しを行うこととされたことを踏まえ、行われたものである。

具体的には、①第12条について、見出しを「（登記の方法等）」と改めるとともに、登記の記録媒体を指定する規定について、クラウド等の最新のデジタル技術の活用を妨げるものではないことを明らかにするための解釈規定が置かれた。また、②第16条について、職権によって登記を抹消する場合に行う公告として、登記所内に抹消すべき事項等を掲示する方法だけでなく、ウェブサイトに掲載する方法も追加する等の改正が行われた。

第４　その他

１　成年被後見人等の権利の制限に係る措置の適正化等を図るための関係法律の整備に関する法律（令和元年法律第37号）による成年被後見人等の欠格条項の見直し（令和元年６月14日施行）

令和元年には、成年被後見人及び被保佐人の人権が尊重され、成年被後見人又は被保佐人であることを理由に不当に差別されないよう、国家公務員法等において定められている成年被後見人又は被保佐人に係る欠格条項その他の権利の制限に係る措置の適正化等を図ることを目的に、成年被後見人等の権利の制限に係る措置の適正化等を図るための関係法律の整備に関する法律（令和元年法律第37号。以下「欠格条項見直し整備法」という。）が制定された。

これは、成年被後見人や被保佐人を資格等から排除することについては、同程度の判断能力であっても成年後見制度を利用しない人がいる中で、成年後見制度の利用者のみが資格等から排除されるのは不合理であるとの指摘や欠格条項の存在が成年後見制度の利用を躊躇させる要因となっているとの指摘等があったことを踏まえ、成年後見制度を利用していることをもって資格等から一律に排除する扱いを改めることとし、187の法律について見直しを行ったものである。

具体的には、資格等について規定する各府省庁の所管法律において、資格等の欠格事由について、形式的に掲げられた「成年被後見人又は被保佐人」という条項を削除し、資格等に相応しい能力の有無を個別的・実質的に審査・判断するため、「心身の故障により業務を適正に行うことができない者として（所管）府省令で定めるもの」等とする個別審査の規定を整備し、運用することとされた。

なお、欠格条項見直し整備法の施行日については、原則として、①国家公務員法など、欠格条項を単純削除するのみで府省令等の整備の必要がないものは公布日（令和元年６月14日）、②府省令等の整備が必要なものは公布の日から３月を経過した日（令和元年９月14日）、③地方公共団体の条例等の整備、外部団体との調整が必要なものは公布の日から６月を経過した日（令和元年12月14日）等とされている。

２　１の成年被後見人等の欠格条項の見直しによる後見登記事務への影響等

後見登記に係る証明書には、①後見登記等ファイルに記録されている事項を証明する登記事項証明書と、②同ファイルに記録されていないことを証明する、登記されていないことの証明書の２つがある。

上記の欠格条項見直し整備法によって、登記されていないことの証明書の発行件数がどのように変化したのかを確認するに当たって用意したのが下図「登記事項証明書／ないこと証明書の発行件数等の推移」であるが、ここでは、平成27年度以降令和４年度までの①登記事項証明書と②登記されていないことの証明書の発行件数を棒グラフで表すとともに（単位は図の左側）、参考で登記事件数の推移も折れ線グラフで表している（単位は図の右側）。

登記されていないことの証明書の発行件数に関して、欠格条項見直し整備法の施行によって、成年被後見人又は被保佐人でないことを証明する必要がなくなった前後の関係について令和２年度を基準に分け、直前の平成27年度から令和元年度までの５年の平均（1,368,318件）と、令和２年度以降令和４年度までの３年の平均（925,600件）とを比べると、件数にして約３分の２（67%）に減少しており、欠格条項の見直しにより、登記されていないことの証明書のニーズが減少したことを反映する結果となった。

一方、登記事件数が平成29年度から増加傾向にあることもあり、登記事項証明書については、平成30年度から減少することなく、直近５か年では増加が続いている。

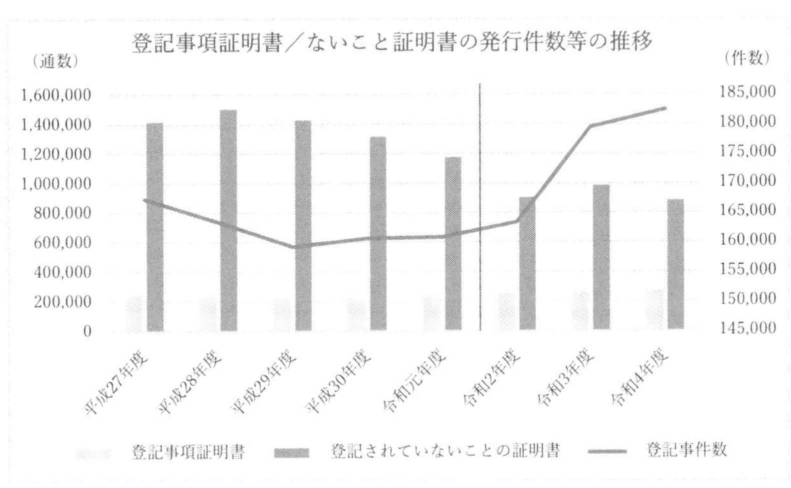

	平成27年度	平成28年度	平成29年度	平成30年度	令和元年度	令和２年度	令和３年度	令和４年度
登記事件数（件）	167,261	163,447	159,221	160,648	160,807	163,374	179,421	182,490
登記事項証明書（通）	240,426	235,103	225,776	224,604	227,558	253,632	255,732	268,310
登記されていないことの証明書（通）	1,416,906	1,504,324	1,427,274	1,316,489	1,176,595	905,555	985,560	885,684

第４章　後見登記等に関する主な先例要旨

平成12年４月１日に後見登記等に関する法律が施行されて以来、東京法務局を中心に後見登記等に関する事務が行われてきたところ、本章では、実務的に参考となり得る29の先例の要旨を紹介することとしたい。

第１　後見等の登記について

〔先例１〕嘱託書に従い登記を完了させた後、審判の確定年月日の誤り（登記完了日より後の日付）が発見された場合には、職権で登記を抹消しなければならない。（平成22年４月16日付け回答）

（説明）

嘱託書に従い登記を完了させた後、審判の確定年月日が異なることが判明した場合、「事件が登記すべきものでないとき」（令第７条第１号）に該当することから、職権で登記を抹消しなければならない。なお、正しい登記をするためには、正しい審判の確定年月日を示した再度の登記の嘱託が必要である。

〔先例２〕２名いる保佐人のうち１名のみに代理権を行使させる事務分掌の定めがある保佐開始の審判に基づく登記の嘱託については、これを受理し、登記することができる。

（平成28年９月８日付け回答）

（説明）

代理権及び同意権は保佐人個人に付与される権限ではなく、保佐人の職務に付与された権限とみるべきであり、保佐人が複数選任された場合に、保佐人全体で代理権及び同意権をどのように分掌するかは、家庭裁判所が職権によって定めることができる。

〔先例３〕保佐人又は補助人に法人の役員の辞任に係る意思表示を委任する定めがある保佐開始又は補助開始の審判に基づく登記の嘱託については、これを受理し、登記することができる。

（令和３年７月５日付け回答）

（説明）

成年後見人は、本人に代わり法人の役員の辞任の意思表示を行うことができるとされているところ（令和３年１月29日付け民商第14号民事局長通達）、保佐人又は補助人は付与された代理権の範囲で被保佐人又は被補助人を代理する法定代理人であることを踏まえると保佐人又は補助人に法人の役員の辞任に係る代理権を付与できないものとはいえず、そのような定めがあるのであれば、登記して差し支えない。

第２　任意後見契約の登記について

【任意後見契約の登記（法第５条関係）】

〔先例４〕任意後見契約において、契約の効力発生時を「委任者の弟が死亡した後、任意後見監督人が選任されたとき」と定めた契約は無効であり、これを登記することはできない。

（平成14年11月28日付け回答）

（説明）

任意後見契約において、契約の効力発生時を「委任者の弟が死亡した後、任意後見監督人が選任されたとき」と定めることは、本人の能力の減退如何にかかわらず、任意後見契約の効力発生に、任意後見監督人の選任以外の条件を付すものであって任意後見契約法第２条第１号に反し無効であることから、登記できない。

〔先例５〕任意後見契約において、任意後見受任者を予備的に定め、これを登記することはできない。　（令和３年４月16日付け回答）

（説明）

任意後見契約の効力発生について任意後見監督人の選任以外の条件を付すものは、任意後見契約法第２条第１号に反し無効である。もっとも、複数の任意後見受任者を定め、任意後見契約の効力発生条件を任意後見監督人の選任時とした上で、任意後見受任者につき家庭裁判所に対し任意後見監督人選任を申し立てる順番を定めることについては問題はないと考えられる。

〔先例６〕「被後見人甲の事理弁識能力が低下した場合において、任意後見人乙が死亡等により任意後見人としての職務の遂行が困難であるとき、任意後見人丙は、丙について任意後見監督人の選任を請求しなければならない」との定めがある任意後見契約については、登記上、乙及び丙の両名を任意後見受任者とし、任意後見受任者につき家庭裁判所に対し任意後見監督人選任を申し立てる順番を定めるものに過ぎないと解されることから、これを登記することができる。　（令和４年９月15日付け回答）

（説明）

任意後見契約の効力発生に、任意後見監督人の選任以外の条件を付すものは、任意後見契約法第２条第１号に反し無効である。もっとも、複数の任意後見受任者を定め、任意後見契約の効力発生条件を任意後見監督人の選任時とした上で、任意後見受任者につき家庭裁判所に対し任意後見監督人選任を申し立てる順番を定めることについては問題はないと考えられる。

〔先例７〕弁護士法人を受任者とする任意後見契約において、「代理権は契約発行時に所属している弁護士（社員）に付与する」と定めることは可能であり、登記することができる。
（平成18年３月14日付け回答）

（説明）

受任者が弁護士法人である場合、任意後見契約の効力発生時において受任者として具体的に活動できるのは、その時点の社員である。

〔先例８〕任意後見契約において、「受任者の報酬を同人が所属する弁護士事務所の報酬規定によるとする」と定めることは可能であり、登記することができる。　（令和４年12月６日付け回答）

（説明）

任意後見契約の受任者の具体的な報酬について、受任者が一方的に契約条項を変更して決定するのではなく、あらかじめ委任者との合意に基づいて契約条項を変更することなく決せられるものであることから、当該定めについては問題はないと考えられる。

〔先例９〕成年被後見人として登記されている者について任意後見契約の登記の嘱託があった場合でも、却下することを要しない。
（平成25年12月２日付け回答）

（説明）

成年後見開始の審判を受けた者がした法律行為であっても、行為当時、成年被後見人に意思能力があれば、その後当該法律行為が取り消されない限り、当該法律行為は有効であると解されているところ、任意後見契約締結時に意思能力があったかどうかは登記官において判断することができないことから、令第７条第１号に該当するとして、これを却下することを要しない。

〔先例10〕共同行使の定めのある任意後見契約において任意後見契約の発効後に受任者の一部が欠けても契約は終了しないとする特約のある契約は、登記することができる。（令和２年２月20日付け回答）

（説明）

特約によって任意後見契約を存続させるという当事者の合意を尊重するという観点から、代理権の共同行使の特約目録に当該特約を記載した上で、登記するのが合理的である。なお、当該特約がなければ、一部受任者に契約の終了事由が生じた場合には、申請に基づいて終了の登記を行うこととなる。

〔先例11〕法人の役員の辞任に係る意思表示を委任する定めがある任意後見契約の登記の嘱託については、これを受理し、登記することができる。（令和４年12月６日付け回答）

（説明）

成年後見人は、本人に代わり法人の役員の辞任の意思表示を行うことができるとされているところ（令和３年１月29日付け民商第14号民事局長通達）、法定後見で代理可能な事項については任意後見においても代理可能であると考えられる。任意後見契約の内容として財産の管理が含まれており、法人の役員の辞任に係る代理権を付与できないものとはいえず、そのような定めがあるのであれば、登記して差し支えない。

【代理権目録】

〔先例12〕委任者に代わり委任者の子を介護する事項が代理権目録に記載された任意後見契約の嘱託は受理することができない。
（平成21年６月３日付け回答）

（説明）

子の介護は法律行為ではなく事実行為であって「自己の生活、療養看護及び財産の管理に関する事務」（任意後見契約法第２条第１号）に該当しないため、任意後見契約の代理権目録に記載することはできない。

〔先例13〕委任者の子の税務申告に必要な書類を保管管理する事項が代理権目録に記載された任意後見契約の嘱託は受理することができない。
（平成21年６月３日付け回答）

（説明）

委任者本人ではなく子が所有する書類の管理については、「自己の生活、療養看護及び財産の管理に関する事務」（任意後見契約法第２条第１号）に該当しないため、任意後見契約の代理権目録に記載することはできない。

【同意を要する特約目録】

〔先例14〕代理権目録に含まれない事項について、同意を要する特約目録に記録することを求める任意後見契約の登記の嘱託は、受理できない。
（平成25年11月15日付け回答）

（説明）

同意を要する特約目録に記録することができる事項は、代理権目録に含まれる事項でなければならないことから、当該の嘱託は、令第７条第６号により却下される。

【終了の登記（法第８条関係）】

〔先例15〕任意後見契約における当事者の一方からする解除の意思表示の到達を証する書面には、配達証明書付内容証明郵便の謄本のほか、裁判所執行官による送達の完了を証する送達報告書（内容についての証明も要する）も該当し、これを登記の事由を証する書面とすることができる。　（平成14年11月28日付け回答）

（説明）

解除の意思表示をした書面であるとの内容についての証明が含まれた裁判所執行官による送達の完了を証する送達報告書（執行官法原始附則第９条第１項、本則第２条及び第18条）の提出があれば、相手方に解除の意思表示が到達したことが明らかであることから、解除の意思表示の到達を証する書面とすることができる。

〔先例16〕任意後見契約における当事者の一方からする解除の意思表示の到達を証する書面には、配達証明書付内容証明郵便の謄本が該当するが、解除の意思を示した書面を受領したことにつき相手方が署名又は記名かつ実印を押印した書面に加え、実印についての印鑑証明書が提出された場合には、解除の意思表示の到達を証する書面とすることができる。　（平成29年６月２日付け回答）

（説明）

上記書面によって、相手方に解除の意思表示が到達したことが明らかになることから、解除の意思表示の到達を証する書面とすることができる。

〔先例17〕任意後見契約における当事者の一方からする解除の意思表示について、相手方が受領を拒絶した場合であっても、配達証明書付内容証明郵便の謄本、封筒（写し）及び郵便追跡サービスの結果を示した書面の提出があったときには、受領拒絶の日をもって終了の登記をして差し支えない。

（令和３年８月17日付け回答）、（令和４年４月８日付け回答）

（説明）

相手方が正当な理由なく意思表示の通知が到達することを妨げたときは、通常到達すべきであったときに到達したものとみなされることから（民法第97条第２項）、通知の内容について了知可能となった受領拒絶の日に解除の意思表示が到達したものとして、終了の登記を行うことは問題ない。

〔先例18〕「送達指定場所に臨んだところ不在により中止、返還する」旨の付箋が貼付され、職印が押印された裁判所執行官の送達報告書を添付してされた任意後見契約の解除に基づく終了の登記の申請は、受理することができない。　（平成20年５月23日付け回答）

（説明）

上記の送達報告書によっては、任意後見契約解除の意思表示が相手方に到達していることが確認できず、任意後見契約は解除されているとはいえない。

〔先例19〕任意後見契約の一方的解除による終了の登記において、解除証書に記載した相手方の住所と登記簿上の住所が相違する場合には、ほかに解除の意思表示をした書面が相手方に到達したことを証する書面の添付がない限り、任意後見契約の終了の登記の申請は却下される。（平成22年８月11日付け回答）

（説明）

解除証書とされる書面に記載した相手方の住所と登記簿上の住所が相違する場合には、当該書面だけでは、解除の意思表示が相手方に到達したことが明らかでないことから、他に相手方に到達したことを証する書面が追完されない限り、登記の申請は、登記申請に必要な書面が添付されないとして令第７条第５号により却下される。

〔先例20〕任意後見受任者である法人が清算結了した場合には、任意後見契約の終了の登記を申請しなければならない。（平成22年10月22日付け回答）

（説明）

任意後見受任者である法人が清算結了した場合には、任意後見契約を実施することができなくなることから、任意後見契約の終了の登記の申請をする必要がある。この場合、清算法人の代表者又は任意後見契約の委任者本人が行うこととなる。

〔先例21〕任意後見監督人の選任前に、任意後見契約の委任者の代理人と任意後見受任者とが署名押印し、公証人の認証を受けた合意解除書は、公証人の認証を受けた書面（任意後見契約法第９条第１項）に該当し、任意後見契約の終了の登記をすることができる。

（平成23年２月９日付け回答）

（説明）

任意後見契約の委任者に解除の意思があること、合意解除の署名押印につき委任者が代理人に委任していることについて公証人が確認している合意解除書については、公証人の認証を受けた書面ということができる。

〔先例22〕複数の任意後見受任者による共同行使の定めのある任意後見契約について、一方的な解除を理由とした任意後見契約の終了の登記においては、解除の意思表示をするのが委任者である場合には全ての任意後見受任者に対して、任意後見受任者である場合には委任者及び他の全ての任意後見受任者に対して、それぞれ解除の意思表示を記載した書面が到達したことを証する書面を添付する必要がある。　（平成23年12月６日付け回答）

（説明）

複数人を当事者とする契約を合意で解除するためには、関係者全員に対し、解除の意思表示が到達している必要がある。

〔先例23〕任意後見契約において、「委任者が事務処理能力を欠く常況となった場合に受任者が速やかに任意後見監督人の選任を請求しないとき、任意後見契約は終了する」と定めることは可能であり、登記することは差し支えない。　（令和４年９月15日付け回答）

（説明）

任意後見契約法第９条第１項は、契約の解除の際に公証人を関与させることにより当事者の真意に基づく解除であることを担保することを趣旨とするものであるが、一定の場合に当然終了する事由を定めることは同項の趣旨に反するものではない。なお、本件条項は、常に客観的に疎明できる条件ではないため、望ましくないが、当該条項を根拠として終了の登記が申請された場合は、提出された資料を精査した上で、受理・不受理を決定すべきである。

第３　登記事項証明書の交付請求について

〔先例24〕登記事項証明書の交付請求があった場合において、登記はされていないものの成年被後見人又は任意後見契約の本人が死亡したことが判明したときには、登記事項証明書を交付することができない。
（平成27年２月10日付け回答）

（説明）

現に登記されている事項としては、成年被後見人又は任意後見契約の本人が死亡していないこととなっていることから、事実に反した内容を証明することとなる登記事項証明書を交付することはできない。この場合、終了の登記がされる必要があることから（法第８条第１項及び第２項）、登記窓口では、終了の登記を申請するよう関係者に促すこととなる。

〔先例25〕訴訟上の特別代理人（民事訴訟法第35条）は、本人の代理人として登記事項証明書の交付請求をすることができる。
（平成22年７月５日付け回答）

（説明）

訴訟上の特別代理人（民事訴訟法第35条）の代理権には、登記事項証明書の交付請求の代理を含んでいると考えられる。

〔先例26〕利益相反行為に関する特別代理人（民法第826条）は、その代理権の範囲に含まれる場合に限り、登記事項証明書の交付請求をすることができる。（平成22年７月５日付け回答）

（説明）

利益相反行為に関する特別代理人（民法第826条）の代理権には、当然には登記事項証明書の交付請求の代理を含んでいないと考えられることから、代理権の範囲に含まれるかどうかを確認する必要がある。

〔先例27〕成年後見人は、成年被後見人が有する登記事項証明書の交付請求（例えば別の成年被後見人の４親等内の親族として行う登記事項証明書の交付請求）を代理行使することができる。

（平成25年12月11日付け回答）

（説明）

成年後見人には、成年被後見人の財産を管理するために必要な一切の行為をする権限が与えられていることから、成年被後見人の登記事項証明書の交付請求を代理行使することができる。

〔先例28〕オンライン申請による登記事項証明書の交付請求においては、当該登記事項証明書の送付先を申請者があらかじめ指定した宛先とすることができる。例えば、法人である成年後見人は、登記事項証明書について法人の社員宛てに送付する希望があることを明らかにしてオンライン申請により登記事項証明書の交付を請求することができる。（平成23年４月28日付け回答）

（説明）

オンライン申請については、電子署名によって申請人の存在及びその意思を確認することができることから、申請権限がある者があらかじめ指定した宛先に登記事項証明書の送付を希望する場合、これに応じることは問題がない。

〔先例29〕任意後見受任者である士業者の法人に所属する社員から登記事項証明書の交付請求があった場合には、当該社員が当該法人の業務として請求していることを確認できれば、登記事項証明書を交付することができる。　（令和４年２月18日付け回答）

（説明）

任意後見受任者である士業者の法人の代表社員からの請求でなくても、当該法人の業務として登記事項証明書の交付請求がされていることが確認できれば、登記事項証明書を交付することは問題がない。

第5章　資料編

1　各種通達

後見登記等に関する事務の取扱いについて

（平成24年12月14日付け法務省民一第3500号法務局長、地方法務局長宛て法務省民事局長通達
最終改正　令和６年３月29日法務省民一第913号）

（通達）後見（後見開始の審判により開始するものに限る。以下同じ。）、保佐及び補助に関する登記並びに任意後見契約の登記（以下「後見登記等」と総称する。）に関する事務については、下記のとおり取り扱い、実施することとしますので、これを了知の上、後見登記等に関する事務を取り扱う登記官及びその他関係職員に周知方取り計らい願います。

なお、本通達中、「法」とあるのは「後見登記等に関する法律（平成11年法律第152号）」を、「令」とあるのは後見登記等に関する政令（平成12年政令第24号）を、「省令」とあるのは後見登記等に関する省令（平成12年法務省令第２号）をいいます。

記

第１　登記の嘱託又は申請の手続

１　後見等の登記

(1)　登記すべき事項

後見、保佐又は補助（以下「後見等」と総称する。）の登記の登記すべき事項は、以下のとおりである（法第４条第１項）。

①　後見等の種別、開始の審判をした裁判所、その審判の事件の表示及び確定の年月日

②　成年被後見人、被保佐人又は被補助人（以下「成年被後見人等」と総称する。）の氏名、出生の年月日、住所及び本籍（外国人にあっては、国籍）

住所とは、住民票上の住所をいう（以下同じ。）。

③　成年後見人、保佐人又は補助人（以下「成年後見人等」と総称する。）の氏名又は名称（法人の登記簿上の名称又は商号をいう。以下同じ。）及び住所（法人にあっては、登記簿上の主たる事務所又は本店の所在地をいう。以下同じ。）

④　成年後見監督人、保佐監督人又は補助監督人（以下「成年後見監督人等」と総称する。）が選任されたときは、その氏名又は名称及び住所

⑤　保佐人又は補助人の同意を得ることを要する行為が定められたときは、その行為

⑥　保佐人又は補助人に代理権が付与されたときは、その代理権の範囲

⑦　数人の成年後見人等又は数人の成年後見監督人等が、共同して又は事務を分掌して、その権限を行使すべきことが定められたときは、その定め

⑧　後見等が終了したときは、その事由及び年月日

⑨　家事事件手続法（平成23年法律第52号。以下「家事法」という。）第127条第１項（同条第５項並びに同法第135条及び第144条において準用する場合を含む。）の規定により成年後見人等又は成年後見監督人等の職務の執行を停止する審判前の保全処分がされたときは、その旨

⑩　⑨の規定により成年後見人等又は成年後見監督人等の職務代行者を選任する審判前の保全処分がされたときは、その氏名又は名称及び住所

⑪　登記番号

(2)　後見等の開始の審判に基づく登記

ア　嘱託者及び嘱託の事由

裁判所書記官は、後見等の開始の審判（即時抗告があった場合の「裁判」を含む。以下同じ。）が確定したときは、その審判に基づく登記の嘱託を行うこととされた（家事法第116条、家事事件手続規則（平成24年最高裁判所規則第８号。以下「家事規則」という。）第77条第１項第１号）。

イ　嘱託の方式

(ア)　登記の嘱託は、嘱託書に次に掲げる事項を記載し、裁判所書記官が記名押印しなければならないこととされた（令第４条第２項、家事規則第77条第４項第１号、第３号から第８号まで）。

①　成年被後見人等の氏名、出生の年月日、住所及び本籍（外国人にあっては、国籍）

②　登記の事由

③　登記すべき事項

④　嘱託の年月日

⑤　裁判所書記官の氏名及び所属裁判所

⑥　登記所の表示

⑦　登記手数料の額

(イ)　後見等の開始の審判と同時にされた成年後見人等若しくは成年後見監督人等の選任の審判、保佐人若しくは補助人の同意を得なければならない行為の定めの審判、保佐人若しくは補助人に対する代理権の付与の審判又は成年後見人等若しくは成年後見監督人等の権限の行使についての定めの審判については、これらの審判の確定日が後見等の開始の審判の確定日と同日であるときは、(ア)の嘱託書にこれらの審判に係る登記の事由及び登記すべき事項を記載して、１個の嘱託書で登記の嘱託をすることができる。

(ウ)　嘱託書を送付するときは、書留郵便又は民間事業者による信書の送達に関する法律（平成14年法律第99号）第２条第６項に規定する一般信書便事業者若しくは同条第９項に規定する特定信書便事業者による同条第２項に規定する信書便（以下「信書便」という。）の役務であって当該一般信書便事業者若しくは当該特定信書便事業者（以下「当該信書便事業者」という。）において引受け及び配達の記録を行うものによらなければならない（令第４条第２項、省令第８条）。

ウ　添付書面

嘱託書に添付すべき登記の事由を証する書面（家事規則第77条第５項）は、審判書又は裁判書の謄本である。

(3)　変更の登記

ア　嘱託による登記

(ア)　嘱託者及び嘱託の事由

裁判所書記官は、後見等の開始の審判が確定した後に、次に掲げる事由により、登記された(1)③から⑦までのいずれか若しくは⑨又は⑩の事項に変更が生じたとき（新たにこれらの事項を登記すべき場合を含む。以下同じ。）は、その旨の変更の登記の嘱託を行うこととされた（家事法第116条、家事規則第77条第１項、第２項第２号）。

①　成年後見人等又は成年後見監督人等の選任若しくは解任の審判又は辞任についての許可の審判の確定

②　保佐人又は補助人の同意を得なければならない行為の定めの審判又はその取消しの審判の確定

③　保佐人又は補助人に対する代理権の付与の審判又はその取

消しの審判の確定

④　成年後見人等又は成年後見監督人等の権限の行使についての定めの審判又はその取消しの審判（民法第859条の２第１項又は第２項（これらの規定を同法第852条において準用する場合を含む。）の規定による審判をいう。）の確定

⑤　成年後見人等又は成年後見監督人等の職務の執行を停止し、又はこれらの者の職務代行者を選任し、若しくは改任する審判前の保全処分が発効し、又は効力を失った場合

(イ)　嘱託の方式

a　登記の嘱託は、嘱託書に登記すべき事項を記録すべき登記記録の登記番号を記載することとされた（家事規則第77条第４項第２号）ほか、(2)イ(ア)及び(ウ)に準ずる。

b　同一の登記記録に係る数個の変更の登記の嘱託を同時にするときは、１個の嘱託書で登記の嘱託をすることができる（令第４条第２項、省令第７条第１項）。

(ウ)　添付書面

嘱託書に添付すべき登記の事由を証する書面（家事規則第77条第５項）は、審判書又は裁判書の謄本である。

ただし、本案の審判又は審判前の保全処分の申立て等の取下げにより、(ア)⑤の審判前の保全処分が効力を失ったときは、当該取下書の謄本である。

イ　申請による登記

(ア)　申請人及び申請の事由

a　次に掲げる者は、登記された次に掲げる事項に変更が生じたことを知ったときは、嘱託による登記がされる場合を除き、変更の登記を申請しなければならない（法第７条第１項第１号、第２号）。

① 成年被後見人等、成年後見人等及び成年後見監督人等　⑴②から④までの事項

なお、成年後見人等若しくは成年後見監督人等が死亡した場合又はこれらの者について破産等の欠格事由が生じた場合も、これらの事項の変更に該当する。

② 成年被後見人等並びに成年後見人等、成年後見監督人等及びこれらの者の職務代行者　⑴⑩の事項

b　成年被後見人等の親族その他の利害関係人は、ａに掲げる事項に変更が生じたときは、嘱託による登記がされる場合を除き、変更の登記を申請することができる（法第７条第２項）。

⑴ 申請の方式

a　登記の申請は、申請書に次に掲げる事項を記載し、申請人又はその代表者若しくは代理人が記名しなければならない（令第５条第２項）。

① 申請人の氏名又は名称及び住所並びに申請人の資格

② 代理人によって申請するときは、その氏名及び住所

③ 登記の事由

④ 登記すべき事項

⑤ 変更に係る登記記録を特定するために必要な事項で法務省令で定めるもの

この法務省令で定める事項は、成年被後見人等の氏名のほか、⒜成年被後見人等の出生の年月日及び住所又は本籍（外国人にあっては、国籍）、⒝登記番号のいずれかの事項である（令第５条第２項第５号、省令第６条）。

⑥ 申請の年月日

⑦ 登記所の表示

b　同一の登記記録に係る数個の変更の登記の申請を同時にす

るときは、1個の申請書で登記の申請をすることができる（省令第7条第1項）。

c　申請書を送付するときは、書留郵便又信書便の役務であって当該信書便事業者において引受け及び配達の記録を行うものによらなければならない（省令第8条）。

(ウ)　添付書面

a　登記申請書に添付すべき書面は、以下のとおりである（令第6条及び省令第10条）。

①　申請人が法人であるときは、代表者の資格を証する書面

②　代理人によって申請するときは、その権限を証する書面

①又は②の書面で官庁又は公署が作成したものは、その作成後3か月以内のものに限る（省令第10条第2項）。

③　登記の事由を証する書面

成年被後見人等又は成年後見人等、成年後見監督人等若しくはこれらの者の職務代行者についての戸籍謄本等、住民票の写し、登記事項証明書（商業登記法（昭和38年法律第125号）第10条第1項（他の法令において準用する場合を含む。）に規定する登記事項証明書をいう。d、第3の1(4)ア②及び③並びに第4の2(1)イ及び3(1)イにおいて同じ。）等である。

b　申請書に添付した書面（当該申請のためにのみ作成された委任状その他の書面を除く。）については、申請人から原本と相違ない旨を記載した謄本の提出を受けて原本の還付の請求があった場合には、登記官は、当該謄本と当該請求に係る書面の原本を照合し、これらの内容が同一であることを確認した上、当該謄本に原本還付の旨を記載し、押印の上、当該請求に係る書面の原本を還付するものとする。なお、原本の

還付は、その請求をした者の申出により、原本を送付する方法によることができる。

ただし、偽造された書面その他の不正な登記の申請のために用いられた疑いがある書面については、これを還付しないものとする。

c　同時に数個の登記の申請をする場合において、各申請書に添付すべき書面に内容が同一であるものがあるときは、１個の申請書のみに１通を添付すれば足りる（省令第７条第２項）。この場合には、他の各申請書にその旨を付記しなければならない（同条第３項）。

d　変更の登記及び終了の登記の申請書に登記事項証明書の添付を要する場合（省令第10条第１項各号）において、登記官が情報通信技術を活用した行政の推進等に関する法律（平成14年法律第151号）第11条により情報通信技術を活用した行政の推進等に関する法律施行令（平成15年政令第27号）第５条の表の第三号イ⑴又は⑶に規定する事項の提供を受けて、法人の登記情報を確認することができるときは、当該書面の添付を要しないものとする。

e　変更の登記の申請書には、登記の事由を証する書面を添付しなければならず（令第６条第３号、省令第10条第１項第３号）、成年被後見人等又は成年後見人等、成年後見監督人等若しくはこれらの者の職務代行者に係る住所の変更の登記又は成年後見人等、成年後見監督人等若しくは職務代行者の死亡の登記を申請する場合には住民票の写し等を添付することとなるが、登記官が住民基本台帳法（昭和42年法律第81号）第30条の９の規定により同法第30条の６第１項に規定する本人確認情報の提供を受けて、住所の変更の事実等を確認することができるときは、当該書面の添付を要しないものとする。

⑷　終了の登記

ア　嘱託による登記

㈠　嘱託者及び嘱託の事由

裁判所書記官は、後見等の開始の審判の取消しの審判が確定したときは、その審判に基づく登記の嘱託を行うこととされた（家事法第116条、家事規則第77条第１項第１号）。

㈡　嘱託の方式

登記の嘱託の方式は、⑶ア㈡ａに準ずる。

㈢　添付書面

嘱託書に添付すべき登記の事由を証する書面（家事規則第77条第５項）は、審判書又は裁判書の謄本である。

イ　申請による登記

㈠　申請人及び申請の事由

ａ　成年後見人等又は成年後見監督人等は、成年被後見人等が死亡したことを知ったときは、終了の登記を申請しなければならない（法第８条第１項）。

ｂ　成年被後見人等の親族その他の利害関係人は、成年被後見人等が死亡したときは、終了の登記を申請することができる（法第８条第３項）。

㈡　申請の方式

登記の申請の方式は、⑶イ㈡ａ及びｃに準ずる。

この場合の登記すべき事項は、成年被後見人等が死亡したこと及びその年月日である（法第４条第１項第８号）。

㈢　添付書面

ａ　登記申請書に添付すべき書面は、⑶イ㈢ａ、ｂ及びｄに準ずる。

b　終了の登記の申請書には、登記の事由を証する書面を添付しなければならず（令第6条第3号）、成年被後見人等の死亡による終了の登記の申請をする場合には戸籍謄本等、除籍謄本等、死亡診断書又は法定相続情報一覧図の写しを添付することとなるが、登記官が住民基本台帳法第30条の9の規定により同法第30条の6第1項に規定する本人確認情報の提供を受けて、死亡の事実を確認することができるときは、当該書面の添付を要しないものとする。

2　後見命令等の登記

(1)　登記すべき事項

後見命令等（家事法第126条第2項、第134条第2項及び第143条第2項の規定による審判前の保全処分をいう。以下同じ。）の登記の登記すべき事項は、以下のとおりである（法第4条第2項）。

①　後見命令等の種別、審判前の保全処分をした裁判所、その審判前の保全処分の事件の表示及び発効の年月日

②　財産の管理者の後見、保佐又は補助を受けるべきことを命ぜられた者（以下「後見命令等の本人」と総称する。）の氏名、出生の年月日、住所及び本籍（外国人にあっては、国籍）

③　財産の管理者の氏名又は名称及び住所

④　補助命令の審判（家事法第143条第2項の規定による審判）において、財産の管理者の同意を得ることを要するものと定められた行為

⑤　後見命令等が効力を失ったときは、その事由及び年月日

⑥　登記番号

(2)　後見命令等の審判に基づく登記

ア　嘱託者及び嘱託の事由

裁判所書記官は、後見命令等が効力を生じたときは、その審判

に基づく登記の嘱託を行うこととされた（家事法第116条、家事規則第77条第２項第１号）。

イ　嘱託の方式

登記の嘱託の方式は、１⑵イ㈠及び㈢に準ずる。

ウ　添付書面

嘱託書に添付すべき登記の事由を証する書面（家事規則第77条第５項）は、審判書又は裁判書の謄本である。

⑶　変更の登記

ア　嘱託による登記

㈠　嘱託者及び嘱託の事由

裁判所書記官は、後見命令等が効力を生じた後に、財産の管理者を改任する審判前の保全処分が効力を生じたときは、その旨の変更の登記の嘱託を行うこととされた（家事法第116条、家事規則第77条第２項第１号）。

㈡　嘱託の方式

登記の嘱託の方式は、１⑶ア㈡に準ずる。

㈢　添付書面

嘱託書に添付すべき登記の事由を証する書面（家事規則第77条第５項）は、審判書又は裁判書の謄本である。

イ　申請による登記

㈠　申請人及び申請の事由

a　後見命令等の本人又は財産の管理者は、登記された⑴②又は③の事項に変更が生じたことを知ったときは、嘱託による登記がされる場合を除き、その旨の変更の登記を申請しなければならない（法第７条第１項第３号）。

なお、財産の管理者が死亡したときは、改任の審判がされ、これに基づく登記の嘱託がされることから、その死亡を事由とする変更の登記の申請がされることはない。

b　後見命令等の本人の親族その他の利害関係人は、登記された⑴②又は③の事項に変更が生じたときは、嘱託による登記がされる場合を除き、変更の登記を申請することができる(法第７条第２項)。

㈠　申請の方式

登記の申請の方式は、１⑶イ㈠に準ずる。

㈡　添付書面

登記申請書に添付すべき書面は、１⑶イ㈡に準ずる。

⑷　終了の登記

ア　嘱託者及び嘱託の事由

裁判所書記官は、後見命令等が効力を失ったときは、終了の登記の嘱託を行うこととされた（家事法第116条、家事規則第77条第２項第１号)。

イ　嘱託の方式

登記の嘱託の方式は、１⑶ア㈠ａに準ずる。

ウ　添付書面

嘱託書に添付すべき登記の事由を証する書面（家事規則第77条第５項）は、審判書又は裁判書の謄本である。

ただし、本案又は後見命令等の申立て等の取下げにより後見命令等の審判が効力を失った場合においては当該取下書の謄本が添付書面となる。また、後見命令等の本人の死亡により後見命令等の審判が効力を失った場合においては、除籍謄本等、死亡診断書又は法定相続情報一覧図の写し等の死亡を証する書面が添付書面となる。

３　任意後見契約の登記

⑴　登記すべき事項

任意後見契約の登記の登記すべき事項は、以下のとおりである（法第５条）。

① 任意後見契約に係る公正証書を作成した公証人の氏名及び所属並びにその証書の番号及び作成の年月日
② 任意後見契約の委任者（以下「任意後見契約の本人」という。）の氏名、出生の年月日、住所及び本籍（外国人にあっては、国籍）
③ 任意後見受任者又は任意後見人の氏名又は名称及び住所
④ 任意後見受任者又は任意後見人の代理権の範囲（代理権の行使につき、任意後見契約の本人又は第三者の同意（承認）を要する旨の特約が付されているときは、その特約に関する事項を含む。）
⑤ 数人の任意後見人が共同して代理権を行使すべきことを定めたときは、その定め
⑥ 任意後見監督人が選任されたときは、その氏名又は名称及び住所並びにその選任の審判の確定の年月日
⑦ 数人の任意後見監督人が、共同して又は事務を分掌して、その権限を行使すべきことが定められたときは、その定め
⑧ 任意後見契約が終了したときは、その事由及び年月日
⑨ 家事法第225条において準用する同法第127条第１項の規定により任意後見人又は任意後見監督人の職務の執行を停止する審判前の保全処分がされたときは、その旨
⑩ ⑨の規定により任意後見監督人の職務代行者を選任する審判前の保全処分がされたときは、その氏名又は名称及び住所
⑪ 登記番号

⑵ 任意後見契約の締結の登記

ア 嘱託者及び嘱託の事由

公証人は、任意後見契約の公正証書を作成したときは、登記の嘱託をしなければならない（公証人法第57条の３第１項）。

イ　嘱託の方式

登記の嘱託は、嘱託書に次に掲げる事項を記載し、公証人が記名する（令第４条第２項、第５条第２項）ほか、平成12年３月13日付け法務省民一第634号当職通達の記第２の４による。

①　公証人の氏名、住所及び資格

②　登記の事由

③　手数料の額

④　嘱託の年月日

⑤　登記所の表示

ウ　添付書面

嘱託書に添付すべき書面は、任意後見契約の公正証書の謄本である（公証人法第57条の３第２項）。

⑶　変更の登記

ア　嘱託による登記

㋐　嘱託者及び嘱託の事由

裁判所書記官は、任意後見契約の締結がされた後に、次に掲げる事由により、登記された⑴⑥、⑦、⑨又は⑩の事項に変更が生じたときは、その旨の変更の登記の嘱託を行うこととされた（家事法第116条、家事規則第77条第１項第３号から第６号まで、第２項第２号、第３号）。

①　任意後見契約の効力を発生させるための任意後見監督人の選任の審判、任意後見監督人が欠けた場合若しくは任意後見監督人を更に選任する場合における任意後見監督人の選任の審判又は任意後見監督人の辞任についての許可若しくは解任の審判の確定

②　任意後見監督人の権限の行使についての定めの審判又はその取消しの審判（任意後見契約に関する法律（平成11年法律

第150号。以下「任意後見契約法」という。）第７条第４項において準用する民法第859条の２第１項又は第２項の規定による審判をいう。）の確定

③　任意後見監督人の職務の執行を停止し、又はその職務代行者を選任し、若しくは改任する審判前保全処分が発効し、又は効力を失った場合

④　任意後見人の職務の執行を停止する審判前の保全処分が発効し、又は効力を失った場合

(イ)　嘱託の方式

登記の嘱託の方式は、１(3)ア(イ)に準ずる。

(ウ)　添付書面

嘱託書に添付すべき登記の事由を証する書面（家事規則第77条第５項）は、審判書又は裁判書の謄本である。

ただし、本案の審判又は保全処分の申立て等の取下げにより、(ア)④の審判前の保全処分が効力を失ったときは、当該取下書の謄本である。

イ　申請による登記

(ア)　申請人及び申請の事由

a　次に掲げる者は、登記された次に掲げる事項に変更が生じたことを知ったときは、嘱託による登記がされる場合を除き、変更の登記を申請しなければならない（法第７条第１項第４号、第５号）。

①　任意後見契約の本人、任意後見受任者、任意後見人及び任意後見監督人　(1)②、③及び⑥の事項

なお、任意後見監督人が死亡した場合又は任意後見監督人について破産等の欠格事由が生じた場合も、これらの事項の変更に該当する。

②　任意後見契約の本人、任意後見受任者、任意後見人、任意後見監督人及び任意後見監督人の職務代行者　⑴⑩の事項

b　任意後見契約の本人の親族その他の利害関係人は、ａに掲げる事項に変更が生じたときは、嘱託による登記がされる場合を除き、変更の登記を申請することができる（法第７条第２項）。

㈠　申請の方式

登記の申請の方式は、１⑶イ㈠に準ずる。

㈡　添付書面

登記申請書に添付すべき書面は、１⑶イ㈡に準ずる。

⑷　終了の登記

ア　嘱託による登記

㈦　嘱託者及び嘱託者の事由

裁判所書記官は、次に掲げる事由が生じたときは、終了の登記の嘱託を行うこととされた（家事法第116条、家事規則第77条第１項第５号、第３項）。

①　任意後見人の解任の審判の確定

②　後見等の開始の審判が効力を生じた場合において、任意後見契約法第10条第３項の規定により終了する任意後見契約があるとき

㈠　嘱託の方式

登記の嘱託の方式は、１⑶ア㈠ａに準ずる。

㈡　添付書面

嘱託書に添付すべき登記の事由を証する書面（家事規則第77条第５項）は、審判書又は裁判書の謄本である。

イ　申請による登記

㈦　申請人及び申請の事由

a　任意後見契約の本人、任意後見受任者、任意後見人又は任意後見監督人は、次に掲げる事由により任意後見契約が終了したことを知ったときは、嘱託による登記がされる場合を除き、終了の登記を申請しなければならない（法第８条第２項）。

①　任意後見契約の本人の死亡又は破産

②　任意後見受任者又は任意後見人の死亡、破産又は後見開始の審判の確定

③　任意後見契約の解除

b　任意後見契約の本人の親族その他の利害関係人は、任意後見契約が終了したときは、嘱託による登記がされる場合を除き、終了の登記を申請することができる（法第８条第３項）。

(イ)　申請の方式

登記の申請の方式は、１(3)イ(イ)ａ及びｃに準ずる。

この場合の登記すべき事項は、(ア)ａに掲げる任意後見契約の終了事由及びその年月日である（法第５条第１項第８号）。

(ウ)　添付書面

登記申請書に添付すべき書面は、１(3)イ(ウ)ａ、ｂ、ｄ及び１(4)イ(ウ)ｂに準ずる。

任意後見契約の解除を終了の事由とする場合には、解除の意思表示を記載した書面（任意後見監督人の選任前に解除されたときは、公証人の認証を受けた書面）が相手方に到達したことを証する書面（配達証明付内容証明郵便の謄本等）又は任意後見契約の合意解除の意思表示を記載した書面（任意後見監督人の選任前に解除されたときは、公証人の認証を受けた書面）の原本又は認証ある謄本が添付書面となる。

なお、任意後見監督人選任後に任意後見契約を解除する場合には、家庭裁判所の許可を得なければならないことから（任意

後見契約法第9条第2項)、これらの書面のほか、許可の審判書又は裁判書の謄本及び確定証明書も添付書面となる。

4　禁治産者及び準禁治産者についての経過措置

民法の一部を改正する法律（平成11年法律第149号。以下「民法改正法」という。）附則第3条第1項又は第2項の規定により成年被後見人又は被保佐人とみなされる禁治産者又は準禁治産者（心神耗弱を原因に準禁治産宣告を受けた者に限る。）についての経過措置として、申請により、後見又は保佐の登記をすることができる（法附則第2条第1項、第2項)。

(1)　法附則第2条第1項の後見の登記

ア　申請人

民法改正法附則第3条第1項の規定により成年被後見人、成年後見人若しくは成年後見監督人とみなされる者又は当該成年被後見人とみなされる者の配偶者若しくは四親等内の親族は、後見の登記を申請することができる（法附則第2条第1項)。

イ　申請の方式

登記申請書には、次に掲げる事項を記載し、申請人又はその代表者若しくは代理人が記名しなければならない(令第5条第2項)。

①　申請人の氏名又は名称及び住所並びに申請人の資格

②　代理人によって申請するときは、その氏名及び住所

③　登記の事由

④　登記すべき事項

登記すべき事項は、以下のとおりである。

(a)　後見等の種別、開始の審判をした裁判所、その審判の事件の表示及び確定の年月日

開始の審判をした裁判所、その審判の事件の表示及び確定の年月日は、後見開始の審判とみなされる禁治産宣告の裁判

(民法改正法附則第３条第１項）をした裁判所名及び事件番号並びにその裁判の確定の年月日を記載するものとする。ただし、裁判所名及び事件番号が判明しない場合には、「不詳」と記載するものとする。

(b)　成年被後見人とみなされる者の氏名、出生の年月日、住所及び本籍（外国人にあっては、国籍）

成年被後見人とみなされる禁治産者の氏名等を記載するものとする。

(c)　成年後見人とみなされる者の氏名又は名称及び住所

成年後見人とみなされる後見人の氏名等のほか、その就職の日を記載するものとする。

(d)　成年後見監督人とみなされる者が選任されているときは、その氏名又は名称及び住所

成年後見監督人とみなされる後見監督人の氏名等のほか、その就職の日を記載するものとする。

⑤　登記手数料の額

⑥　申請の年月日

⑦　登記所の表示

ウ　添付書面

登記申請書に添付すべき書面は、１(3)イ(ウ)ａ①及び②の書面のほか、以下のとおりである(法附則第２条第１項、令第６条、令附則第２条第１項、省令第10条第１項第２号、省令附則第２条第１項)。

①　申請人の資格を証する書面

②　成年被後見人とみなされる者の戸籍の謄本又は抄本（当該者が禁治産宣告を受けている旨の記載のあるものに限る。)

③　成年被後見人とみなされる者に対して禁治産宣告をした裁判所及びその事件の表示を証する書面

④　成年被後見人、成年後見人又は成年後見監督人とみなされる者の住所を証する書面

⑤　成年被後見人とみなされる者が外国人であるときは、当該者が成年被後見人とみなされる者であることを証する書面及び当該者の国籍を証する書面

なお、申請書に添付した書面の原本の還付については、１⑶イ㈦ｂに準ずる。

⑵　法附則第２条第２項の保佐の登記

ア　申請人

民法改正法附則第３条第２項の規定により被保佐人若しくは保佐人とみなされる者又は当該被保佐人とみなされる者の配偶者若しくは四親等内の親族は、保佐の登記を申請することができる（法附則第２条第２項）。

イ　申請の方式

登記の申請の方式は、⑴イに準ずる。

ウ　添付書面

登記申請書に添付すべき書面は、１⑶イ㈦ａ①及び②の書面のほか、以下のとおりである（法附則第２条第２項、令第６条、令附則第２条第２項、省令第10条第１項第２号、省令附則第２条第２項）。

①　申請人の資格を証する書面

②　被保佐人とみなされる者の戸籍の謄本又は抄本（当該者が準禁治産宣告を受けている旨の記載のあるものに限る。）

③　被保佐人とみなされる者であることを証する書面

④　被保佐人とみなされる者に対して準禁治産宣告をした裁判所及びその事件の表示を証する書面

⑤　被保佐人又は保佐人とみなされる者の住所を証する書面

⑥　被保佐人とみなされる者が外国人であるときは、当該者の国

籍を証する書面

なお、申請書に添付した書面の原本の還付については、1⑶イ⑼bに準ずる。

5　手数料の納付

登記の嘱託者又は申請人は、登記手数料令（昭和24年政令第140号）第14条から第18条までにおいて定める額の手数料を納付しなければならない（法第11条第1項第1号、第2号）。

この手数料の納付は、収入印紙を嘱託書又は登記申請書に貼ってしなければならない（法第11条第2項、省令第33条第1項）。なお、当分の間、手数料を納付するときは、登記印紙をもってすることができる（平成23年政令第48号附則第2条）。

登記の事由が複数ある場合でも、1個の嘱託書により、同時に登記の嘱託をすることができるときは、1件として取り扱うものとする。

第2　登記の手続

1　登記の嘱託又は申請の受付及び審査等

⑴　受付の処理

ア　受付

㋐　登記官は、登記の嘱託書又は申請書を受け取ったときは、磁気ディスクをもって調製する受付帳に登記の種類、嘱託者又は申請人の氏名又は名称、受付の年月日及び受付番号を記録し、嘱託書又は申請書に受付の年月日及び受付番号を記載しなければならない（令第4条第2項、省令第9条第1項）。

嘱託者の氏名については、裁判所書記官の嘱託の場合には、氏名に代えて裁判所名を、公証人の嘱託の場合には、その氏名に公証人との肩書きを付すものとする。

受付番号は、1年ごとに更新しなければならない（省令第9条第2項）。

(イ)　登記の嘱託書又は申請書には、別紙第１号様式若しくはこれに準ずる様式による受付印を押し、該当欄に受付の年月日及び受付番号を記載し、又は別紙第１号の２様式若しくはこれに準ずる様式による嘱託若しくは申請の受付の年月日及び受付番号を記載した書面を貼付するものとする。

(ウ)　(イ)により押した受付印又は貼付した書面には、受付、審査、入力・照合、校合、通知等をした都度、該当欄に取扱者が押印するものとする。

イ　印紙の処理

登記官は、登記の嘱託書又は申請書を受け付けたときは、直ちに、貼付された収入印紙（登記印紙を含む。以下同じ。）に再使用を防止することができる消印器で消印するものとする。

(2)　審査等

ア　審査

受付をした登記の嘱託又は申請については、直ちに、嘱託書又は申請書、その添付書面及び後見登記等ファイルの記録により、その内容を調査しなければならない。

イ　却下

次に掲げる却下事由が存する場合には、理由を付した書面による決定で、当該嘱託又は申請の全部又は一部を却下しなければならない（令第４条第２項、第７条、省令第15条）。

①　事件が登記すべきものでないとき

②　事件が既に登記されているとき

③　嘱託又は申請の権限を有しない者の嘱託又は申請によるとき

④　登記の嘱託書又は申請書が方式に適合しないとき

⑤　登記の嘱託書又は申請書に必要な書面を添付しないとき

⑥　登記の嘱託書若しくは申請書の記載又はその添付書面の記載

が嘱託書若しくは申請書の添付書面の記載又は登記記録の記録と抵触するとき

⑦　手数料を納付しないとき

ウ　却下の手続等

登記の嘱託又は申請の全部又は一部を却下するときは、別紙第２号様式又はこれに準ずる様式による決定書を作成して、これを嘱託者若しくは申請人又はその代理人に交付又は送付し、登記所に保存すべき決定書の原本には、その欄外に決定告知の年月日及びその方法を記載して押印し、日記番号の順に従い、決定原本つづり込み帳に編てつするものとする。

この場合には、受付帳の処理状況欄に「却下」又は「一部却下」と記録するほか、嘱託書又は申請書に却下又は一部却下した旨を記載し、嘱託書又は申請書に貼付された収入印紙に係る賠償償還の手続をした（一部却下した場合を除く。）上、その添付書面を還付するものとする。ただし、偽造された書面その他の不正な登記の申請のために用いられた疑いがある書面については、この限りでない。

また、嘱託者若しくは申請人又はその代理人に送付した決定書が所在不明等を理由として返戻された場合は、何らの措置を要せず、その決定書を当該事件の申請書に編てつするだけで足りるものとする。

(3)　登記の嘱託又は申請の取下げ

登記の嘱託又は申請は、登記又は却下決定がされるまでの間であれば、書面により取り下げることができる。

登記の嘱託又は申請が取り下げられた場合には、受付帳の処理状況欄に「取下」と記録し、取下書に受付の年月日及び受付番号を記載し、これを登記申請書類つづり込み帳に編てつするものとする。

この場合には、受付においてした嘱託書又は申請書の記載（受付年月日及び受付番号）及び受付印を朱抹し、嘱託書又は申請書に貼付された収入印紙に係る賠償償還又は⑷アの手続をした後、その嘱託書又は申請書及びその添付書面を還付するものとする。ただし、偽造された書面その他の不正な登記の申請のために用いられた疑いがある書面については、この限りでない。

⑷　収入印紙の再使用証明

嘱託者又は申請人から登記の嘱託又は登記の申請の取下げの際、嘱託書又は申請書に貼付された収入印紙で消印されたものについて、当該取下げの日から１年以内に当該登記所における登記の嘱託又は申請において再度使用したい旨の申出（以下「再使用の申出」という。）があったときは、以下のとおり取り扱うものとする。

ア　再使用の申出があった場合の手続

㋐　再使用の申出をする者は、別紙第３号様式による再使用証明申出書に所要の事項を記載して申し出なければならない。

㋑　㋐の申出があったときは、当該嘱託書又は申請書の印紙を貼付した箇所の余白に、再度使用することができる印紙の金額、証明の年月日及び証明番号を記載し、別紙第４号様式の印判（以下、この印判により押した印を「再使用証明印」という。）を押した上、登記官印を押す。

㋒　㋑の手続をしたときは、再使用証明申出書を「再使用証明申出書類等つづり込み帳」に編てつし、当該嘱託書又は申請書の原本を嘱託者又は申請人に還付する。

イ　再使用証明をした収入印紙の使用

再使用証明をした収入印紙を使用して新たな登記の嘱託又は申請があったときは、再使用証明印の下に別紙第５号様式の印判（以下「使用済印」という。）を押した上、登記官印を押す。この場合には、ア(ウ)により編てつされた再使用証明申出書に「使用済印」を押して、登記官印を押す。

ウ　再使用証明後の賠償償還手続

再使用証明をした収入印紙について賠償償還の申出があったときは、ア(イ)により押した再使用証明印を朱抹し、再使用証明印が押された用紙及び再使用証明申出書の見やすい箇所に別紙第６号様式の印判を押した上、登記官印を押す。

エ　再使用証明の日から１年を経過した収入印紙の取扱い

再使用証明の日から１年を経過した収入印紙については、再度の使用を認めないものとし、嘱託者又は申請人の請求により賠償償還の手続を執る。

なお、賠償償還の手続を執ったときは、ウの処理を行う。

2　登記の方法等

(1)　登記の方法

却下事由が存しない登記の嘱託又は申請については、次に掲げる事項を後見登記等ファイルに記録して登記しなければならない（法第４条、第５条、省令第12条）。

①　登記すべき事項

②　登記の事由及びその年月日

③　登記の年月日

登記すべき事項のうち、成年後見人等の氏名については、日本人にあっては、戸籍に使用されている文字（誤字を除く。）をもって記録することとし、氏名に使用されている文字が俗字の場合は、その文字に対応する正字に引き直して記録できるものとする。外国人にあっては、片仮名で記録するものとし、本国が漢字を使用する国又は地域の場合には漢字で記録することができるものとする。住所については、原則として、住民票上の表記とし、法人の住所及び名称については、登記簿上の表記とする。

(2) 通知

ア　市町村長に対する通知

登記官は、後見開始の審判に基づく登記又は後見開始の審判の取消しの審判に基づく終了の登記をしたときは、これらの審判に係る成年被後見人の本籍地（外国人にあっては、住所地）の市町村長（特別区の区長を含むものとし、地方自治法（昭和22年法律第67号）第252条の19第1項の指定都市にあっては、区長又は総合区長とする。）に対し、その旨を通知しなければならない（省令第13条）。

この通知の様式は、別紙第7号様式又はこれに準ずる様式によるものとする。

イ　戸籍事務管掌者に対する通知

(ア) 登記官は、法附則第2条の後見又は保佐の登記をしたときは、遅滞なく、戸籍事務を管掌する者に対し、その旨の通知をしなければならない（法附則第2条第4項）。

この通知の様式は、別紙第8号様式又はこれに準ずる様式によるものとする。

(イ) 戸籍事務を管掌する者は、(ア)の通知を受けたときは、当該通知に係る成年被後見人とみなされる者又は被保佐人とみなされる者の戸籍を再製しなければならない（法附則第2条第5項）。

ウ　裁判所書記官に対する通知

登記官は、裁判所書記官からの嘱託による登記をした場合には、当該裁判所書記官に対し、嘱託書の副本に登記の年月日及び登記番号を記載して、登記が完了した旨を通知するものとする。

3　職権による登記

(1) 職権による登記の更正

登記官は、登記に錯誤又は遺漏があることを発見したときは、監督法務局又は地方法務局の長（以下「監督法務局等の長」という。）の許可を得て、登記の更正をしなければならない（令第８条）が、この手続は以下のとおりとするものとする。

ア　許可の具申等

更正の許可の具申は、別紙第９号様式又はこれに準ずる様式による具申書によってするものとし、この具申についての許可又は不許可は、別紙第10号様式又はこれに準ずる様式によるものとする。

イ　許可書の受付

登記官は、登記の更正の許可書が到達したときは、受付帳に所要の記録をするほか、許可書に受付の年月日及び受付番号を記載するものとする。

ウ　更正の方法

登記の更正は、更正後の事項、更正の許可の年月日、登記の年月日を後見登記等ファイルに記録して行うものとする。

エ　職権更正の包括的許可

(ア)　監督法務局等の長は、裁判所又は公証人から書面による住所等の更正の申出があったときに限り、これをあらかじめ包括的に許可することができるものとする。この場合の許可は、別紙第11号様式によるものとする。

(イ)　(ア)の許可があった場合において、登記官がこれに基づき登記を更正するときは、監督法務局等の長が指定する登記官にその旨の申出をし、その承認を得なければならないものとする。この場合の承認の申出及び承認は、別紙第12号様式によりするものとする。

(ウ)　(イ)の承認があったときは、イ及びウに準じて取扱うものとする。

(エ)　(イ)により指定された登記官は、監督法務局等の長に対し、毎月初めに上記に基づいてその前月に更正の登記をした事件の概要を報告しなければならないものとする。

⑵　職権による登記の抹消

登記官は、次に掲げる事由があることを発見したときは、登記の抹消の手続をしなければならない（令第９条）が、この手続は以下のとおりである。

ア　抹消の事由

登記の抹消をする事由は、以下のとおりである。

①　登記に係る事件が登記すべきものでないこと

②　登記に係る事件が既に登記されていること

③　登記された事項につき無効の原因があること

イ　抹消の手続

登記の抹消の手続は、以下のとおりである。

㋐ａ　登記官は、抹消すべき登記の嘱託又は申請をした者に対し、１か月を超えない一定の期間内に書面で異議を述べないときは、登記を抹消すべき旨を通知しなければならない（令第９条第１項）。

この通知は、別紙第13号様式又はこれに準ずる様式による通知書によってするものとし、その通知書の写しを監督法務局等の長宛て送付するものとする。

ｂ　抹消すべき登記の嘱託又は申請をした者の住所又は居所が知れないときは、この通知に代えて、公告しなければならないところ、この公告は、抹消すべき事件又は事項が登記された登記所の掲示場その他登記所内の公衆の見やすい場所に２週間掲示して行う（令第９条第２項、省令第16条）。

この公告は、別紙第14号様式又はこれに準ずる様式によるものとする。

(イ) a　(ア) a の異議催告に対し異議を述べた者があるときは、登記官は、その異議につき決定をしなければならない（令第９条第３項）。

この場合には、監督法務局等の長に内議するものとし、異議を却下する決定は別紙第15号様式又はこれに準ずる様式による決定書により、異議を理由ありとする決定は別紙第16号様式又はこれに準ずる様式による決定書によってするものとする。

この決定書は、２通作成し、その１通を異議申立人に交付又は送付し、他の１通は、その欄外に決定告知の年月日を記載して押印し、日記番号の順序に従い審査請求書類等つづり込み帳に編てつするものとする。

b　登記官は、異議について決定をした場合は、a の決定書の写しを添えて、監督法務局等の長にその旨を報告するものとする。

(ウ)　登記官は、異議を述べた者がないとき、又は異議を却下したときは、(ア) a の通知又は(ア) b の公告に係る登記を抹消しなければならない（令第９条第４項）。

この登記の抹消は、抹消に係る事項、職権により登記を抹消する旨及び登記の年月日を後見登記等ファイルに記録して行うものとする。

(3)　法附則第２条第３項の後見又は保佐の登記

ア　職権による登記

成年被後見人又は被保佐人とみなされる者について、民法改正法の施行後に確定した審判に基づく変更の登記又は終了の登記の嘱託がされた場合において、当該嘱託に係る登記事項を記録すべき登記記録がないときは、登記官は、職権で、当該者について後見又は保佐の登記をする（法附則第2条第3項）。

イ　職権による登記の方法

(ア)　当該変更又は終了の登記の嘱託書には、成年後見人又は保佐人とみなされる者の住所並びに後見開始の審判又は保佐開始の審判とみなされる禁治産宣告又は準禁治産宣告をした裁判所、その事件番号及び確定年月日については記載されていない。当該嘱託の際には、裁判所書記官が、当該嘱託に係る審判の事件記録に添付されている資料の範囲内で、成年被後見人又は被保佐人とみなされる者の戸籍謄本の写しを送付するなどの取扱いがされる。

(イ)　登記官は、(ア)の書面等により、判明した登記事項を記録し、判明しない登記事項については「不詳」と記録して登記を行うものとする。

4　登記記録の閉鎖

登記官は、終了の登記をしたとき又は登記の全部を抹消したときは、登記記録を閉鎖し、これを閉鎖登記記録として、磁気ディスクをもって調製する閉鎖登記ファイルに記録しなければならない（法第9条、令第10条）。

第3　登記事項の証明等

1　登記事項証明書等の交付

(1)　登記事項証明書及びその交付請求権者

ア　登記事項証明書の請求等

(ア)　後見登記等ファイルに記録されている登記事項に関する証明は、登記官が、申請者の書面による請求により、後見登記等ファイルに記録されている事項を証明した登記事項証明書（以下「登記事項の証明書」という。）及び後見登記等ファイルに記録されている記録がないことを証明した登記事項証明書（以下

「登記されていないことの証明書」という。）を発行して行う（法第10条第１項、第２項、第５項、省令第17条第１項）。

(イ)　申請は、送付の方法によることができる。

登記事項証明書の交付を請求する場合において、その送付を求めるときは、送付に要する費用は、郵便切手又は信書便の役務に関する料金の支払のために使用することができる証票であって法務大臣の指定するもので納付しなければならない（令第11条、省令第33条第３項）。

(ウ)　登記事項証明書の交付は、窓口申請にあっては、東京法務局民事行政部後見登録課及び東京法務局以外の法務局・地方法務局戸籍課において行い、郵送申請にあっては、東京法務局民事行政部後見登録課において行うものとする。

イ　登記事項証明書の交付請求権者

登記事項証明書の交付を請求できる者は、以下のとおりである。

(ア)　何人でも、次に掲げる登記記録について、登記事項証明書を請求することができる（法第10条第１項）。

① 自己を成年被後見人等、後見命令等の本人又は任意後見契約の本人とする登記記録

② 自己を成年後見人等、成年後見監督人等、財産の管理者、任意後見受任者、任意後見人又は任意後見監督人（退任したこれらの者を含む。）とする登記記録

③ 自己を成年後見人等、成年後見監督人等又は任意後見監督人の職務代行者（以下「職務代行者」という。）とする登記記録

④ 自己の配偶者又は四親等内の親族を成年被後見人等、後見命令等の本人又は任意後見契約の本人とする登記記録

なお、成年被後見人等、後見命令等の本人又は任意後見契

約の本人が死亡している場合は、登記事項証明書を請求することができない。ただし、これらの者の相続人に該当する者は、⑵イ(ｲ)により閉鎖登記事項証明書の交付を請求することができる。

(ｲ)　次に掲げる者は、次に掲げる登記記録について、登記事項証明書の交付を請求することができる（法第10条第２項）。

①　未成年後見人又は未成年後見監督人　その未成年被後見人を成年被後見人等、後見命令等の本人又は任意後見契約の本人とする登記記録

②　成年後見人等又は成年後見監督人等　その成年被後見人等を任意後見契約の本人とする登記記録

③　登記された任意後見契約の任意後見受任者　その任意後見契約の本人を成年被後見人等又は後見命令等の本人とする登記記録

(ｳ)　国又は地方公共団体の職員は、職務上必要とする場合には、登記事項証明書の交付を請求することができる（法第10条第５項）。

国又は地方公共団体の職員が、職務上登記事項証明書の交付を請求する場合には、その旨を証する所属する国又は地方公共団体の機関の長の証明書（申請書と兼ねる場合を含む。）を提出させるものとする。この場合には、申請書に職務上必要とする具体的な理由を記載させるものとする。

⑵　閉鎖登記事項証明書及びその交付請求権者

ア　閉鎖登記事項証明書の請求等

(ｱ)　閉鎖登記ファイルに記録されている登記事項に関する証明は、登記官が、申請者の書面による請求により、閉鎖登記ファイルに記録されている事項を証明した閉鎖登記事項証明書（以下

「閉鎖登記事項の証明書」という。）及び閉鎖登記ファイルに記録されている記録がないことを証明した閉鎖登記事項証明書（以下「閉鎖登記されていないことの証明書」という。）を発行して行う（法第10条第３項、第４項、第５項、省令第17条第１項）。

(イ)　閉鎖登記事項証明書についての交付の申請、その送付に要する費用及び取扱い法務局については、(1)ア(イ)(ウ)に準ずる。

イ　閉鎖登記事項証明書の交付請求権者

閉鎖登記事項証明書の交付を請求できる者は、以下のとおりである。

(ア)　何人でも、次に掲げる閉鎖登記記録について、閉鎖登記事項証明書を請求することができる（法第10条第３項）。

①　自己が成年被後見人等、後見命令等の本人又は任意後見契約の本人であった閉鎖登記記録

②　自己が成年後見人等、成年後見監督人等、財産の管理者、任意後見受任者、任意後見人又は任意後見監督人であった閉鎖登記記録

③　自己が成年後見人等、成年後見監督人等又は任意後見監督人の職務代行者であった閉鎖登記記録

(イ)　相続人その他の承継人は、被相続人その他の被承継人が成年被後見人等、任意後見契約の本人又は後見命令等の本人であった閉鎖登記記録について、閉鎖登記事項証明書の交付を請求することができる（法第10条第４項）。

(ウ)　国又は地方公共団体の職員は、職務上必要とする場合には、閉鎖登記事項証明書の交付を請求することができる（法第10条第５項）。この場合においては、(1)イ(ウ)後段に準ずる。

(3)　申請書の記載事項

登記事項証明書又は閉鎖登記事項証明書（以下「登記事項証明書

等」と総称する。）の交付を請求する申請書には、次に掲げる事項を記載し、申請人又はその代表者若しくは代理人が記名しなければならない（省令第17条第2項）。

①　申請人の氏名又は名称及び住所並びに申請人の資格

②　登記事項の証明書又は閉鎖登記事項の証明書（以下「登記事項の証明書等」と総称する。）の交付を請求するときは、請求に係る登記記録又は閉鎖登記記録を特定するために必要な事項

この登記記録又は閉鎖登記記録を特定するために必要な事項は、成年被後見人等、後見命令等の本人又は任意後見契約の本人の氏名のほか、(a)成年被後見人等、後見命令等の本人又は任意後見契約の本人の出生の年月日及び住所又は本籍（外国人にあっては、国籍）、(b)登記番号のいずれかの事項とする。

③　後見登記等ファイル又は閉鎖登記ファイル（以下「後見登記等ファイル等」と総称する。）に成年被後見人等、後見命令等の本人若しくは任意後見契約の本人又はこれらの者であった者としての記録がないことを証明した登記事項証明書等の交付を請求するときは、その旨並びに証明の対象となる者の氏名、出生の年月日及び住所又は本籍（外国人にあっては、国籍）

④　後見登記等ファイル等に③に規定する者以外の者（成年後見人等、成年後見監督人等、財産の管理者、任意後見受任者、任意後見人、任意後見監督人若しくは職務代行者又はこれらの者であった者）としての記録がないことを証明した登記事項証明書等の交付を請求するときは、その旨並びに証明の対象となる者の氏名又は名称及び住所

⑤　請求する登記事項証明書等の通数

⑥　手数料の額

⑦　請求の年月日

⑧　請求先の登記所の表示

なお、③及び④の事項を記載するに当たって、証明の対象となる者が外国人である場合の氏名については、本国名を片仮名で記載させるものとし、本国が漢字を使用する国又は地域の場合には漢字で記載させることができるものとする。

⑷　添付書面

ア　添付書面

申請書に添付すべき書面は、以下のとおりである（省令第18条第１項）。

①　申請人の資格を証する書面（申請人が、登記事項の証明書又は閉鎖登記事項の証明書の交付請求に係る登記記録又は閉鎖登記記録に記録されている者である場合及び登記されていないことの証明書又は閉鎖登記されていないことの証明書の証明の対象となる者である場合を除く。）

②　申請人が法人であるときは、当該法人の登記事項証明書その他の代表者の資格を証する書面

③　代理人によって申請するときは、その権限を証する書面（代理人が登記された法人である場合には、当該法人の代表者の資格を証する登記事項証明書を含む。）

①から③までの書面で官庁又は公署の作成したものは、その作成後３か月以内のものに限る（省令第18条第２項）。

ただし、①のうち、⑴イ㈠④及び⑵イ㈡の資格を証する除籍謄本等、改製原戸籍の謄本等及び法定相続情報一覧図の写し（養子に係る申請をする場合において、法定相続情報一覧図の写しをもって⑴イ㈠④の資格を証するときは、法定相続情報一覧図の申出後３か月以内のものに限る。）については、この限りでない。

イ　添付書面の原本の還付

申請書に添付した書面の原本の還付については、第１の１⑶イ⒲ｂに準ずる。

ウ　添付書面の省略

添付書面の省略については、第１の１⑶イ⒲ｄに準ずる。

⑸　交付手続

ア　交付及び却下

㋐　登記官が申請書を受け取ったときは、申請書に受付の年月日を記載した上、受付の順序に従って、交付請求を却下すべき事由が存する場合を除き、登記事項証明書等の交付をしなければならない（省令第19条）。

㋑　国又は地方公共団体の職員の職務上請求の場合には、申請書に記載された理由に照らし、職務上必要があると認められる場合に限り、登記事項証明書等を交付するものとする。申請書に理由の記載がない場合には、申請を却下するものとする。

イ　作成方法等

㋐　登記事項証明書等は、証明すべき事項（令第８条の規定による更正前の登記事項を除く。）を記載し、その末尾に認証文を付記し、年月日及び職氏名を記載して、職印を押し、毎葉のつづり目に契印又はこれに準ずる措置をして作成しなければならない（省令第20条第１項）。

㋑　契印に準ずる措置として、偽造防止措置を講じた証明書用専用紙（地紋紙）を使用して、毎葉ごとに証明書番号及びページ数を記載する方法によることができる。

⒲　㋐にかかわらず、法第７条第１項の規定による変更の登記の記録があるときは、特別の請求がない限り、変更前の登記事項の記載をすることを要しない（省令第20条第２項）。

㋓　登記事項証明書等を交付するときは、申請書に登記事項証明書等の枚数及び交付の年月日を記載しなければならない（省令第21条）。

ウ　送付請求

登記事項の証明書又は閉鎖登記事項の証明書の送付請求があった場合において、請求する者が登記記録に記録されている者であるときは、その者の登記上の住所に、請求する者が登記記録に記録されていないときは、⑹ア㈠の資料の写しに記載された住所に、それぞれ送付するものとする。

登記されていないことの証明書又は閉鎖登記されていないことの証明書の送付請求があったときは、⑹ア㈠の資料の写しに記載された住所に送付するものとする。

ただし、上記各住所と異なる送付先を指定した送付請求については、その指定について不審な事由がないことを適宜の方法により確認した上、指定された住所に送付して差し支えないものとする。

エ　登記事項証明書等の交付請求を却下した場合には、申請書及びその添付書面の写しを作成して登記所に保管し、これらの原本は申請人に返戻するものとする。

⑹　本人確認等

登記事項証明書等の交付に当たっては、証明書の交付を請求する者又はその代理人について、次の方法及び取扱いにより本人確認を行うものとする。

ア　窓口請求の場合

㈠　⑷アに掲げる書面に加えて、出入国管理及び難民認定法（昭和26年政令第319号）第２条第５号に掲げる旅券、同法第19条の３に規定する在留カード、道路交通法（昭和35年法律第105号）第92条第１項に規定する運転免許証、日本国との平和条約に基づき日本の国籍を離脱した者等の出入国管理に関する特例法（平成３年法律第71号）第７条第１項に規定する特別永住者証明書、国若しくは地方公共団体の機関が発行した免許証、許可証若しくは資格証明書、行政手続における特定の個人を識別するための番号の利用等に関する法律（平成25年法律第27号）第２条第７項に規定する個人番号カード又は国若しくは地方公共団体の機関が発行した身分証明書の提示を求め、その氏名、生年月日、住所、写真等を照合することにより、交付を請求する者等本人であること（法人の場合はその代表者につき、代表者本人であること）を確認すること

(イ)　(ア)に掲げる書類を提示することができないときは、国民健康保険、健康保険、船員保険若しくは介護保険の被保険者証、共済組合員証、国民年金、厚生年金保険若しくは船員保険に係る年金証書、共済年金若しくは恩給の証書又は登記事項証明書等の交付を請求する書面に押印した印鑑に係る印鑑登録証明書の提示を求め、その氏名、生年月日、住所、写真等を照合することにより、交付を請求する者等本人であること（法人の場合はその代表者につき、代表者本人であること）を確認すること

(ウ)　(ア)又は(イ)に掲げる書類（以下「本人確認書類」という。）については、本人確認のために提示を受ける日において有効なものに限るものとする。

(エ)　(ア)又は(イ)の方法により本人確認をすることができないとき又は本人ではない疑いがあるときは、本人しか知り得ないと思われる事項の説明を求めるなどの方法により本人であることを確認することができるものとする。

なお、本人しか知り得ない事項の説明を求めるなどの方法による確認とは、例えば、以下のようなものである。

a　法第10条に規定する登記事項証明書の交付請求の場合　登記事項である成年被後見人等の本人又は請求者の氏名、生年月日、住所、本籍等の説明を求め、説明の内容に誤りがないか、その使途及び提出先の説明に不審な点がないかなどを確認する方法

b　代理人による請求の場合　委任者の氏名、生年月日、住所、本籍等の説明に誤りがないか、委任された経緯等の説明に不審な点がないかなどを確認する方法

(オ)　弁護士（弁護士法人を含む。）、司法書士（司法書士法人を含む。）、土地家屋調査士（土地家屋調査士法人を含む。）、税理士（税理士法人を含む。）、社会保険労務士（社会保険労務士法人を含む。）、弁理士（特許業務法人を含む。）、海事代理士又は行政書士（行政書士法人を含む。）の事務を補助する者が請求する場合は、申請書の適宜の箇所に当該者の住所、氏名及び当該弁護士、司法書士、土地家屋調査士、税理士、社会保険労務士、弁理士、海事代理士又は行政書士との関係を記載させるとともに、当該関係を証する書面の提示を求めるものとする。

(カ)　(オ)に掲げる法人以外の法人の従業員が当該法人の代表者に代わって請求する場合は、申請書の適宜の箇所に当該従業員の住所、氏名及び当該法人との関係を記載させるとともに、当該関係を証する書面及び(ア)又は(イ)に掲げる本人確認書類の提示を求めるものとする。

(キ)　国又は地方公共団体の職員が職務上、登記事項証明書等の交付を請求する場合は、氏名、所属する機関の名称、発行機関の名称が記載された身分証明書等の提示を求めるものとする。

イ　送付請求の場合

ア(オ)又は(キ)に掲げる者が送付請求をする場合を除き、原則とし

て、本人確認書類（送付を受ける日において有効なものに限る。）の写しの送付を求めるものとする。

ただし、国又は地方公共団体の職員が職務上請求する場合、身分証明書等の写しの送付を求めることは要しないものとする。

ウ　確認手続の記録等

ア又はイにより本人の確認をすることができた場合には、申請書の適宜の箇所にその旨を記載するものとする。

2　登記申請書等の閲覧

(1)　閲覧請求権者

登記事項証明書等の交付を請求することができる者は、特別の事由がある場合に限り、手数料を納付して、当該登記事項証明書等に係る登記の登記申請書若しくは登記の嘱託書又はその添付書面（以下「登記申請書等」と総称する。）の閲覧を請求することができる（令第12条第１項）。

(2)　申請書の記載事項

閲覧の請求は、申請書に次に掲げる事項を記載して、申請人又はその代表者若しくは代理人が記名しなければならない（令第12条第２項、第３項）。

①　閲覧を請求する登記申請書等

②　特別の事由

③　手数料の額、請求の年月日及び登記所の表示

(3)　添付書面

申請書に添付すべき書面は、1(4)に準ずる（省令第29条、第18条）。

(4)　閲覧

ア　閲覧手続

登記官が申請書を受け取ったときは、申請書に受付の年月日を記載した上、受付の順序に従って、閲覧請求を却下すべき事由が

存する場合を除き、登記申請書等の閲覧をさせなければならない（省令第29条、第19条）。

イ　閲覧の方法

登記申請書等の閲覧は、登記官の面前でさせなければならない（省令第30条）。

(5)　本人確認

本人確認については、1(6)に準ずる。

3　手数料の納付

登記事項証明書等の交付又は登記申請書等の閲覧を請求する申請人は、登記手数料令第２条第９項、第５条第４項において定める額の手数料を納付しなければならない（法第11条第１項第３号、令第12条第１項）。

この手数料は、収入印紙を申請書に貼って納付しなければならない（法第11条第２項本文、令第12条第４項、省令第33条第１項）。なお、当分の間、手数料を納付するときは、登記印紙をもってすることができる（平成23年政令第48号附則第２条）。

また、国又は地方公共団体の職員が職務上請求する場合には、手数料を納めることを要しない（登記手数料令第19条）。

第４　オンラインによる手続

1　オンラインシステムを使用することができる手続

変更の登記又は終了の登記の申請及び登記事項証明書等の交付の請求は、登記所の使用に係る電子計算機と申請又は請求をする者の使用に係る電子計算機であって法務大臣の定める技術的基準に適合するものとを電気通信回線で接続した電子情報処理組織（以下「オンラインシステム」という。）を使用してすることができる（省令第22条）。したがって、裁判所書記官又は公証人からの嘱託による登記、法附則第２条第１項の後見の登記の申請及び法附則第２条第２項の保佐の登記の申請は、オンラインシステムを使用してすることはできず、書面によってすることとなる。

なお、オンラインシステムによる登記事項証明書等の交付の請求は、当該請求に係る登記事項証明書等について、送付又はオンラインシステムの使用による交付を求めるときに限り、することができる（省令第22条第2号）。

2　オンラインシステムによる登記の申請の手続

(1)　登記の申請方法

ア　申請情報の送信

オンラインシステムを使用して変更の登記又は終了の登記の申請をするには、申請人又はその代表者若しくは代理人（以下「申請人等」という。）は、法務大臣の定めるところに従い、当該申請に必要な様式を取得し、同様式に令第5条第2項各号に掲げる事項に係る情報（以下「申請情報」という。）を入力し、これについて電子署名（電子署名及び認証業務に関する法律（平成12年法律第102号）第2条第1項に規定する電子署名をいう。以下同じ。）を行い、送信しなければならない（省令第23条第1項）。

イ　添付書面に代わるべき情報の送信

申請情報を送信するときは、令第6条及び省令第10条第1項に掲げる書面に代わるべき情報であって作成者による電子署名が行われたものを併せて送信しなければならない（省令第23条第2項）。添付書面を別途送付する方法及び登記所の窓口に提出する方法は認めないものとする。

ただし、申請人又は代理人が法人である場合、エ(イ)の電子証明書が送信されるとき又は登記官が情報通信技術を活用した行政の推進等に関する法律第11条により情報通信技術を活用した行政の推進等に関する法律施行令第5条の表の第三号イ(1)又は(3)に規定する事項の提供を受けて、法人の代表者の資格を確認することができるときは、令第6条第1号第2号並びに省令第10条第1項第1号及び同項第2号に掲げる登記事項証明書に代わる情報の送信は要しない。

また、成年被後見人等、成年後見人等、成年後見監督人等若しくは職務代行者に係る住所の変更の登記又は成年被後見人等の死亡による終了の登記の申請をする場合等において、住民基本台帳法第30条の9の規定により同法第30条の6第1項に規定する本人確認情報の提供を受けて、登記官が住所の変更若しくは死亡の事実を確認することができるとき、又は情報通信技術を活用した行政の推進等に関する法律第11条により情報通信技術を活用した行政の推進等に関する法律施行令第5条の表の第三号イ⑴若しくは⑶に規定する事項の提供を受けて、登記官が法人の住所の変更の事実を確認することができるときは、令第6条第3号及び省令第10条第1項第3号に掲げる登記の事由を証する書面（住民票の写し、戸籍謄本等、除籍謄本等、死亡診断書、法定相続情報一覧図の写し、又は登記事項証明書）に代わるべき情報の送信は要しない。

ウ　電子証明書の送信

申請情報その他の電子署名が行われた情報（以下「申請情報等」という。）を送信するときは、当該電子署名に係る以下の㋐から㋒までのいずれかに該当する電子証明書（当該電子署名を行った者を確認するために用いられる事項が当該者に係るものであることを証明するために作成された電磁的記録をいう。以下同じ。）を併せて送信しなければならない（省令第23条第3項）。

㋐　電子署名等に係る地方公共団体情報システム機構の認証業務に関する法律（平成14年法律第153号）第3条第1項の規定に

基づき作成されたもの

(イ)　商業登記法第12条の2第1項及び第3項（これらの規定を他の法令の規定において準用する場合を含む。）の規定に基づき作成されたもの

(ウ)　その他当該電子署名を行った者を確認することができるものであって、(ア)又は(イ)に掲げるものに準ずるものとして法務大臣が定めるもの

(2)　登記の手続

ア　申請情報等の受付

送信された申請情報等を受信したときは、登記官は、省令第9条第1項の規定による受付をしなければならない。この受付は、指定登記所の電子計算機により、磁気ディスクをもって調整する受付帳に登記の種別、申請人の氏名又は名称、受付の年月日及び受付番号を記録することによって行う。

イ　審査及び登記の方法

オンラインシステムによる登記の申請についての審査は、申請情報等を印刷した書面を用いて行うものとし、審査及び登記の方法は、書面による申請と同様である。

なお、省令第23条第3項の規定により必要とされる電子証明書の有効性については、オンラインシステムの受付時を基準として判断するものとする。

ウ　申請の却下又は取下げ

オンラインシステムによる登記の申請についても、申請の却下は、書面によりしなければならない。

申請の取下げは、登記又は却下決定がされるまでの間であれば、申請人等がその取下げの事項に係る情報を送信することによってすることができる。

3　オンラインシステムによる登記事項証明書等の交付の請求の手続

(1)　登記事項証明書等の交付の請求方法

ア　請求情報の送信

オンラインシステムを使用して登記事項証明書等の交付の請求をするには、申請人等は、法務大臣の定めるところに従い、請求に必要な様式を取得し、同様式に省令第17条第２項各号に掲げる事項に係る情報（以下「請求情報」という。）を入力し、これについて電子署名を行い、送信しなければならない（省令第25条第１項）。この場合においては、請求に係る登記事項証明書等について、送付を求めるか、又はオンラインシステムの使用による交付を求めるのかの別を明らかにしなければならない。

イ　添付書面に代わるべき情報の送信

請求情報を送信するときは、省令第18条第１項に掲げる書面に代わるべき情報であって作成者による電子署名が行われたものを併せて送信しなければならない（省令第25条第２項）。添付書面を別途送付する方法及び登記所の窓口に提出する方法は認めないものとする。

ただし、申請人が法人である場合において、エにより２(1)エ(イ)の電子証明書が送信されるとき、又は情報通信技術を活用した行政の推進等に関する法律第11条により情報通信技術を活用した行政の推進等に関する法律施行令第５条の表の第三号イ(1)又は(3)に規定する事項の提供を受けて、登記官が法人の代表者の資格を確認することができるときは、省令第18条第１項第２号及び同項第３号に掲げる登記事項証明書に代わるべき情報の送信は要しない。

ウ　電子証明書の送信

請求情報その他の電子署名が行われた情報（以下「請求情報等」という。）に係る電子証明書の送信は、２(1)エに準ずる（省令第25条第3項)。

(2)　登記事項証明書等の交付手続

ア　送付を求められた場合

登記事項証明書等を送付するときは、原則として、普通郵便で送付するものとする。ただし、申請人等が登記事項証明書等の送付を書留（簡易書留を含む。）又は速達の取扱いにより行うことを求めるときは、当該取扱いの方法により送付するものとする。

イ　オンラインシステムの使用による交付を求められた場合

登記事項証明書等をオンラインシステムを使用して交付するときは、登記官は、証明すべき事項に係る情報について電子署名を行い、当該電子署名に係る電子証明書を併せて法務省の使用に係る電子計算機に備えられたファイルに記録しなければならない(省令第27条)。

当該登記事項証明書等は、法務省の使用に係る電子計算機に備えられたファイルに、その記録がされた日から90日間に限り保存されるので、同期間を経過したときは、その交付を受けられないこととなる。

4　申請情報等の閲覧及び保存等

(1)　申請情報等の閲覧

令第12条第1項の規定による申請情報等の閲覧は、日本産業規格A列四番の用紙に出力したものを閲覧する方法により行い、この場合において、当該閲覧をした者の請求があるときは、登記官は、当該閲覧に係る用紙を当該者に交付しなければならない(省令第24条)。

なお、閲覧の請求は、書面でしなければならない。

(2)　申請情報等の保存等

申請情報等は、登記申請書等と同様に受付の日から5年間、請求情報等は、登記申請事件以外の事件の申請書類と同様に受付の日から１年間、それぞれ保存するものとする（省令第５条第４項第４号及び第５号参照)。

オンラインシステムを使用して送信された申請情報等を印刷した書面については、登記を完了したとき又は却下したときは、登記申請書類つづり込み帳につづり込むものとし、取下げがあった場合は、適宜廃棄することができる。

5　手数料の納付

オンラインシステムを使用して登記の申請又は登記事項証明書等の交付の請求をするときは、手数料の納付は、現金をもってすることができる（情報通信技術を活用した行政の推進等に関する法律第６条第５項)。この場合の手数料の納付方法は、当該申請又は請求をする者が登記官から得た納付情報により納付する方法による（省令第33条第２項)。

オンラインシステムを使用して行う登記事項証明書等の交付を請求する申請人は、登記手数料令第３条第５項第１号、第２号、第４条第５号、第６号において定める額の手数料を納付しなければならない(法第11条第１項第３号)。

なお、登記事項証明書等の送付を書留（簡易書留を含む。）又は速達の取扱いにより行うことを求める場合には、登記手数料令で定める額（２通以上の送付を求める場合にあっては、その合計額）に当該取扱いに要する料金を加算した額（信書便役務のうち書留又は速達に準ずるものとして法務大臣が定めるものにより行うことを求める場合の手数料も、同様とする。）を納付しなければならない。

また、国又は地方公共団体の職員が、職務上請求する場合であっても、オンラインシステムを使用して登記事項証明書等の交付を請求するときは、ア又はイの手数料を納付しなければならない（登記手数料令第19条)。

第5　審査請求

1　審査請求書の提出

登記官の処分に不服がある者又は登記官の不作為に係る処分を申請した者は、監督法務局等の長に審査請求をすることができることとされ、登記官を経由して、審査請求書を提出しなければならない（法第15条第1項、第2項）。

登記官が審査請求書を受領したときは、登記事務日記帳に所要の記載をし、請求書にその年月日及び日記番号を記載するものとする。

2　登記官の処分

⑴　登記官は、処分についての審査請求を理由があると認め、又は審査請求に係る不作為に係る処分をすべきものと認めるときは、監督法務局等の長に内議するものとし、審査請求書の写し、審査請求に係る却下決定書の写し、登記事項証明書又は登記申請書の写しその他の相当の処分の可否を審査するのに必要な関係書類を併せて送付するものとする。

⑵　登記官は、⑴の処分をしたときは、当該処分に係る却下決定の取消決定書その他処分の内容を記載した書面を2通作成して、その1通を審査請求人に交付又は送付するものとし、他の1通を審査請求書類等つづり込み帳に編てつするものとする。

なお、登記官は、当該処分の内容を別紙第17号様式又はこれに準ずる様式による報告書により監督法務局等の長に報告するものとする。

3　審査請求書の送付

登記官は、審査請求を理由がないと認めるときは、3日以内に、意見を付して事件を監督法務局等の長に送付しなければならないところ（法第15条第4項前段）、別紙第18号様式又はこれに準ずる様式による意見を記載した書面（以下「意見書」という。）を付してするものとする。

審査請求事件を送付する場合には、登記官は、審査請求書の正本及びその添付書面のほか、審査請求に係る却下決定書の写し、登記事項証明書又は登記申請書の写しその他の審査請求の理由の有無を審査するのに必要な関係書類（審査請求人が提出したものを除く。）を送付するものとする。この場合において、別紙第18号様式による意見書の正本及び当該意見書を送付すべき審査請求人の数に行政不服審査法（平成26年法律第68号）第11条第２項に規定する審理員の数を加えた数に相当する通数の副本を送付するものとする。

登記官は、審査請求事件を送付するときは、審査請求書及び意見書の各写しを、日記番号の順序に従い、審査請求書類等つづり込み帳に編てつするものとする。

なお、法第15条第４項後段の規定による意見の送付は、意見書の副本のほか、別紙第18号の２様式による送付書に本項の規定により送付された関係書類とともにするものとする。

4　審査請求の裁決

⑴　裁決の方法

監督法務局等の長は、処分についての審査請求を理由があると認め、又は審査請求に係る不作為に係る処分をすべきものと認めるときは、登記官に相当の処分を命じ、その旨を審査請求人のほか利害関係人に通知しなければならない（法第15条第５項）。

監督法務局等の長は、審査請求につき裁決をするときは、別紙第19号様式又はこれに準ずる様式による裁決書を作成するものとし、行政不服審査法第42条第１項に規定する審理員意見書を添付するものとする。

この場合において、監督法務局等の長は、当該裁決書の写しを添えて当職にその旨を報告するものとし、地方法務局の長にあっては、当該地方法務局を監督する法務局の長を経由して報告するものとする。審査請求が取下げ等により終了したときも同様とする。

監督法務局等の長が、審査請求につき裁決をしたときは、裁決書の謄本（審理員意見書の写しを含む。）を審査請求人及び登記官に交付するものとする。

(2)　裁決書の処理

登記官は、裁決書の謄本の交付を受けたときは、登記事務日記帳に所要の事項を記載し、審査請求書類等つづり込み帳につづり込んだ審査請求書の写しの次に編てつするものとする。

5　監督法務局等の長の命令による登記

登記官は、監督法務局等の長の命令によって登記をするときは、その旨並びに命令及び登記の年月日をも記録しなければならない（省令第31条）。

第6　後見登記等ファイル等の記録等の保全等

1　後見登記等ファイル等の記録の副記録及び滅失の回復

(1)　副記録による事務処理

登記官は、後見登記等ファイル等に記録した事項と同一の事項を記録する副記録を備えなければならず、後見登記等ファイル等の記録によって登記の事務を行うことができないときは、副記録によってこれを行うことができる（省令第4条第1項、第2項）。

登記官は、後見登記等ファイル等の記録によって登記の事務を行うことができるようになったときは、直ちに、上記により副記録に記録した事項を後見登記等ファイル等の記録に記録しなければならない（省令第4条第3項）。

(2)　登記の回復

後見登記等ファイル等の記録の全部又は一部が滅失した場合において、副記録によっても登記の事務を行うことができないときは、法務大臣は、登記官に対し一定の期間を定めて、登記の回復に必要な処分を命ずることができる（令第３条）。

この場合において、登記官は、遅滞なく、その事由、年月日及び滅失した後見登記等ファイル等の記録その他令第３条の処分をするのに必要な事項を記載し、かつ、回復登記の期間を予定し、監督法務局等の長に対して申報しなければならない（省令第３条第１項）。

監督法務局等の長は、上記申報を受けたときは、相当の調査をした後、法務大臣に具申しなければならない（省令第３条第２項）。

２　後見登記等ファイル等の持出禁止

(1)　後見登記等ファイル等の持出禁止

後見登記等ファイル等及び登記申請書等は、事変を避けるためにする場合を除き、登記所外に持ち出してはならない（省令第１条本文）。

ただし、登記申請書等については、裁判所から命令又は嘱託があったときは、その関係がある部分に限り、送付しなければならない（省令第１条ただし書、第２条）。

登記申請書等を送付した場合には、当該命令書又は嘱託書及びこれらの附属書類を、登記申請書類つづり込み帳中の送付した書類の編てつしてあった箇所に編てつし、送付した書類が返還されたときは、当該書類を命令書又は嘱託書の次に編てつするものとする。

(2)　持ち出しの報告

登記官は、事変を避けるため後見登記等ファイル等及び登記申請書等を登記所外に持ち出したときは、速やかに、その旨を監督法務局等の長に報告するものとする。

３　後見登記等ファイル等の記録等の保存

(1)　次に掲げる帳簿等は、当該各項目に定める様式又はこれに準ずる様式によるものとする。

ア　決定原本つづり込み帳　別紙第19号の２様式による目録

イ　審査請求書類等つづり込み帳　別紙第19号の３様式による目録

ウ　登記関係帳簿保存簿　別紙第19号の４様式による目録

エ　登記事務日記帳　別紙第20号様式

オ　登記事項証明書等用紙管理簿　別紙第21号様式

カ　登記事項通知書通知簿　別紙第22号様式

キ　統計表つづり込み帳　適宜の様式

ク　雑書つづり込み帳　適宜の様式

⑵　省令第５条第１項に掲げる帳簿等の表紙は、別紙23号様式又はこれに準ずる様式によるものとする。

⑶　記録等の廃棄

省令第５条第４項に掲げる記録等を廃棄しようとするときは、別紙24号様式又はこれに準ずる様式による認可申請書を作り、監督法務局等の長の認可を受けるものとする（省令第５条の２）。

第７　その他

１　登記官等が申請人である場合

登記官又はその配偶者若しくは四親等内の親族（配偶者又は四親等内の親族であった者を含む。）が申請人であるときは、当該登記官は、登記をすることができない（省令第32条第１項前段）。

登記官又はその配偶者若しくは四親等内の親族が申請人を代表して申請するときも、同様である（同項後段）。

２　登記官等が成年被後見人等である場合

登記官又はその配偶者若しくは四親等内の親族が成年被後見人等、成年後見人等、成年後見監督人等、任意後見契約の本人、任意後見受任者、任意後見人、任意後見監督人、職務代行者、後見命令等の本人若しくは財産の管理者又はこれらの者であった者であるときは、当該登記官は、登記をすることができない（省令第32条第２項）。

第１号様式

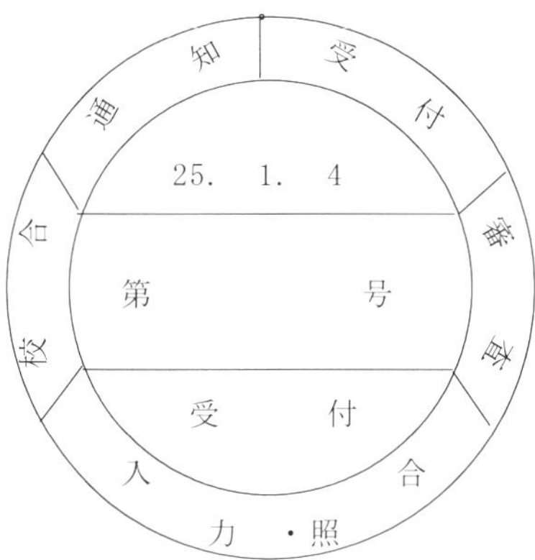

第１号の２様式

受　　付	審　　査	入力・照合	校　　合	通　　知
平成　　年　　月　　日				
受　　－　　号				

第２号様式

日記第　　　　号

住所

申請人

却　下　決　定　書

受　付　番　号		
受　付　年　月　日		
登　記　事　由		
申請人	氏　名	
	住　所	
事件本人	氏　名	
	生　年　月　日	
	住　所	
	本　籍	

上記の登記申請は，……のて，後見登記等に関する政令第７条第何号の規定により却下します。

なお，この却下処分に不服があるときは，いつでも，何法務局長（又は何地方法務局長）に対し審査請求することができます。

おって，この処分につき取消しの訴えを提起しようとする場合には，この処分の通知を受けた日から６月以内（通知を受けた日の翌日から起算する。）に，国を被告として（訴訟において国を代表する者は法務大臣となる。）提起しなければならないこととされています（なお，処分の通知を受けた日から６月以内であっても，処分の日から１年を経過すると処分の取消しの訴えを提起することができなくなります。）。

ただし，処分の通知を受けた日の翌日から起算して６月以内に審査請求をした場合には，処分の取消しの訴えは，その審査請求に対する裁決の送達を受けた日から６月以内（送達を受けた日の翌日から起算する。）に提起しなければならないこととされています。

上記のとおり却下したので通知します。

平成　　年　　月　　日

法務局　登記官　　　　　　　　　　職　印

第３号様式

証　明 年月日		証明番号	

再　使　用　証　明　申　出　書		
再使用申出印紙の金額	金　　　　　　　　円	
券面額	枚　数	金　額
円	枚	円
円	枚	円
円	枚	円
円	枚	円
円	枚	円
円	枚	円
円	枚	円
合　計	枚	円
申請又は嘱託の受付の 年月日及び番号	平成　　年　　月　　日第　　　　　　号	
備　　　　考		

上記のとおり，再使用の申出をします。

平成　　年　　月　　日

申請人又は嘱託者　　住所

氏名

法務局　　　　　　御中

第 4 号様式

約 1 ㎝　再使用できることを証明する

約 6 ㎝

第 5 号様式

約 1 ㎝

約 5 ㎝

第 6 号様式

約 2 ㎝　再使用証明失効
償 還 手 続 済

約 8 ㎝

第７号様式

通知第　　　　号

市町村長　　あて

登　記　事　項　通　知　書

登記事由	
事件本人	
生年月日	
住　　所	
本　　籍	
裁判所	
事件の表示	
後見開始の裁判確定年月日	
登記年月日	
備　　考	

上記の登記をしたので，後見登記等に関する省令第１３条により通知します。

平成　　年　　月　　日

法務局　登記官　　　　　　　　　　　職印

第８号様式
通知第　　　　　号

市町村長　あて

登　記　事　項　通　知　書（再製関連）

登記事由	
事件本人	
生年月日	
住　　所	
本　　籍	
裁判所	
事件の表示	
禁治産宣告等の裁判確定年月日	
登記年月日	
備　　考	

上記の登記をしたので，後見登記等に関する法律附則第２条第４項により通知します。

平成　　年　　月　　日

法務局　登記官　　　　　　　　　職印

第９号様式

日記第　　　　号

平成　　年　　月　　日

法務局長　　　　　　　　　　殿

法務局

登記官　　　　　　職印

登　記　更　正　許　可　具　申　書

下記の登記に錯誤（又は遺漏）があることを発見したので，更正につき許可されるよう後見登記等に関する政令第８条の規定により登記事項証明書及び登記申請書の謄本を添えて具申します。

記

１　登記記録の特定事項

(1) 成年被後見人等，任意後見契約の本人又は後見命令等の本人の氏名

(2) 登記番号

２　登記の事由

３　登記の年月日

４　更正を要する登記事項

「何何」とあるのを「何何」と更正

第１０号様式
日記第　　　　　号
　平成　　年　　月　　日

　　法務局
　　　登記官　　　　　　　　殿

法務局長　　　　　　　　職印

平成何年何月何日付け日記第何号をもって具申のあった登記の更正の件は，下記のとおり許可する（又は何何（不許可の理由を記載すること）により許可しない。)。

記

1　登記記録の特定事項
　(1) 成年被後見人等，任意後見契約の本人又は後見命令等の本人の氏名
　(2) 登記番号
2　登記の事由
3　登記の年月日
4　更正を要する登記事項
　「何何」とあるのを「何何」と更正（又は「何何」の事項を追加更正）

第１１号様式
日記第　　　　号
　　平成　　年　　月　　日

　　法務局
　　　登記官　　　　　　　　殿

法務局長　　　　　　　　職印

登記更正許可書

貴庁においてした登記を後見登記等に関する政令第８条の規定により更正するについては，裁判所又は公証人からの申出によってするものに限り，あらかじめこれを許可する。

第１２号様式

<table>
<tr><td colspan="2">登記更正承認申出書</td></tr>
<tr><td colspan="2">平成　　年　　月　　日

法務局

登記官　　　　　　　　　　　　登記官印</td></tr>
<tr><td>成年被後見人等，後見命令等の本人又は任意後見契約の本人の氏名</td><td></td></tr>
<tr><td>登記番号</td><td></td></tr>
<tr><td>登記の事由</td><td></td></tr>
<tr><td>登記の年月日</td><td></td></tr>
<tr><td>裁判所又は公証人</td><td></td></tr>
<tr><td colspan="2">更正を要する登記事項</td></tr>
<tr><td colspan="2">上記申出に係る登記の更正を承認する。
平成　　年　　月　　日

登記官　　　　　　　　　　　職印</td></tr>
</table>

第１３号様式

日記第　　　　号

平成　　年　　月　　日

殿

法務局

登記官　　　　　職印

通　　知　　書

後見登記等に関する政令第９条第１項の規定により，次のとおり通知します。

１　申請人

(1) 氏名

(2) 住所

２　抹消する登記

(1) 登記記録の特定事項

①　成年被後見人等，任意後見契約の本人又は後見命令等の本人の氏名

②　登記番号

(2) 登記の事由及びその年月日

(3) 登記の年月日

(4) 登記事項

上記の登記は，何何（理由を具体的に記載すること。）により許されないから，平成何年何月何日までに異議の申立てがないときは，これを抹消します。

第１４号様式

公　　　　告

後見登記等に関する政令第９条第２項の規定により，次のとおり公告します。

１　申請人

(1) 氏名

(2) 住所

２　抹消する登記

(1) 登記記録の特定事項

①　成年被後見人等，任意後見契約の本人又は後見命令等の本人の氏名

②　登記番号

(2) 登記の事由及びその年月日

(3) 登記の年月日

(4) 登記事項

上記の登記は，何何により後見登記等に関する政令第９条第１項に該当することを発見したので，本公告掲載の日から何日以内に異議の申立てがないときは，その登記を抹消します。

平成　　年　　月　　日

法務局

第１５号様式

日記第　　号

決　　　　　定

住　所
申立人

下記の登記は，後見登記等に関する政令第９条第１項に該当することを発見したので，同項の規定によりその登記を抹消する旨を平成何年何月何日通知したところ，平成何年何月何日付けをもって申立人から異議の申立てがあったが，その異議は，何何（理由を具体的に記載すること。）により理由がないので，これを却下します。

なお，この却下処分に不服があるときは，いつでも，○○法務局長（又は○○地方法務局長）に対し審査請求をすることができます。

おって，この処分につき取消しの訴えを提起しようとする場合には，この処分の通知を受けた日から６月以内（通知を受けた日の翌日から起算する。）に，国を被告として（訴訟において国を代表する者は法務大臣となる。），提起しなければならないこととされています（なお，処分の通知を受けた日から６月以内であっても，処分の日から１年を経過すると処分の取消しの訴えを提起することができない。）。　ただし，処分の通知を受けた日の翌日から起算して６月以内に審査請求をした場合には，処分の取消しの訴えは，その審査請求に対する裁決の送達を受けた日から６月以内（送達があったことを知った日の翌日から起算する。）に提起しなければならないこととされています。

平成　　年　　月　　日

法務局
登記官　　　　　　職印

記

1　登記記録の特定事項
 (1)　成年被後見人等，任意後見契約の本人又は後見命令等の本人の氏名
 (2)　登記番号
2　登記の事由及びその年月日
3　登記の年月日
4　登記事項

第１６号様式

日記第　　　号

決　　　定

住　所

申立人

下記の登記は，何何により後見登記等に関する政令第９条第１項に該当するから，その登記を抹消する旨を平成何年何月何日通知したところ，平成何年何月何日付けをもって申立人から異議の申立てがあり，その異議は，理由あるものと認めます。

よって，下記の登記は，抹消しないものとします。

平成　　年　　月　　日

法務局

登記官　　　　　　　職印

記

１　登記記録の特定事項

(1)　成年被後見人等，任意後見契約の本人又は後見命令等の本人の氏名

(2)　登記番号

２　登記の事由及びその年月日

３　登記の年月日

４　登記事項

第１７号様式

日記第　　　　号

平成　　年　　月　　日

法務局長　　　　　　　　　殿

法務局

登記官　　　　　　職印

報　　　告　　　書

登記申請の却下決定について審査請求があり，その審査請求を理由があると認めたので，下記のとおり処分をしました。

記

1　何何（具体的かつ詳細に記載すること。）

第１８号様式

日記第　　　　号

平成　　年　　月　　日

法務局長　　　　　　　　　殿

法務局

登記官　　　　　　職印

意　　見　　書

平成何年何月何日付け日記第何号をもって報告した登記申請事件却下処分について，別紙のとおり審査請求がありましたが，本件審査請求は，下記のとおり理由がないと認めたので，審査請求書の正本及び関係書類を添えて本件事件を送付します。

記

1　何何（具体的かつ詳細に記載すること。）

第１８号の２様式

日記第　　　　号

平成　　年　　月　　日

審理員　　　　　　　　　　殿

法務局長　　　　　　職印

送　　　付　　　書

平成何年何月何日受付第何号の何登記申請事件の却下処分に対する平成何年何月何日付け審査請求について，後見登記等に関する法律（平成１１年法律第１５２号）第１５条第４項の規定に基づき，審査請求書及び関係書類を添えて，登記官の意見を送付します。

第１９号様式

裁　　決　　書

住　所
審査請求人

平成何年何月何日受付第何号の何登記申請事件の却下処分に対する平成何年何月何日付け審査請求について，次のとおり裁決します。

なお，この裁決につき取消しの訴えを提起しようとする場合には，この裁決の送達を受けた日から６月以内（送達を受けた日の翌日から起算します。）に，国を被告として（訴訟において国を代表する者は法務大臣となります。），提起しなければならないこととされています（なお，裁決の送達を受けた日から６月以内であっても，裁決の日から１年を経過すると，裁決の取消しの訴えを提起することができなくなります。）。

１　主文

２　事案の概要

３　審査関係人の主張の要旨

４　理由（主文が審理員意見書と異なる内容である場合には，異なることとなった理由を含む。）

平成　　年　　月　　日

法務局長　　　　　　職印

第１９号の２様式

却下決定の 年　月　日	日記番号	申請人の氏名	備　考

第１９号の３様式

受付の 年月日	日記番号	登記番号	登記の種類	審査請求人 の　氏　名	備　考

第１９号の４様式

帳簿の名称			保存年限		
年　度	番　号	冊　数	保存終期	廃棄年月日	備　考

第２０号様式

日記番号	接受又は 発送の月日	書面の日付	書面の発送者 又は受領者	書面の要旨	備　考

第２１号様式

年月日	受入枚数	払出枚数	残枚数	印	備　考

第22号様式

通知番号	通知書発送の年月日	登記番号	登記の種類	通知事項	通知を受ける者の氏名	備考

第２３号様式

大 分 類	
中 分 類	
名 称 （小 分 類）	
作成・取得年度等	
保 存 期 間	
保存期間満了日	
保 存 期 間 満 了 時 の 措 置	
庁　名	

第２４号様式

日記第　　　　号

平成　　年　　月　　日

法務局長　　　　　　　　　殿

法務局

登記官　　　　　　職印

記録等の廃棄認可申請書

下記（又は別紙目録）の記録等は，保存期間を経過したので，廃棄につき認可を申請します。

記

年度	名称	冊数	保存期間	保存始期 保存終期	備　考

後見登記等に関する法律に定める登記の嘱託手続について

（平成12年２月28日家一第58号高等裁判所長官，家庭裁判所長宛て家庭局長，総務局長通達
改正　平成17年３月24日家一第000574号
　　　平成24年11月22日家一第004424号）

（通達） 家事事件手続法（平成23年法律第52号。以下「法」という。）第116条又は家事事件手続規則（平成24年最高裁判所規則第８号。以下「規則」という。）第77条第３項の規定による後見登記等に関する法律（平成11年法律第152号。以下「後見登記法」という。）に定める登記の嘱託（以下「嘱託」という。）の手続は，下記の点に留意して，別紙様式の嘱託書により行ってください。

記

1　嘱託は，登記の事由が生じた場合に，遅滞なく，当該事件の記録のある裁判所の裁判所書記官が，後見登記法第２条の規定により法務大臣の指定する法務局若しくは地方法務局又はその支局若しくは出張所に対して行う。

2　嘱託書には，規則第77条第５項の登記の事由を証する書面として，次の書面を添付する。

⑴　規則第77条第１項の審判又は裁判の確定が登記の事由である場合は，その審判書又は裁判書の謄本（確定証明書の添付は要しない。以下同じ。）

⑵　規則第77条第２項の審判前の保全処分（以下この項において「保全処分」という。）が効力を生じ又は効力を失ったことが登記の事由となる場合は，その原因により以下の書面

ア　保全処分があった場合

当該保全処分の審判書又は裁判書の謄本

イ　法第112条第１項又は第２項の規定により保全処分を取り消す審判又は裁判があった場合

当該取消審判又は裁判の審判書又は裁判書の謄本

ウ　法第91条の規定により保全処分又はイに掲げる審判を取り消す裁判があった場合

当該取消裁判の裁判書謄本

エ　法第111条第１項（法第113条第３項において準用する場合を含む。）の規定により保全処分又はイに掲げる審判の執行を停止する裁判があった場合

当該執行停止の裁判の裁判書謄本

オ　エに掲げる裁判がされた事件の即時抗告審において即時抗告を棄却する裁判があった場合

当該棄却の裁判の裁判書謄本

カ　本案の審判又は裁判があった場合

本案の審判又は裁判の審判書又は裁判書の謄本

キ　本案の申立ての取下げ，保全処分の申立ての取下げ，イに掲げる審判若しくは裁判の申立ての取下げ又はエに掲げる裁判の申立ての取下げがあった場合及びオの即時抗告審において即時抗告の申立ての取下げがあった場合

当該取下書の謄本

ク　成年被後見人，被保佐人若しくは被補助人又は法第126条第２項，第134条第２項若しくは第143条第２項の規定により財産の管理者の後見，保佐若しくは補助を受けることを命ぜられた者が死亡した場合

その死亡を証する書面

3　嘱託書の個数

同一の登記記録に係る数個の変更の登記の嘱託を同時にするときは，

1個の嘱託書で登記の嘱託をすることができる（後見登記等に関する政令（平成12年政令第24号）第4条第2項，後見登記等に関する省令（平成12年法務省令第2号）第7条第1項）。また，後見開始の審判，保佐開始の審判又は補助開始の審判と同時にされた審判又は裁判がある場合，それらの審判又は裁判に基づく登記が，同一の登記記録に係るものであり，かつ，登記の事由の年月日が同一のものであるときは，1個の嘱託書で登記の嘱託をすることができる。

4　副本等の送付

嘱託に係る登記の完了の通知を受けるため，嘱託書の副本及び郵便切手をはり付けた上，返信先を記載した返信用封筒を嘱託書と併せて送付する。

5　記入をしない登記すべき事項の省略

別紙様式の「登記すべき事項」については,1から22までの項目並びに「成年後見人等」欄及び「財産の管理者・職務代行者」欄の中から必要な項目又は欄のみを選択して作成することができる。その場合には，項目に付された番号にかかわらず，選択した項目について通し番号を記入する。

付　記

1　この通達は，平成12年4月1日から実施する。

2　別紙様式による嘱託書の用紙規格については，この通達の別紙様式の定めにかかわらず，平成12年12月31日までの間，日本工業規格のB列5番とする。

付　記（平17.3.24家一第000574号）

1　この通達は，平成17年4月1日から実施する。

2　この通達実施の際従前の様式による用紙が残存している場合には，これを使用して差し支えない。

付　記（平24.11.22家一第004424号）

1　実施

この通達は，平成25年１月１日から実施する。

2　経過措置

⑴　非訟事件手続法及び家事事件手続法の施行に伴う関係法律の整備等に関する法律（平成23年法律第53号）第４条の規定によりなお従前の例によることとされる同法第３条の規定による廃止前の家事審判法（昭和22年法律第152号）第15条の２の規定による後見登記等に関する法律（平成11年法律第152号）に定める登記の嘱託の手続については，⑵の定めを除き，なお従前の例による。

⑵　⑴の手続は，この通達による改正後の平成12年２月28日付け最高裁家一第58号家庭局長，総務局長通達「後見登記等に関する法律に定める登記の嘱託手続について」の別紙様式の嘱託書により行うものとする。

⑶　この通達実施の際従前の様式による用紙が残存している場合には，これを使用して差し支えない。

（別紙）

（別紙様式）

（事件番号）平成　　年（　　）第　　　　号

成　年　後　見　登　記　嘱　託　書	（受付印欄）
法務局　　　　御　中 平成　　年　　月　　日 高等・家庭　裁判所　　　　支部・出張所 裁判所書記官	

登記の事由を証する書面	1　審判書謄本　□　前件添付　　3　取下書謄本 2　決定書謄本　□　前件添付　　4
登　記　番　号	第　　　－　　　号

制限行為能力者等 （　　　）	（フリガナ） 氏　名	
	生年月日	明治・大正・昭和・平成　　年　　月　　日
	住　所	1 2
	本　籍	

登記手数料の額	円
（収入印紙貼付欄）	

登 記 の 事 由
1 後見・保佐・補助 の開始の 審判・裁判 の確定
2 後見・保佐・補助 の開始の審判の取消しの 審判・裁判 の確定
3 成年後見人・保佐人・補助人 の選任の 審判・裁判 の確定
4 保佐人・補助人 の同意を要する行為の 定め・定めの取消し の 審判・裁判 の確定
5 保佐人・補助人 の代理権の 付与・付与の取消し の審判の確定
6 成年後見監督人・保佐監督人・補助監督人 の選任の 審判・裁判 の確定
7 成年後見人・保佐人・補助人・成年後見監督人・保佐監督人・補助監督人 の辞任許可の審判の確定
8 成年後見人・保佐人・補助人・成年後見監督人・保佐監督人・補助監督人 の解任の 審判・裁判の確定
9 数人の 成年後見人・保佐人・補助人・成年後見監督人・保佐監督人・補助監督人 の権限行使の定め・定めの取消し の 審判・裁判 の確定
10 財産の管理者の 後見命令・保佐命令・補助命令 の 審判・裁判 の 発効・失効
11 財産の管理者の改任の 審判・裁判 の 発効・失効
12 成年後見人・保佐人・補助人・成年後見監督人・保佐監督人・補助監督人 の職務執行停止の審判・裁判 の 発効・失効
13 成年後見人・保佐人・補助人・成年後見監督人・保佐監督人・補助監督人 の 職務代行者選任・職務代行者改任 の 審判・裁判 の 発効・失効
14 任意後見監督人の選任の 審判・裁判 の確定
15 任意後見監督人の辞任許可の審判の確定
16 任意後見監督人の解任の 審判・裁判 の確定
17 数人の任意後見監督人の権限行使の 定め・定めの取消し の 審判・裁判 の確定
18 任意後見人の解任の 審判・裁判 の確定
19 任意後見監督人の職務執行停止の 審判・裁判 の 発効・失効
20 任意後見監督人の 職務代行者選任・職務代行者改任 の 審判・裁判 の 発効・失効
21 任意後見人の職務執行停止の 審判・裁判 の 発効・失効
22 任意後見契約の終了

登　記　す　べ　き　事　項
1　後見・保佐・補助　の開始の　審判・裁判　の確定 裁　判　所　　　　　　高等・家庭　裁判所　　　　　　支部・出張所 事件の表示　平成　　年（　　）第　　　　　号 確定年月日　平成　　年　　月　　日 成年被後見人・被保佐人・被補助人　の氏名，出生の年月日，住所及び本籍 「制限行為能力者等」欄記載のとおり
2　後見・保佐・補助　の開始の審判の取消しの　審判・裁判　の確定 確定年月日　平成　　年　　月　　日
3　成年後見人・保佐人・補助人　の選任の　審判・裁判　の確定 成年後見人・保佐人・補助人　の氏名又は名称及び住所　「成年後見人等」欄記載のとおり 確定年月日　平成　　年　　月　　日
4　保佐人・補助人　の同意を要する行為の　定め・定めの取消し　の　審判・裁判　の確定 行　　為　別紙………………………………のとおり 確定年月日　平成　　年　　月　　日
5　保佐人・補助人　の代理権の　付与・付与の取消し　の審判の確定 代　理　権　別紙………………………………のとおり 確定年月日　平成　　年　　月　　日
6　成年後見監督人・保佐監督人・補助監督人　の選任の　審判・裁判　の確定 成年後見監督人・保佐監督人・補助監督人　の氏名又は名称及び住所 「成年後見人等」欄記載のとおり 確定年月日　平成　　年　　月　　日
7　成年後見人・保佐人・補助人・成年後見監督人・保佐監督人・補助監督人　の辞任許可の審判の確定 氏名又は名称　……………………………… 確定年月日　平成　　年　　月　　日
8　成年後見人・保佐人・補助人・成年後見監督人・保佐監督人・補助監督人　の解任の　審判・裁判　の確定 氏名又は名称　……………………………… 確定年月日　平成　　年　　月　　日
9　数人の　成年後見人・保佐人・補助人・成年後見監督人・保佐監督人・補助監督人　の権限行使の定め・定めの取消し　の　審判・裁判　の確定 定めの内容　別紙………………………………のとおり 確定年月日　平成　　年　　月　　日

10　財産の管理者の　後見命令・保佐命令・補助命令　の　審判・裁判　の　発効・失効
裁　　判　　所　　　　　　　　　　高等・家庭　裁判所　　　　　　　　支部・出張所
事件の表示　平成　　　年（　　　）第　　　　　　号
発効・失効　年月日　平成　　　年　　　月　　　日
後見命令・保佐命令・補助命令　の本人の氏名，出生の年月日，住所及び本籍
「制限行為能力者等」欄記載のとおり
財産の管理者の氏名又は名称及び住所　「財産の管理者・職務代行者」欄記載のとおり
補助命令の場合の財産の管理者の同意を得ることを要するものと定められた行為
別紙……………………………………のとおり

11　財産の管理者の改任の　審判・裁判　の　発効・失効
解任された財産の管理者の氏名又は名称　……………………………………
選任された財産の管理者の氏名又は名称及び住所　「財産の管理者・職務代行者」欄記載のとおり
発効・失効　年月日　平成　　　年　　　月　　　日

12　成年後見人・保佐人・補助人・成年後見監督人・保佐監督人・補助監督人　の職務執行停止の
審判・裁判　の　発効・失効
職務の執行が停止された成年後見人等の氏名又は名称　……………………………………
発効・失効　年月日　平成　　　年　　　月　　　日

13　成年後見人・保佐人・補助人・成年後見監督人・保佐監督人・補助監督人　の　職務代行者選任・
職務代行者改任　の　審判・裁判　の　発効・失効
解任された職務代行者の氏名又は名称　……………………………………
選任された職務代行者の氏名又は名称及び住所　「財産の管理者・職務代行者」欄記載のとおり
発効・失効　年月日　平成　　　年　　　月　　　日

14　任意後見監督人の選任の　審判・裁判　の確定
氏名又は名称及び住所　「成年後見人等」欄記載のとおり
確定年月日　平成　　　年　　　月　　　日

15　任意後見監督人の辞任許可の審判の確定
氏名又は名称　……………………………………
確定年月日　平成　　　年　　　月　　　日

16　任意後見監督人の解任の　審判・裁判　の確定
氏名又は名称　……………………………………
確定年月日　平成　　　年　　　月　　　日

17　数人の任意後見監督人の権限行使の　定め・定めの取消し　の　審判・裁判　の確定
定めの内容　別紙……………………………………のとおり
確定年月日　平成　　　年　　　月　　　日

18　任意後見人の解任の 審判・裁判 の確定 　　氏 名 又 は 名 称　…………………………… 　　確 定 年 月 日　平成　　　年　　　月　　　日
19　任意後見監督人の職務執行停止の　審判・裁判　の　発効・失効 　　職務の執行が停止された任意後見監督人の氏名又は名称　…………………… 　　発効・失効　年月日　平成　　　年　　　月　　　日
20　任意後見監督人の　職務代行者選任・職務代行者改任　の　審判・裁判　の　発効・失効 　　解任された職務代行者の氏名又は名称　…………………… 　　選任された職務代行者の氏名又は名称及び住所　「財産の管理者・職務代行者」欄記載のとおり 　　発効・失効　年月日　平成　　　年　　　月　　　日
21　任意後見人の職務執行停止の　審判・裁判　の　発効・失効 　　発効・失効　年月日　平成　　　年　　　月　　　日
22　任意後見契約の終了 　　　（第　　　　　—　　　　　　　　号　登記）
成年後見人等 　　（成年後見人・保佐人・補助人・成年後見監督人・保佐監督人・補助監督人・任意後見監督人） 　　（フリガナ） 　　氏名又は名称　…………………… 　　住　　　所　1…………………… 　　　　　　　　…………………… 　　　　　　　　2…………………… 　　　　　　　　…………………… 　　　　　　　　……………………
財産の管理者・職務代行者 　　（フリガナ） 　　氏名又は名称　…………………… 　　住　　　所　1…………………… 　　　　　　　　…………………… 　　　　　　　　2…………………… 　　　　　　　　…………………… 　　　　　　　　……………………

（記入要領）

1　「登記の事由を証する書面」

該当する番号を○で囲む。

同一の登記所に対し，同時に数個の嘱託をする場合において，各嘱託書に添付すべき書面に内容が同一のものがあるときは，１個の嘱託書のみに１通を添付すれば足り，他の各嘱託書にその旨を付記することとされている（後見登記等に関する政令第４条第２項，後見登記等に関する省令第７条第２項及び第３項）ので，この場合，添付書類を省略する嘱託書において，登記の事由を証する書面の「前件添付」の□に「レ」を付す。

2　「登記番号」

登記すべき事項を記録すべき登記記録がある場合に，その登記記録の登記番号を記入する。例えば，後見開始の審判がされている成年被後見人について，成年後見人が追加選任された場合には，当該成年後見人の選任に関する登記は，後見開始の審判によって既に作成されている登記記録に記録されることになるので，当該登記記録に付されている登記番号を記入する。

3　「制限行為能力者等」

成年被後見人，被保佐人若しくは被補助人又は財産の管理者の後見，保佐若しくは補助を受けることを命ぜられた者について記入する。「（　　　　）」には，成年被後見人等の別を記入する。

氏名は，記録から明らかになる場合には振り仮名を付す。

生年月日は，該当する事項を○で囲むなどして選択し，又は「西暦」と記載した上，記入する。

住所は，「１」の欄に記入する。住民票上の住所が住所と異なる場合には，「２」の欄に「住民票上の住所」と記載した上，併せて記入する。

本籍は，外国人については「国籍」と記載した上，国籍を記入する。

4　「登記の事由」

該当する番号を○で囲んだ上，該当する事項を○で囲むなどして選択する。

5　「登記すべき事項」

(1)　該当する番号等の選択

該当する番号を○で囲んだ上，該当する事項を○で囲むなどして選択する。

(2)　3，4（保佐人の同意を要する行為の定めの審判又は裁判の確定の場合を除く。），5から7まで，9，14，15及び17の項目

確定年月日は，審判が効力を生じた年月日を記入する。

(3)　4の項目

行為は，同意を要する行為の定め又はその取消しの内容を記載した別紙の目録の名称を，「同意行為目録」，「取消目録（同意行為）」等と記入する。

(4)　5の項目

代理権は，代理権又は取り消された代理権の内容を記載した別紙の目録の名称を，「代理権目録」，「取消目録（代理権）」等と記入する。

(5)　7，8，11から13まで，15，16及び18から20までの項目

法人について辞任許可の審判等がされた場合には，氏名又は名称は，当該法人の名称又は商号を記入する。

(6)　9及び17の項目

定めの内容は，権限行使の定め又はその取消しの内容を記載した別紙の目録の名称を，「権限行使の定め目録」，「取消目録（権限行使の定め）」等と記入する。権限行使の定めをした場合，別紙目録には，例えば，以下のように記入する。

ア　共同行使の定め

成年後見人Ａ及び成年後見人Ｂは，共同してその権限を行使しな

ければならない。

イ　分掌の定め

成年後見人Ａ及び成年後見人Ｂは，次のとおり事務を分掌してその権限を行使しなければならない。

1　成年後見人Ａは次の事務を分掌する。

成年被後見人所有の不動産についての借地又は借家契約の締結・変更・解除

2　成年後見人Ｂは次の事務を分掌する。

1記載以外の事務

(7)　22の項目

後見開始の審判，保佐開始の審判又は補助開始の審判が確定した場合において，任意後見契約に関する法律第10条第3項の規定により終了する任意後見契約があるときは，その任意後見契約の登記番号を記入する。

(8)　「成年後見人等」欄

該当する事項を○で囲むなどして選択した上，選任された成年後見人等について記入する。

成年後見人等が数人選任された場合は，別紙に記入する。

氏名及び住所は，3と同様とする。

法人を選任した場合には，氏名又は名称は，当該法人の名称又は商号を記入し，住所は，当該法人の主たる事務所又は本店の所在地を記入する。

(9)　「財産の管理者・職務代行者」欄

該当する事項を○で囲むなどして選択した上，選任された財産の管理者又は職務代行者について記入する。

財産の管理者又は職務代行者が数人選任された場合は，別紙に記入する。

氏名及び住所は，３と同様とする。
法人を選任した場合は，⑻と同様とする。

民法の一部を改正する法律等の施行に伴う公証事務の取扱いについて

（平成12年３月13日付け法務省民一第634号法務局長，地方法務局長宛て法務省民事局長通達
最終改正　令和３年３月31日法務省民総第151号）

（通達） 民法の一部を改正する法律（平成11年12月８日法律第149号。以下「民法改正法」という。）中遺言の方式の改正に関する部分が本年１月８日に施行され（民法改正法附則１条ただし書），成年後見制度の改正に関する部分が本年４月１日から施行される（同条本文）が，これらの施行とあわせて，「任意後見契約に関する法律」（平成11年12月８日法律第150号。以下「任意後見契約法」という。），「後見登記等に関する法律」（平成11年12月８日法律第152号。以下「後見登記法」という。），「後見登記等に関する政令」（平成12年１月28日政令第24号），「後見登記等に関する省令」（平成12年１月28日法務省令第２号）及び「任意後見契約に関する法律第３条の規定による証書の様式に関する省令」（平成12年２月24日法務省令第９号。以下「様式令」という。）が同日から施行される。

これらの法令により公証事務に関して改正された事項は，第一に，民法改正法により，公正証書遺言及び秘密証書遺言を手話通訳等の通訳又は筆談により行う手続が設けられたこと，第二に，任意後見契約法により，任意後見制度が設けられたこと，第三に，後見登記法により，成年後見登記制度が設けられ，任意後見契約の公正証書を作成した公証人に登記の嘱託の義務が課せられたことである。

また，民法改正法の施行に伴い，「民法の一部を改正する法律の施行に伴う関係法律の整備等に関する法律」（平成11年法律第151号）による公証人法の改正により，公証人の欠格事由及び職務執行の除斥事由が整備され，任意後見制度及び成年後見登記制度の創設に伴い，「登記手数料令等の一部を改正する政令」（平成12年１月28日政令第25号）により公証人手数料

令（平成５年６月25日政令第224号）について，「公証人法施行規則の一部を改正する省令」（平成12年２月24日法務省令第８号）により公証人法施行規則（昭和24年６月１日法務府令第９号）について，それぞれ所要の改正がされている。

改正に係る制度の概要及び公証事務の運用上の留意点は，次のとおりであるので，貴管下公証人及び公証事務を取り扱う法務事務官に周知方取り計らわれたい。

記

第１　手話通訳等による遺言

１　遺言の方式に関する改正の趣旨及び概要

民法改正法によって，民法第969条の２の規定が新設された。これにより，口がきけない者（言語機能障害を有する者）又は耳が聞こえない者（聴覚障害を有する者）が遺言公正証書の作成を嘱託した場合には，公証人は，「口述」，「口授」又は「読み聞かせ」の手続に代えて「通訳人の通訳による申述」又は「自書」により，遺言公正証書を作成することができることとされた。

また，民法改正法によって，民法第972条の規定が改正された。これにより，口がきけない者が秘密遺言証書の作成を嘱託した場合には，公証人は，「自書」のほか，「通訳人の通訳」により証書の作成を行うことができることとされた。

これらの改正は，手話の発達した現在の状況等にかんがみ，聴覚又は言語機能に障害を有する者についても，公証人の関与による遺言の適法性の担保などのメリットを有する公正証書遺言を利用することができるようにすべきであるとの社会的要請にこたえ，もって聴覚又は言語機能に障害を有する者の権利擁護に資することを目的とするものである。

なお，これらの改正とあわせて，民法第969条第３号が改正され，読み聞かせに代えて閲覧の方法によることもできることとされた。これは，耳が聞こえない者だけでなく，健常者についても行える一般的な手続とされたものである。

2　手話通訳等による遺言証書の作成

手話通訳等による遺言証書の作成については，通常の遺言証書の作成手続によるほか，次のとおりとする。

(1)　公正証書遺言

ア　遺言者が口がきけない者である場合

証人２人以上の面前で，遺言の趣旨を通訳人の通訳により申述させ，又は自書させて口授に代える（民法第969条の２第１項）。

ある程度の発話はできるが，聴覚障害等のために発音が不明瞭で，公証人においてその聴取が困難な者も，「口がきけない者」に当たるので，留意する。

手話通訳等の通訳人は，遺言者において確保する必要があるが（公証人法第39条），必要に応じて，各都道府県の手話通訳派遣協会等を通じて一定の水準の能力を有する手話通訳者を確保することが可能である旨を教示するものとする。

イ　遺言者が耳が聞こえない者である場合

遺言者の口述の内容を筆記し，その筆記内容を通訳人の通訳により嘱託人に伝え，又は遺言者に閲覧させて，筆記の正確性を確認する（民法第969条の２第２項，第969条第３号）。

通訳人の確保については，アと同様である。

ウ　手続の明確化及び証拠化

ア又はイの方式に従って公正証書を作ったときは，その旨をその証書に付記しなければならない（民法第969条の２第３項）。

本人の事理を弁識する能力に疑義があるときは，遺言の有効性が訴訟や遺産分割審判で争われた場合の証拠の保全のために，診断書等の提出を求めて証書の原本とともに保存し，又は本人の状況等の要領を録取した書面を証書の原本とともに保存するものとする。これは，民法改正法に基づく手続に限らず，一般の遺言公正証書の作成においても行うものとする。

エ　証人が耳が聞こえない者である場合

証人が耳が聞こえない者である場合には，通訳人の通訳又は閲覧によって筆記内容を証人に伝えることができる（民法第969条の２第２項，第969条第３号）。

⑵　秘密証書遺言

ア　口がきけない者が手話通訳等の通訳を用いて秘密証書によって遺言をする場合には，証人２人以上の面前で，その証書は自己の遺言書である旨並びにその筆者の氏名及び住所を通訳人の通訳により申述させて，民法第970条第１項第３号の申述に代える（民法第972条第１項）。遺言者が通訳人の通訳により申述したときは，その旨を遺言書の封紙に記載しなければならない（同条第３項）。

口がきけない者の意義及び通訳人の確保については，⑴アと同様である。

イ　手続の明確化及び証拠化

本人の事理を弁識する能力に疑義があるときの取扱いについては，⑴ウと同様である。

第２　任意後見契約の公正証書の作成及び登記の嘱託

１　任意後見制度及び成年後見登記制度の趣旨及び概要

⑴　任意後見制度

任意後見契約法の制定により公的機関の監督を伴う任意代理制度（任意後見制度）が創設された。この制度は，本人が自ら締結した代理権授与を内容とする委任契約に対して本人保護のための必要最小限の公的な関与（家庭裁判所の選任する任意後見監督人の監督）

を法制化することにより，本人の意思が反映されたそれぞれの契約の趣旨に沿った本人保護の制度的な枠組みを構築し，もって本人の自己決定を尊重しつつ，その保護を図ることを目的とするものである。

この任意後見契約は，公正証書によってすることを要し（任意後見契約法第３条），また，任意後見監督人の選任前における任意後見契約の解除は，公証人の認証を受けた書面によることを要することとされた（任意後見契約法第９条第１項）。

⑵　成年後見登記制度

後見登記法の制定により，成年後見登記制度が創設された。この制度は，民法改正法により禁治産及び準禁治産の制度が後見，保佐及び補助の制度に改められ（法定後見制度），任意後見契約法により新たに任意後見制度が創設されたことに伴い，取引の安全の要請と本人のプライバシー保護の要請との調和を図る観点から，禁治産宣告・準禁治産宣告を受けたことの戸籍記載に代わる法定後見・任意後見の公示方法として創設された登記制度である。

任意後見契約の公正証書を作成したときは，公証人は，成年後見登記事務を取り扱う登記所に対し，任意後見契約の登記の嘱託をしなければならないこととされた（公証人法第57条ノ３第１項）。

２　任意後見契約の意義及び要件

任意後見契約とは，委任者（以下「本人」という。任意後見契約法第２条第２号）が，受任者（以下「任意後見受任者」又は「任意後見人」という。任意後見契約法第２条第３号，第４号）に対し，精神上の障害により事理を弁識する能力が不十分な状況における自己の生活，療養看護及び財産の管理に関する事務の全部又は一部について代理権を付与する委任契約で，任意後見監督人が選任された時から契約の効力が生ずる旨の特約を付したものをいう（任意後見契約法第２条第１

号)。

「精神上の障害により事理を弁識する能力が不十分な状況」とは，少なくとも民法上の補助の要件（民法第15条第１項）に該当する程度以上に事理を弁識する能力が不十分な状況を表す趣旨であり，任意後見契約法第４条第１項所定の任意後見監督人選任の審判の要件と同旨である。

代理権付与の対象となる法律行為は，財産管理に関する法律行為(預貯金の管理・払戻し，不動産その他重要な財産の処分，遺産分割，賃貸借契約の締結・解除等）だけでなく身上監護（生活又は療養看護）に関する法律行為（介護契約，施設入所契約，医療契約等）を含む。

任意後見契約においては，任意後見監督人が選任された時から契約の効力が発生する旨の特約を付すことを要する。すなわち，任意後見監督人の選任が任意後見契約の効力発生の停止条件となるのであり，任意後見人は任意後見監督人の監督の下においてのみ代理権を行使することができるものとすることによって，任意後見人の権限の濫用を防止しようとするものである。また，任意後見契約法上，任意後見契約の停止条件を「任意後見監督人が選任された時からその効力を生ずる旨の定め」と規定しているのは，他の停止条件や期限が付加されることによって，任意後見監督人の選任と任意後見契約の効力発生の時期に乖離が生ずることを防止する趣旨である。したがって，本人が意思能力を喪失したことを停止条件とする旨の特約や，本人が一定の年齢（例えば，満80歳）に達した時を始期とする旨の特約を付した契約は，任意後見契約の要件に適合せず，無効である。仮に本人がそのような時点に達するまで任意後見契約の効力の発生を望まない場合には，本人としては，家庭裁判所による任意後見監督人の選任について同意をしなければ，任意後見契約の効力を発生させないことが可能である

（任意後見契約法第４条第３項）。

３　任意後見契約の公正証書の作成

任意後見契約の公正証書の作成については，通常の公正証書の作成手続によるほか，次のとおりとする。

⑴　本人との面接等

ア　任意後見契約の公正証書を作成するに当たっては，本人の事理を弁識する能力及び任意後見契約を締結する意思を確認するため，原則として本人と面接するものとする（本人が病気等のため公証人役場に赴くことができない場合は，公証人法第18条第２項ただし書の「事件ノ性質カ之ヲ許ササル場合」に当たる。）。

イ　本人の事理を弁識する能力に疑義があるときは，任意後見契約の有効性が訴訟や審判で争われた場合の証拠の保全のために，本人が契約の性質及び効果を理解するに足りる能力を有することを証すべき診断書等の提出を求め，証書の原本とともに保存し，又は本人の状況等の要領を録取した書面を証書の原本とともに保存するものとする。

⑵　任意後見契約の公正証書の様式

ア　任意後見契約の公正証書を作成する場合には，公証人法第35条及び第36条の規定により記載すべき事項のほか，本人の出生の年月日及び本籍（外国人にあっては，国籍）を記載しなければならない（様式令第１項）。この際，本人及び任意後見受任者の住所は，住民票上の住所地（外国人の場合は外国人登録上の居住地）を記載する。住民票上の住所地が現住所と異なる場合は，両者を併記するものとする。

本人の氏名，出生の年月日，住所及び本籍（外国人にあっては，国籍）については戸籍謄抄本（外国人にあっては，外国人登録証明書，旅券等）及び住民票の写し（外国人にあっては，外国人登録証明書）を，任意後見受任者の氏名及び住所（法人にあっては，名称又は商号及び主たる事務所又は本店）については住民票の写し（法人にあっては，登記簿謄抄本）を，それぞれ提出させて確認するものとする。

イ　任意後見契約の公正証書は，様式令附録第１号様式又は附録第２号様式（以下これらを併せて「代理権目録」という。）による用紙に，任意後見人が代理権を行うべき事務の範囲を特定して記載して作成しなければならない。作成に用いる用紙は，公証人法施行規則第８条第１項の規定にかかわらず，日本産業規格Ｂ列４番の丈夫な紙とする（同令第２項，第３項）。

ウ　代理権目録には，任意後見人が代理権を行うべき事務（任意後見人が弁護士である場合における訴訟行為を含む。）のみを記載し，事実行為に関する事務は記載しないものとする。

エ　様式令附録第１号様式を用いる場合には，任意後見人が代理権を行うべき事務の事項欄にチェックした上，それ以外の事項については，斜線を引いて職印を押印するものとする。

オ　様式令附録第１号様式に添付する別紙には，同様式中に記載のとおりの表題を付するものとする。

カ　様式令附録第２号様式を用いて任意後見人が代理権を行うべき事務の範囲を記載する場合，金融機関との取引に関する事項は，次の要領で対象行為を特定するものとする。

①　金融機関とのすべての取引

②　金融機関との取引のうち，○○取引（当座勘定取引，当座勘定取引以外の預金取引，貸金庫・保護預り取引，融資取引，保証取引，担保提供取引，証券取引（国債，公共債，金融債，投資信託及び普通社債），為替取引等）

キ　弁護士である任意後見受任者が代理権を行うべき事務の範囲に

訴訟行為が含まれる場合には，代理権目録に訴訟代理権の授権事項を明記するとともに，民事訴訟法第55条第２項に規定する事項について授権する場合には，当該事項を明記するものとする。

ク　その他代理権目録の記載については，様式令附録第１号様式及び附録第２号様式の（注）に従うものとする。

⑶　任意後見契約の公正証書の通数

任意後見受任者が数人ある場合には，次に掲げるとおりとする。

ア　任意後見受任者が権限を単独で行使できるとき又は権限の分掌の定めがあるときは，嘱託人の選択に従い，各人ごと又は一括して１通の公正証書を作成する（各人ごとに契約は別個となる。）。

イ　権限の共同行使の定めがあるときは，一括して１通の公正証書を作成する（契約は不可分で１個となる。）。この場合には，代理権目録とは別に「代理権の共同行使の特約目録」にその旨を記載する。また，任意後見受任者の一人について欠格事由その他不適任の事由があるときは，契約全体について任意後見監督人を選任することができない（任意後見契約の効力が発生しない。任意後見契約法第４条第１項）ことを依頼者に教示するものとする（次項ア参照）。

⑷　嘱託人に対する教示等

任意後見契約の公正証書を作成する場合には，次に掲げる事項を嘱託人に教示するものとする。

ア　任意後見契約法第４条第１項各号に規定する事由があるときは，任意後見監督人を選任することができない（任意後見契約の効力が発生しない）こと。なお，当該事由の有無を可能な範囲で確認するものとする。

イ　本人又は任意後見受任者（任意後見人）の氏名・住所・本籍等に変更があった場合には，変更の登記の申請をする必要があること。

ウ　任意後見監督人選任前の解除は，公証人の認証を受けた書面を，任意後見監督人選任後の解除は，家庭裁判所の許可をそれぞれ要すること。

エ　任意後見契約を解除したときは，任意後見監督人の選任の前後を問わず，終了の登記の申請をすべきこと。

オ　任意後見契約の解除により任意後見の終了の登記の申請をするときは，解除の意思表示を記載した書面（任意後見監督人の選任前の解除の場合には，公証人の認証を受けた書面）の原本を相手方に送達した上で，その送達を証する書面（例えば，配達証明付内容証明郵便の謄本）を登記申請書の添付書類として登記所に提出する必要があること。

カ　合意解除により任意後見の終了の登記の申請をするときは，合意解除の意思表示を記載した書面（任意後見監督人の選任前の解除の場合には，公証人の認証を受けた書面）の原本又は認証ある謄本を登記申請書の添付書類として登記所に提出する必要があること。

(5)　任意後見契約の公正証書の作成手数料等

手数料の額は，任意後見契約一件につき１万1,000円である（公証人手数料令第９条，第16条及び別表参照）。

なお，本人が公証人役場に赴くことができないために出張して公正証書を作成する場合にのみ出張旅費を請求することができ，本人と面接するだけでは原則として出張旅費を請求することはできない（公証人手数料令第43条）。

(6)　任意後見契約の変更

任意後見契約の変更については，次に掲げるとおり取り扱うものとする。

ア　代理権を行うべき事務の範囲を拡張する場合は，既存の任意後見契約を解除して，新たに拡張した代理権を含めた任意後見契約を締結し，又は既存の任意後見契約を維持して，拡張した代理権のみを付与する任意後見契約の公正証書を作成すること。

イ　代理権を行うべき事務の範囲を縮減する場合は，任意後見契約の一部解除が許されないので，既存の任意後見契約を全部解除した上で，新規の任意後見契約の公正証書を作成すること。

ウ　代理権の行使方法（単独行使・共同行使，本人又は第三者の同意の要否等）を変更する場合には，既存の任意後見契約を全部解除した上で，新規の任意後見契約の公正証書を作成すること。

エ　代理権を行うべき事務以外の事項（例えば，報酬の額等）を変更する場合には，変更契約の公正証書を作成すること。この場合，私署証書による変更契約は認められない。

４　登記の嘱託

公証人法第57条ノ３第１項の規定による登記の嘱託の手続は，次のとおりとする。

⑴　嘱託先の登記所

登記の嘱託は，法務大臣が後見登記法第２条第１項により登記所として指定する法務局若しくは地方法務局又はその支局若しくは出張所に対して行う。平成12年２月24日付け法務省告示第83号により，東京法務局がこの登記所に指定された。

⑵　嘱託書の様式等

ア　公証人法第57条ノ３第２項の登記の嘱託書の様式は，別紙のとおりとする。この嘱託書の用紙は，日本産業規格Ａ列４番の丈夫な紙を用いなければならない（公証人法施行規則第８条第２項）。

イ　登記の嘱託書に別紙として添付する「代理権目録」及び「代理権の共同行使の特約目録」は，日本産業規格Ａ列４番の丈夫な紙を用い（ただし，様式令附録第１号様式による場合には，日本産業規格Ｂ列４番の用紙を用いることもできる。），12ポイント程度の文字を使用し，横書で記載する。

ウ　１通の公正証書で複数の任意後見契約が締結されたときは，契約ごとに登記の嘱託書を作成する。

(3)　嘱託書の記載事項等

登記の嘱託書には，次に掲げる事項を記載し，嘱託者である公証人が記名しなければならない（後見登記等に関する政令第５条第２項）。

ア　嘱託者の氏名及び住所並びに嘱託者の資格

嘱託者の氏名に，嘱託者の資格として公証人との肩書きを付する。嘱託者の住所については，公証人役場の所在地を記載する。

イ　登記の事由

「任意後見契約の締結」と記載する。

ウ　登記すべき事項

①　任意後見契約に係る公正証書を作成した公証人の氏名及び所属法務局並びにその証書の番号及び作成の年月日（後見登記法第５条第１号）

②　本人の氏名，出生の年月日，住所及び本籍（外国人にあっては，国籍）（後見登記法第５条第２号）

氏名には，片仮名で振り仮名を付し，住所には，住民票上の住所（外国人にあっては，外国人登録上の居住地）を記載するものとする（③において同じ。）。

③　任意後見受任者の氏名及び住所（法人にあっては，名称又は商号及び主たる事務所又は本店）（後見登記法第５条第３号）

④　任意後見受任者又は任意後見人の代理権の範囲（後見登記法第５条第４号）

代理権の範囲は，嘱託書の別紙として，「代理権目録」に記載する。

様式令附録第1号様式による「代理権目録」に添付する別紙には，同様式中に記載のとおりの表題を付する。

⑤　数人の任意後見人が共同して代理権を行使すべきことを定めたときは，その定め（後見登記法第5条第5号）

代理権の共同行使の定めは，嘱託書の別紙として，「代理権の共同行使の特約目録」に記載する。

エ　登記手数料の額

オ　嘱託の年月日

カ　登記所の表示

(4)　嘱託書の添付書面

登記の嘱託書には，任意後見契約の公正証書の謄本を添付しなければならない（公証人法第57条ノ3第2項）。

(5)　登記手数料の納付

任意後見契約の締結の登記の登記手数料は，1件につき2,600円とされた（登記手数料令第17条第1項）。

登記手数料の納付は，収入印紙を登記の嘱託書に貼付してしなければならない（後見登記法第11条第2項，後見登記等に関する省令第33条第1項）。

(6)　嘱託書等の郵送

登記の嘱託書及びその添付書類を登記所に郵送する場合には，書留郵便又は民間事業者による信書の送達に関する法律（平成14年法律第99号）第2条第6項に規定する一般信書便事業者若しくは同条第9項に規定する特定信書便事業者による同条第2項に規定する信書便の役務であって当該一般信書便事業者若しくは当該特定信書便事業者において引受け及び配達の記録を行うものによらなければならない（後見登記等に関する政令第８条第２項，後見登記等に関する省令第８条）。

⑺　登記の嘱託についての手数料

登記の嘱託についての手数料の額は，1,400円とされた（公証人手数料令第39条の２）。

2　登記手数料等一覧表

第Ⅰ　登記の嘱託についての手数料

Ⅰ　後見等の登記

（裁判所書記官からの嘱託）

□が実際に納付手続が必要な登記等
（例）登手令§13Ⅰ①は、登記手数料令第13条第1項第1号を示す。

登記の種類	登記の事由	登記手数料額
1後見開始の審判に基づく登記	後見開始の審判（家手規§77Ⅰ①）	1件につき2,600円（登手令§13Ⅰ①）
(1)成年後見人又は成年後見監督人の選任又は解任の審判に基づく登記	成年後見人又は成年後見監督人の選任の審判又はこれらの者の解任の審判（家手規§77Ⅰ②、⑤）	※1の後見開始の審判に基づく登記の嘱託手数料2,600円に含まれる（登手令§13Ⅱ①）
(2)成年後見人又は成年後見監督人の権限の行使についての定め及びその取消しの審判に基づく登記	成年後見人又は成年後見監督人の権限の行使についての定め及びその取消しの審判（家手規§77Ⅰ⑥）	※1の後見開始の審判に基づく登記の嘱託手数料2,600円に含まれる（登手令§13Ⅱ②）
(3)後見開始の審判の取消しの審判に基づく登記	後見開始の審判の取消しの審判（家手規§77Ⅰ①）	※1の後見開始の審判に基づく登記の嘱託手数料2,600円に含まれる（登手令§13Ⅱ③）
2保佐開始の審判に基づく登記	保佐開始の審判（家手規§77Ⅰ①）	1件につき2,600円（登手令§13Ⅰ②）
(1)保佐人又は保佐監督人の選任又は解任の審判に基づく登記	保佐人又は保佐監督人の選任の審判又はこれらの者の解任の審判（家手規§77Ⅰ②、⑤）	※2の保佐開始の審判に基づく登記の嘱託手数料2,600円に含まれる（登手令§13Ⅲ①）
(2)保佐人又は保佐監督人の権限の行使についての定め及びその取消しの審判に基づく登記	保佐人又は保佐監督人の権限の行使についての定め及びその取消しの審判（家手規§77Ⅰ⑥）	※2の後見開始の審判に基づく登記の嘱託手数料2,600円に含まれる（登手令§13Ⅲ②）
(3)保佐人の同意を得なければならない行為の定めの審判（保佐開始の審判と同時にされたものに限る。）及びその取消しの審判に基づく登記	保佐人の同意を得なければならない行為の定めの審判及びその取消しの審判（家手規§77Ⅰ⑦）	※2の保佐開始の審判に基づく登記の嘱託手数料2,600円に含まれる（登手令§13Ⅲ③）
(4)保佐人に対する代理権の付与の審判（保佐開始の審判と同時にされたものに限る。）及びその取消しの審判に基づく登記	保佐人に対する代理権の付与の審判及びその取消しの審判（家手規§77Ⅰ⑧）	※2の保佐開始の審判に基づく登記の嘱託手数料2,600円に含まれる（登手令§13Ⅲ④）

⑸保佐開始の審判の取消しの審判に基づく登記	保佐開始の審判の取消しの審判（家手規§77Ⅰ①）	※2の後見開始の審判に基づく登記の嘱託手数料2,600円に含まれる（登手令§13Ⅲ⑤）
3補助開始の審判に基づく登記	**補助開始の審判（家手規§77Ⅰ①）**	**1件につき2,600円（登手令§13Ⅰ③）**
⑴補助人又は補助監督人の選任又は解任の審判に基づく登記	補助人又は補助監督人の選任の審判又はこれらの者の解任の審判（家手規§77Ⅰ②、⑤）	※3の補助開始の審判に基づく登記の嘱託手数料2,600円に含まれる（登手令§13Ⅳ①）
⑵補助人又は補助監督人の権限の行使についての定め及びその取消しの審判に基づく登記	補助人又は補助監督人の権限の行使についての定め及びその取消しの審判（家手規§77Ⅰ⑥）	※3の補助開始の審判に基づく登記の嘱託手数料2,600円に含まれる（登手令§13Ⅳ②）
⑶補助人の同意を得なければならない行為の定めの審判（補助開始の審判と同時にされたものに限る。）及びその取消しの審判に基づく登記	補助人の同意を得なければならない行為の定めの審判及びその取消しの審判（家手規§77Ⅰ⑦）	※3の補助開始の審判に基づく登記の嘱託手数料2,600円に含まれる（登手令§13Ⅳ③）
⑷補助人に対する代理権の付与の審判（補助開始の審判と同時にされたものに限る。）及びその取消しの審判に基づく登記	補助人に対する代理権の付与の審判及びその取消しの審判（家手規§77Ⅰ⑧）	※3の補助開始の審判に基づく登記の嘱託手数料2,600円に含まれる（登手令§13Ⅳ④）
⑸補助開始の審判の取消しの審判に基づく登記	補助開始の審判の取消しの審判（家手規§77Ⅰ①）	※3の補助開始の審判に基づく登記の嘱託手数料2,600円に含まれる（登手令§13Ⅳ⑤）
4保佐人又は補助人の同意を得なければならない行為の定めの審判（保佐開始又補助開始の審判と同時にされたものを除く。）に基づく登記	**保佐人又は補助人の同意を得なければならない行為の定めの審判（家手規§77Ⅰ⑦）**	**1件につき1,400円（登手令§14Ⅰ①）**
⑴保佐人又は補助人の同意を得なければならない行為の定めの審判の取消しの審判に基づく登記	保佐人又は補助人の同意を得なければならない行為の定めの審判の取消しの審判（家手規§77Ⅰ⑦）	※4の保佐人又は補助人の同意を得なければならない行為の定めの審判に基づく登記の嘱託手数料1,400円に含まれる（登手令§14Ⅱ）

５保佐人又は補助人に対する代理権の付与の審判（保佐開始又補助開始の審判と同時にされたものを除く。）に基づく登記	保佐人又は補助人に対する代理権の付与の審判（家手規§77Ⅰ⑧）	１件につき1,400円（登手令§14Ⅰ②）
⑴保佐人又は補助人に対する代理権の付与の審判の取消しの審判に基づく登記	保佐人又は補助人に対する代理権の付与の審判の取消しの審判（家手規§77Ⅰ⑧）	※５の保佐人又は補助人に対する代理権の付与の審判に基づく登記の嘱託手数料1,400円に含まれる（登手令§14Ⅲ）
６成年後見人等又は成年後見監督人等の辞任についての許可の審判に基づく登記	成年後見人等又は成年後見監督人等の辞任についての許可の審判(家手規§77Ⅰ④)	１件につき1,400円（登手令§14Ⅰ③）
７成年後見人等若しくは成年後見監督人等の職務の執行を停止し、又はその職務代行者を選任する審判前の保全処分に基づく登記	成年後見人等若しくは成年後見監督人等の職務の執行を停止し、又はその職務代行者を選任する審判前の保全処分（家手規§77Ⅱ②）	１件につき1,400円（登手令§14Ⅰ④）
⑴成年後見人等若しくは成年後見監督人等の職務代行者の改任の審判前の保全処分に基づく登記	成年後見人等若しくは成年後見監督人等の職務代行者の改任の審判前の保全処分(家手規§77Ⅱ②)	※７の成年後見人等若しくは成年後見監督人等の職務の執行を停止し、又はその職務代行者を選任する審判前の保全処分に基づく登記の嘱託手数料1,400円に含まれる（登手令§14Ⅳ①）
⑵成年後見人等若しくは成年後見監督人等の職務の執行を停止し、又はその職務代行者を選任する審判前の保全処分が効力を失ったことによる登記	成年後見人等若しくは成年後見監督人等の職務の執行を停止し、又はその職務代行者を選任する審判前の保全処分が効力を失った場合(本案の審判があった場合、保全処分の取消し、取下げ)（家手法§116②、家手規§77Ⅱ②)	※７の成年後見人等若しくは成年後見監督人等の職務の執行を停止し、又はその職務代行者を選任する審判前の保全処分に基づく登記の嘱託手数料1,400円に含まれる（登手令§14Ⅳ②）

Ⅱ　後見命令等の登記（裁判所書記官からの嘱託）

登記の種類	登記の事由	登記手数料額
１家事事件手続法第126条第２項の規定による審判前の保全処分に基づく登記	家事事件手続法第126条第２項の規定による財産の管理者の後見を受けることを命ずる審判前の保全処分(家手規§77Ⅱ①)	１件につき1,400円（登手令§15Ⅰ①）

⑴家事事件手続法第126条第８項において準用する同法第125条第１項の規定により財産の管理者を改任する審判前の保全処分に基づく登記	家事事件手続法第126条第８項において準用する同法第125条第１項の規定により財産の管理者を改任する審判前の保全処分（家手規§77Ⅱ①）	※１の財産の管理者の後見を受けることを命ずる審判前の保全処分に基づく登記の嘱託手数料1,400円に含まれる（登手令§15Ⅱ①）
⑵家事事件手続法第126条第２項の規定による審判前の保全処分が効力を失ったことによる登記	家事事件手続法第126条第２項の規定による審判前の保全処分が効力を失った場合（本案の審判があった場合、保全処分の取消し、取下げ）（家手法§116②、家手規§77Ⅱ①）	※１の財産の管理者の後見を受けることを命ずる審判前の保全処分に基づく登記の嘱託手数料1,400円に含まれる（登手令§15Ⅱ②）
２家事事件手続法第134条第２項の規定による審判前の保全処分に基づく登記	家事事件手続法第134条第２項の規定による財産の管理者の保佐を受けることを命ずる審判前の保全処分（家手規§77Ⅱ①）	１件につき1,400円（登手令§15Ⅰ②）
⑴家事事件手続法第134条第６項において準用する同法第125条第１項の規定により財産の管理者を改任する審判前の保全処分に基づく登記	家事事件手続法第134条第６項において準用する同法第125条第１項の規定により財産の管理者を改任する審判前の保全処分（家手規§77Ⅱ①）	※２の財産の管理者の保佐を受けることを命ずる審判前の保全処分に基づく登記の嘱託手数料1,400円に含まれる（登手令§15Ⅱ①）
⑵家事事件手続法第134条第２項の規定による審判前の保全処分が効力を失ったことによる登記	家事事件手続法第134条第２項の規定による審判前の保全処分が効力を失った場合（本案の審判があった場合、保全処分の取消し、取下げ）（家手法§116②、家手規§77Ⅱ①）	※２の財産の管理者の保佐を受けることを命ずる審判前の保全処分に基づく登記の嘱託手数料1,400円に含まれる（登手令§15Ⅱ②）
３家事事件手続法第143条第２項の規定による審判前の保全処分に基づく登記	家事事件手続法第143条第２項の規定による財産の管理者の補助を受けることを命ずる審判前の保全処分（家手規§77Ⅱ①）	１件につき1,400円（登手令§15Ⅰ③）
⑴家事事件手続法第143条第６項において準用する同法第125条第１項の規定により財産の管理者を改任する審判前の保全処分に基づく登記	家事事件手続法第143条第６項において準用する同法第125条第１項の規定により財産の管理者を改任する審判前の保全処分（家手規§77Ⅱ①）	※３の財産の管理者の補助を受けることを命ずる審判前の保全処分に基づく登記の嘱託手数料1,400円に含まれる（登手令§15Ⅱ①）

(2)家事事件手続法第143条第２項の規定による審判前の保全処分が効力を失ったことによる登記	家事事件手続法第143条第２項の規定による審判前の保全処分が効力を失った場合（本案の審判があった場合、保全処分の取消し、取下げ）（家手法§116②、家手規§77Ⅱ①）	※３の財産の管理者の補助を受けることを命ずる審判前の保全処分に基づく登記の嘱託手数料1,400円に含まれる（登手令§15Ⅱ②）

Ⅲ　任意後見契約の登記

（公証人からの嘱託）

登記の種類	登記の事由	登記手数料額
１任意後見契約の締結に係る任意後見契約の登記	任意後見契約に関する法律第３条に規定する公正証書の作成（公証人法§57の３Ⅰ）	１件につき2,600円（登手令§16Ⅰ）

（裁判所書記官からの嘱託）

登記の種類	登記の事由	登記手数料額
(1)任意後見監督人が欠けた場合又は任意後見監督人を更に選任する場合における任意後見監督人の選任の審判に基づく登記	任意後見監督人が欠けた場合又は任意後見監督人を更に選任する場合における任意後見監督人の選任の審判（家手規§77Ⅰ③）	※１の任意後見契約の締結に係る任意後見契約の登記の嘱託手数料2,600円に含まれる（登手令§16Ⅱ①）
(2)任意後見人又は任意後見監督人の解任の審判に基づく登記	任意後見人又は任意後見監督人の解任の審判（家手規§77Ⅰ⑤）	※１の任意後見契約の締結に係る任意後見契約の登記の嘱託手数料2,600円に含まれる（登手令§16Ⅱ②）
(3)任意後見監督人の権限の行使についての定め及びその取消しの審判に基づく登記	任意後見監督人の権限の行使についての定め及びその取消しの審判（家手規§77Ⅰ⑥）	※１の任意後見契約の締結に係る任意後見契約の登記の嘱託手数料2,600円に含まれる（登手令§16Ⅱ③）
(4)任意後見契約が任意後見契約に関する法律第10条第３項の規定により終了したことによる終了の登記	後見開始、保佐開始若しくは補助開始の審判又はこれに代わる裁判が効力を生じた場合において任意後見契約に関する法律第10条第３項の規定により終了する任意後見契約があるとき（家手規§77Ⅲ）	※１の任意後見契約の締結に係る任意後見契約の登記の嘱託手数料2,600円に含まれる（登手令§16Ⅱ④）

２任意後見契約の効力を発生させるための任意後見監督人の選任の審判に基づく登記	任意後見契約の効力を発生させるための任意後見監督人の選任の審判（家手規§77Ⅰ③）	１件につき1,400円（登手令§17Ⅰ①）
３任意後見監督人の辞任についての許可の審判に基づく登記	任意後見監督人の辞任についての許可の審判（家手規§77Ⅰ④）	１件につき1,400円（登手令§17Ⅰ②）
４任意後見人若しくは任意後見監督人の職務の執行を停止し、又は任意後見監督人の職務代行者を選任する審判前の保全処分に基づく登記	任意後見人若しくは任意後見監督人の職務の執行を停止し、又は任意後見監督人の職務代行者を選任する審判前の保全処分（家手規§77Ⅱ②、③）	１件につき1,400円（登手令§17Ⅰ③）
⑴任意後見監督人の職務代行者の改任の審判前の保全処分に基づく登記	任意後見監督人の職務代行者の改任の審判前の保全処分（家手規§77Ⅱ②）	※４の任意後見人若しくは任意後見監督人の職務の執行を停止し、又は任意後見監督人の職務代行者を選任する審判前の保全処分に基づく登記の嘱託手数料1,400円に含まれる（登手令§17Ⅱ①）
⑵任意後見人若しくは任意後見監督人の職務の執行を停止し、又は任意後見監督人の職務代行者を選任する審判前の保全処分が効力を失ったことによる登記	任意後見人若しくは任意後見監督人の職務の執行を停止し、又は任意後見監督人の職務代行者を選任する審判前の保全処分が効力を失った場合（本案の審判があった場合、保全処分の取消し、取下げ）（家手法§116②、家手規§77Ⅱ②）	※４の任意後見人若しくは任意後見監督人の職務の執行を停止し、又は任意後見監督人の職務代行者を選任する審判前の保全処分に基づく登記の嘱託手数料1,400円に含まれる（登手令§17Ⅱ②）

第Ⅱ　登記の申請についての手数料

Ⅰ　法附則第２条による登記の申請

（本人等からの申請）

登記の種類	登記の事由	登記手数料額
１後見の登記（法附則第２条第１項の登記）	民法改正法（平成11年法律第49号）により成年被後見人とみなされる禁治産者等からの申請（民法改正法附則§３Ⅰ）	１件につき2,600円（登手令附則（平成12年政令第25号）§２）
２保佐の登記（法附則第２条第２項の登記）	民法改正法により被保佐人とみなされる準禁治産者等からの申請（民法改正法附則§３Ⅱ）	１件につき2,600円（登手令附則（平成12年政令第25号）§２）

Ⅱ　法７条による変更の登記の申請

登記の種類	登記の事由	登記手数料額
(1)変更の登記（法第７条第１項第１号に関する変更の登記）	成年被後見人等の氏名、出生の年月日、住所及び本籍（外国人にあっては、国籍）の変更（法§７Ⅰ①、４Ⅰ②）	※第ⅠのⅠの１～３の後見開始、保佐開始又は補助開始の審判に基づく登記の嘱託手数料2,600円に含まれる（登手令§13Ⅱ④、13Ⅲ⑥、13Ⅳ⑥）
〃	成年後見人等の氏名、名称及び住所の変更（法§７Ⅰ①、４Ⅰ③）	〃
〃	成年後見監督人等の氏名又は名称及び住所の変更（法§７Ⅰ①、４Ⅰ④）	〃
(2)変更の登記（法第７条第１項第２号に関する変更の登記）	成年後見人等又は成年後見監督人等の職務代行者の氏名又は名称及び住所の変更（法§７Ⅰ②、４Ⅰ⑩）	※第ⅠのⅠの７の成年後見人等若しくは成年後見監督人等の職務代行者を選任する審判前の保全処分に基づく登記の嘱託手数料1,400円に含まれる（登手令§14Ⅳ③、14Ⅰ④）
(3)変更の登記（法第７条第１項第３号に関する変更の登記）	後見命令等の本人の氏名、出生の年月日、住所及び本籍（外国人にあっては、国籍）の変更（法§７Ⅰ③、４Ⅱ②）	※第ⅠのⅡの１～３の財産の管理者の後見、保佐又は補助を受けることを命ずる審判前の保全処分に基づく登記の嘱託手数料1,400円に含まれる（登手令§15Ⅱ③、§15Ⅰ①～③）
〃	財産の管理者の氏名又は名称及び住所の変更（法§７Ⅰ③、４Ⅱ③）	〃
(4)変更の登記（法第７条第１項第４号に関する変更の登記）	任意後見契約の本人の氏名、出生の年月日、住所及び本籍（外国人にあっては、国籍）の変更（法§７Ⅰ④、§５②）	※４の任意後見契約の締結に係る任意後見契約の登記の嘱託手数料2,600円に含まれる（登手令§16Ⅱ⑤）
〃	任意後見受任者又は任意後見人の氏名又は名称及び住所の変更（法§７Ⅰ④、§５③）	〃

〃	任意後見監督人の氏名又は名称及び住所の変更（法§7Ⅰ④、§5⑥）	〃
⑸変更の登記（法第7条第1項第5号に関する変更の登記）	任意後見監督人の職務代行者の氏名又は名称及び住所の変更（法§7Ⅰ⑤、§5⑩）	※4の任意後見監督人の職務代行者を選任する審判前の保全処分に基づく登記の嘱託手数料1,400円に含まれる（登手令§17Ⅱ③）
⑹終了の登記（法第8条第2項に関する終了の登記）	任意後見契約の本人の死亡、その他事由による任意後見契約の終了（法§8Ⅱ）	※4の任意後見契約の締結に係る任意後見契約の登記の嘱託手数料2,600円に含まれる（登手令§16Ⅱ⑥）
⑺終了の登記（法第8条第3項に関する終了の登記）	任意後見契約の終了（法§8Ⅲ）	〃

Ⅲ　法8条による終了の登記の申請

登記の種類	登記の事由	登記手数料額
⑴終了の登記（法第8条第1項に関する終了の登記）	成年被後見人等の死亡（法§8Ⅰ）	※第ⅠのⅠの1～3の後見開始、保佐開始又は補助開始の審判に基づく登記の嘱託手数料2,600円に含まれる（登手令§13Ⅱ⑤、13Ⅲ⑥、13Ⅳ⑥）
⑵終了の登記（法第8条第3項に関する終了の登記）	後見等の終了（法§8Ⅲ）	〃

第Ⅲ　登記事項証明書等の交付、登記申請書等の閲覧についての手数料

Ⅰ　登記事項証明書等の交付についての手数料（オンライン申請によらない場合）

対　　象	登記手数料額	備　　考
1後見登記等ファイル又は閉鎖登記ファイルに記録されている事項を証明した登記事項証明書	1通につき550円。ただし、1通の枚数が50枚を超えるものについては、550円にその超える枚数50枚までごとに100円を加算した額（登手令§2Ⅸ①）	書留等の特殊の取扱いにより送付を求める場合には、当該取扱いに要する料金を加算する（登手令§3Ⅵ）
2後見登記等ファイル又は閉鎖登記ファイルに記録がないことを証明した登記事項証明書	1通につき300円（登手令§2Ⅸ②）	〃

（オンライン申請により証明書の送付を求める場合）

対　　象	登記手数料額	備　　考
3後見登記等ファイル又は閉鎖登記ファイルに記録されている事項を証明した登記事項証明書	1通につき380円。ただし、1通の枚数が50枚を超えるものについては、380円にその超える枚数50枚までごとに100円を加算した額（登手令§3Ⅴ①）	書留等の特殊の取扱いにより送付を求める場合には、当該取扱いに要する料金を加算する（登手令§3Ⅵ）
4後見登記等ファイル又は閉鎖登記ファイルに記録がないことを証明した登記事項証明書	1通につき300円（登手令§3Ⅴ②）	〃

（オンライン申請により電磁的記録の交付を求める場合）

対　　象	登記手数料額	備　　考
5後見登記等ファイル又は閉鎖登記ファイルに記録があることを証明した登記事項証明書	1通につき320円（登手令§4⑤）	
6後見登記等ファイル又は閉鎖登記ファイルに記録がないことを証明した登記事項証明書	1通につき240円（登手令§4⑥）	

Ⅱ　登記申請書等の閲覧についての手数料

対　　象	登記手数料額	備　　考
1登記申請書等	1事件に関する書類につき500円（登手令§5Ⅳ）	

3　登記事項証明書等の例

(1)　登記申請書のひな形（変更の登記、終了の登記）

東京法務局　御中

登記申請書（変更の登記）　令和　年　月　日申請

1 申請人等

ア 申請される方（申請人）	住所	
	氏名	会社法人等番号（　－　－　）
	資格（本人との関係）	連絡先（電話番号）

（注）申請人が法人の場合は、「名称又は商号」「主たる事務所又は本店」を記載し、代表者が記名してください。

イ 上記の代理人（上記の申請人から委任を受けた方）	住所	
	氏名	会社法人等番号（　－　－　）
	連絡先（電話番号）	

（注1）代理人が申請する場合は、アの欄とともにイの欄にも記入してください。
（注2）代理人が法人の場合は、「名称又は商号」「主たる事務所又は本店」を記載し、代表者が記名してください。

2 登記の事由

ア 変更の対象者	□成年被後見人、□被保佐人、□被補助人、□任意後見契約の本人、□成年後見人、□保佐人、□補助人、□任意後見受任者・任意後見人、□成年後見監督人、□保佐監督人、□補助監督人、□任意後見監督人、□その他（　）

（　）の

イ 変更事項	□氏名の変更、□住所の変更、□本籍の変更、□その他（　）

(記入方法) 上記のそれぞれの該当事項の□に☑のようにチェックしてください。(例：「☑成年後見人　の　☑住所の変更」)

3 登記すべき事項

変更の年月日	平成・令和　年　月　日
変更後の登記事項	

(記入方法) 変更の年月日欄には住所移転日等を記入し、変更後の事項欄には新しい住所又は本籍等を記入してください。

4 登記記録を特定するための事項

（本人（成年被後見人、被保佐人、被補助人、任意後見契約の本人）の氏名は必ず記入してください。）

フリガナ	
本人の氏名	

（登記番号が分かっている場合は、本欄に登記番号を記入してください。）

登記番号	第　－　号

（登記番号が分からない場合は、以下の欄に本人の生年月日・住所又は本籍を記入してください。）

本人の生年月日	明治・大正・昭和・平成・令和／西暦　年　月　日生
本人の住所	
又は本人の本籍（国籍）	

5 添付書類

（該当書類の□に☑のようにチェックしてください。）

①□法人の代表者の資格を証する書面（※申請人又は代理人が法人であるときに必要）（□添付省略）(注)
②□委任状、□その他（　）（※代理人が申請するときに必要）
③□登記の事由を証する書面（□住民票の写し（欄外注参照）□戸籍の謄本又は抄本）
□その他（　）
④□上記添付書類は、本件と同時に申請した他の変更の登記申請書に添付した。

（注）住所変更の場合、法務局において住民基本台帳ネットワークを利用して住所変更の事実を確認することができるときは、住民票の写しの添付を省略することができます。法務局において住所変更の事実を確認することができないときは、住民票の写し等の送付をお願いすることがあります。
（注）法人の登記事項証明書の添付を省略することができます。その場合、氏名欄に会社法人等番号を記入の上、添付書類欄①の「□添付省略」にチェックをお願いします。ただし、当該法人について、商業·法人登記が申請され、登記の完了前であるなど、登記官がシステム上で当該法人の登記情報を確認できない場合は、添付を省略することができませんので、商業·法人登記申請の有無をあらかじめ確認願います。

※登記手数料は不要です。

東京法務局　御中

登記申請書（終了の登記）

令和　年　月　日申請

1 申請人等

ア 申請される方（申請人）	住　所			
	氏　名	会社法人等番号（　－　－　）		
	資　格（本人との関係）		連絡先（電話番号）	

（注）申請人が法人の場合は、「名称又は商号」「主たる事務所又は本店」を記載し、代表者が記名してください。

イ 上記の代理人（上記の申請人から委任を受けた方）	住　所	
	氏　名	会社法人等番号（　－　－　）
	連絡先（電話番号）	

（注１）代理人が申請する場合は、アの欄とともにイの欄にも記入してください。
（注２）代理人が法人の場合は、「名称又は商号」「主たる事務所又は本店」を記載し、代表者が記名してください。

2 登記の事由

ア 終了の事由	□成年被後見人の死亡、□被保佐人の死亡、□被補助人の死亡、□任意後見契約の本人の死亡、□任意後見受任者の死亡、□任意後見人の死亡、□任意後見契約の解除、□その他（　）

（記入方法）上記の該当事項の□に☑のようにチェックしてください。

イ 終了の年月日	平成・令和　年　月　日

（注）○死亡の場合は、その死亡日　○任意後見契約の合意解除の場合は、合意解除の意思表示を記載した書面になされた公証人の認証の年月日等　○任意後見契約の一方的解除の場合は、解除の意思表示を記載した書面が相手方に到達した年月日等

3 登記記録を特定するための事項

（本人（成年被後見人、被保佐人、被補助人、任意後見契約の本人）の氏名は必ず記入してください。）

フリガナ	
本人の氏名	

（登記番号が分かっている場合は、本欄に登記番号を記入してください。）

登記番号	第　－　号

（登記番号が分からない場合は、以下の欄に本人の生年月日・住所又は本籍を記入してください。）

本人の生年月日	明治・大正・昭和・平成・令和／西暦　年　月　日生
本人の住所	
又は本人の本籍（国籍）	

4 添付書類 該当書類の□に☑のようにチェックしてください。	①□法人の代表者の資格を証する書面（※申請人又は代理人が法人であるときに必要）（□添付省略）(注) ②□委任状　□その他（　）（※代理人が申請するときに必要） ③□登記の事由を証する書面 ア死亡の場合（□戸籍（除籍）の謄抄本（**欄外注参照**）、□死亡診断書、□その他（　）） イ□任意後見監督人選任前の一方的解除の場合（解除の意思表示が記載され、公証人の認証を受けた書面＝配達証明付内容証明郵便の謄本＋配達証明書（はがき）） ウ□任意後見監督人選任前の合意解除の場合（合意解除の意思表示が記載され、公証人の認証を受けた書面の原本又は認証ある謄本） エ□任意後見監督人選任後の解除の場合（上記イ又はウの書面（ただし、公証人の認証は不要）＋家庭裁判所の許可審判書（又は裁判書）の謄本＋確定証明書） オ□その他（　）

（注）死亡の場合、法務局において住民基本台帳ネットワークを利用して死亡の事実を確認することができるときは、戸籍（除籍）の謄抄本の添付等を省略することができます。法務局において死亡の事実を確認することができないときには、戸籍（除籍）の謄抄本等の送付をお願いすることがあります。
（注）法人の登記事項証明書の添付を省略することができます。その場合、氏名欄に会社法人等番号を記入の上、添付書類欄①の「□添付省略」にチェックをお願いします。ただし、当該法人について、商業·法人登記が申請され、登記の完了前であるなど、登記官がシステム上で当該法人の登記情報を確認できない場合は、添付を省略することができませんので、商業·法人登記申請の有無をあらかじめ確認願います。

※登記手数料は不要です。

(2)　登記事項証明書の交付申請書のひな形（登記事項証明申請書、登記されていないことの証明申請書）

登記事項証明申請書
（成年後見登記用）

＿＿＿＿＿法務局　御中

年　月　日申請

□**閉鎖登記事項証明書（閉鎖された登記事項の証明書を必要とする場合はこちらにチェックしてください。）**

			収入印紙を貼るところ
請求される方（請求権者）	住　所		**収入印紙**は割印をしないでここに貼ってください。
	（フリガナ）		
	氏　名	連絡先（電話番号　－　－　）	
請求される方の資格	1□本人（成年被後見人、被保佐人、被補助人、任意後見契約の本人、後見・保佐・補助命令の本人） 2□**成年後見人**　6□成年後見監督人　7□保佐監督人　8□補助監督人 3□**保佐人**　9□任意後見監督人　10□**本人の配偶者** 4□**補助人**　11□**本人の四親等内の親族**　12□未成年後見人 5□**任意後見受任者（任意後見人）**　13□未成年後見監督人　14□職務代行者　15□財産の管理者 16□本人の相続人　17□本人の相続人以外の承継人		**印紙**は申請書ごとに必要な通数分を貼ってください。
代理人（上記の方から頼まれた方）	住　所		**収入印紙は1通につき550円です**
	（フリガナ）		
	氏　名	連絡先（電話番号　－　－　）	
添付書類 下記㊟参照	□戸籍謄抄本または住民票など本人との関係を証する書面 （上欄中10、11、12、13、16、17の方が申請するときに必要。原則発行から3か月以内の原本） □委任状（代理人が申請するときに必要）→ 会社法人等番号（　－　－　） □法人の代表者の資格を証する書面（□登記事項証明書につき添付を省略） （請求される方が法人であるとき、代理人が法人であるときに必要。いずれも発行から3か月以内の原本）		（ただし、1通の枚数が50枚を超えた場合は、超える50枚ごとに100円が加算されます）
後見登記等の種別及び請求の通数	□後見　□保佐　□補助　（　通） □任意後見契約　（　通） □後見命令　□保佐命令　□補助命令　（　通）		
特別の請求	□氏名や住所等の変更履歴を必要とする場合はこちらにチェックして、必要な理由を記入してください。 理由：		

●**登記記録を特定するための事項**

（フリガナ）	
本人の氏名（成年被後見人等）	

（登記番号がわかっている場合は、記入してください。）

登記番号	第　－　号

（登記番号が不明の場合に記入してください。）

本人の生年月日	明治・大正・昭和・平成・令和／西暦　年　月　日生
本人の住所（登記上の住所）	
または本人の本籍（国籍）	

本人確認書類
□請求権者
□代理人

□運転免許証
□健康保険証
□マイナンバーカード
□住基カード
□資格者証明書
　□弁護士
　□司法書士
　□行政書士
　□その他
□パスポート
□（　）

□封筒

交付通数		交付枚数	手数料	交付方法	受付	
50枚まで	51枚以上	（合計）				年　月　日
				□窓口交付 □郵送交付	交付	年　月　日

記入方法等　1　二重線の枠内の該当事項の□に☑のようにチェックし、所要事項を記入してください。
2「登記記録を特定するための事項」には、登記番号がわかっている場合は、本人の氏名と登記番号を、不明な場合は本人の氏名・生年月日・住所または本籍（本人が外国人の場合には、国籍）を記載してください。
3　郵送請求の場合には、返信用封筒（あて名を書いて、切手を貼ったもの）を同封し下記のあて先に送付してください。
申請書送付先：〒102-8226　東京都千代田区九段南1-1-15　九段第2合同庁舎　東京法務局民事行政部後見登録課

㊟ 窓口請求の場合は、請求される方（代理請求の場合は代理人）の本人確認書類（運転免許証・健康保険証・マイナンバーカード・パスポート等）を窓口で提示していただきますようお願いいたします。
郵送請求の場合は、申請書類とともに、上記本人確認書類のコピーを同封していただきますようお願いいたします。
申請書に添付した戸籍謄抄本等の還付（返却）を希望される場合は、還付のための手続が必要です。
除籍謄抄本または改製原戸籍の謄抄本を添付する場合は、発行後3か月以内のものでなくとも構いません。
商号・本店等または会社法人等番号を記載することにより、法務局において登記情報連携システムを利用して当該法人の登記情報を確認できるときは、当該法人の登記事項証明書等の添付を省略することができます。

「登記されていないことの証明申請書」

（後見登記等ファイル用）

03　請求できるのは、本人、本人の配偶者または四親等内の親族です。
なお、代理の方が請求する場合は、該当する方からの委任状が必要です。

______________法務局
年　　月　　日申請

●請求される方（代理請求の場合は代理人）の本人確認書類が必要です。（裏面注３参照）

			収入印紙を貼るところ
請求される方（請求権者）	住　所		収入印紙
	（フリガナ）		必ず貼ってください。
	氏　名	※ 本人確認のため、御本人に連絡する場合があります。 連絡先（電話番号　　　）	
	証明を受ける方との関係	□ 本人 □ 配偶者 □ 四親等内の親族 □ その他（　　　　）	
代理人（上記の方から頼まれた方）	住　所		
	（フリガナ）		
	氏　名	会社法人等番号（　　－　　－　　） 連絡先（電話番号　　　）	
返送先（上記以外に証明書の返信先を指定される場合に記入）	住　所		1通につき300円 ※割印はしないでください。
	宛　先	※ 返信用封筒にも同一事項を必ず記入　※ 本人確認のため、御本人に連絡する場合があります。	※印紙は申請書ごとに必要な通数分を貼ってください。
添付書類（下記㊟及び裏面2(1)参照）		□ 委任状（代理人が請求するときに必要。また、会社等法人の代表者が社員等の分を請求する時に社員等から代表者への委任状も必要） □ 戸籍謄抄本等親族関係を証する書面（本人の配偶者・四親等内の親族が請求するときに必要） □ 法人の代表者の資格を証する書面（法人が代理人として請求するときに必要）（□ 添付を省略）	

証明事項（いずれかの□にチェックしてください）
□ 成年被後見人、被保佐人とする記録がない。（後見・保佐を受けていないことの証明が必要な方）
□ 成年被後見人、被保佐人、被補助人とする記録がない。（後見・保佐・補助を受けていないことの証明が必要な方）
□ 成年被後見人、被保佐人、被補助人、任意後見契約の本人とする記録がない。（後見・保佐・補助・任意後見を受けていないことの証明が必要な方）
□ その他（　　　　　　　　　　）とする記録がない。（上記以外の証明を必要とする場合）

請求通数	□□ 通 ※請求通数は右詰めで記入してください。	証明を受ける方の氏名のフリガナ	□□□□□□□□□□□□□

◎**証明を受ける方**　この部分を複写して証明書を作成するため、字画をはっきりと、住所または本籍は番号、地番まで正確に記入してください。

①氏　名	
②生年月日	明治□ 大正□ 昭和□ 平成□ 令和□ または 西暦□　　　年　　月　　日
③住　所	都道府県名 / 市区郡町村名 / 丁目 大字 地番
④本　籍 □ 国籍	都道府県名 / 市区郡町村名 / 丁目 大字 地番（外国人は国籍を記入）

提出先から特に指定がない場合は、住所または本籍（外国人の場合は④に☑し、正しい国籍名）のいずれかを記入してください。

㊟ 請求される方（代理請求の場合は代理人）の本人確認書類は必ず提示または添付してください（裏面注３参照）。

記入方法：1．証明を受ける方の氏名のフリガナ欄は、例えば、ヤマダ タロウ と左詰め（氏と名の間１字空き）でカタカナで記入してください。
2．外国人は氏名欄に本国名（漢字を使用しない外国人はカタカナ）を記入してください。
3．生年月日欄は、例えば、昭和に☑し 40 年 1 月 1 日と右詰めで記入。
4．郵送請求の場合は、返信用封筒（あて名を書いて、切手を貼ったもの）を同封し下記のあて先に送付してください。

申請書送付先：〒102-8226　東京都千代田区九段南1-1-15　九段第２合同庁舎　東京法務局民事行政部後見登録課

○本申請書は拡大縮小せずに使用してください。

（登記所が記載します）	交付通数	交付枚数	手数料	受付	年　月　日
				交付	年　月　日

本人確認書類 □請求権者 □代理人	
□運転免許証 □健康保険証 □マイナンバーカード □パスポート □（　　　）	
□封筒	

「登記されていないことの証明書」の交付申請に当たっての留意事項

「登記されていないことの証明書」とは、成年被後見人、被保佐人等の登記がされていないことを証明するものです。この証明書は、平成12年4月1日以降に登記されていないことを証明するものであり、同年3月31日までに禁治産宣告・準禁治産宣告を受けているかどうかを証明するものは、従来どおり本籍地の市区町村が発行する身分証明書または戸籍謄抄本になります。

1　証明書の交付申請手続

○ 窓口請求の場合

表面の申請書に所要事項を記入、**収入印紙**（注1）（1通 ⇒ 300円）を貼付。

⇒ 申請書と下記2(1)の添付書類及び本人確認書類を直接窓口に提出。

＊東京法務局民事行政部後見登録課、各法務局及び地方法務局の戸籍課で取り扱っています。（支局・出張所では取り扱っていません。）

○ 郵送請求の場合

表面の申請書に所要事項を記入、**収入印紙**（注1）（1通 ⇒ 300円）を貼付。

⇒ 申請書に下記2(1)の添付書類及び本人確認書類と返信用封筒（あて名を明記、切手を貼付したもの）を同封し、次のあて先へ送付。（注2）

＊なお、郵送請求は東京法務局民事行政部後見登録課のみ取り扱っています。

〒102-8226
東京都千代田区九段南1-1-15　九段第2合同庁舎
東京法務局　民事行政部　後見登録課　TEL 03-5213-1360（ダイヤルイン）、03-5213-1234（代表）

2　表面に記載した以外の申請書の記入上の注意事項等

(1) **「添付書類」欄及び本人確認書類**（次の場合に応じて添付書類の提出及び本人確認書類の提示またはコピーの送付をお願いいたします。）

○証明を受ける方本人が請求する場合 ⇒ 本人確認書類（注3）

○証明を受ける方の配偶者または四親等内の親族が請求する場合

①証明を受ける方との関係を証する発行から3か月以内の戸籍謄抄本または住民票等（注4）

②本人確認書類（請求される方のもの）（注3）

○代理人が請求する場合

①本人確認書類（代理人のもの）（注3）

②証明を受ける方本人、その配偶者または四親等内の親族からの委任状の添付が必要。

③本人の配偶者または四親等内の親族から委任された場合は、前記委任状に加え、証明を受ける方本人と委任者との関係を証する発行から3か月以内の戸籍謄抄本または住民票等(注4)も併せて必要。

④代理人（受任者）が法人の場合は、上記添付書類に加え、代表者の資格を証する書面として法人の登記事項証明書または代表者の資格証明書（いずれも発行から3か月以内）も併せて必要。

※添付書類欄の「□添付を省略」にチェックの上、商号・本店等または会社法人等番号を記載することで、代表者の資格を証する法人の登記事項証明書等の添付を省略することができます。

※戸籍謄抄本または住民票等の添付書類は、原本を添付してください（郵送請求の場合の本人確認書類を除く。）。なお、戸籍謄抄本または住民票等の還付（返却）を希望される場合は、還付のための手続が必要です。

(2) **「証明事項」欄**

証明事項の選択については、証明書の提出先の官公庁等に確認してください。

(3) **「証明を受ける方」欄**

外国人の場合は、①氏名欄は本国名を、④本籍欄は□国籍欄にチェックをし国籍のみを、それぞれ記入してください。

注1　1通につき300円分の収入印紙を、申請書ごと（証明を受ける方ごと）に必要な通数分、所定の箇所に貼ってください。収入印紙は、郵便局、法務局・地方法務局及びその支局・出張所で印紙売場が設置されているところなどで入手できます。

注2　郵送請求の場合は、1週間程度要します。なお、請求が集中する時期は更に相当日数を要する場合がありますので、できるだけ余裕をもって請求してください。

注3　窓口請求の場合は、請求される方（親族が請求する場合はその親族、代理請求の場合は代理人）の本人確認書類（運転免許証・健康保険証・マイナンバーカード・パスポート等）を窓口で提示していただきますようお願いいたします。また、郵送請求の場合は、本人確認書類のコピーを同封していただきますようお願いいたします。

注4　除籍謄抄本または改製原戸籍の謄抄本を添付する場合は、発行後3か月以内のものでなくとも構いません。

ご不明な点は最寄りの法務局・地方法務局にお問い合わせください。
また、詳しくは東京法務局ホームページをご利用ください。

令和6年東京法務局

(3)　登記事項証明書等の例

証明書の見本
※印は注釈・説明です。実際の証明書にはありません。

〔1〕登記事項証明書（成年後見人が複数・事務を分掌する場合）

登　記　事　項　証　明　書

後　見

後見開始の裁判
【裁 判 所】東京家庭裁判所
【事件の表示】令和 6 年（家）第 10134 号
【裁判の確定日】令和 6 年 4 月 10 日
【登記年月日】令和 6 年 4 月 15 日
【登記番号】第 2024－9381 号

成年被後見人
【氏 名】甲野一郎
【生年月日】昭和 30 年 12 月 29 日
【住 所】東京都千代田区霞が関 1 丁目 1 番 1 号
【本 籍】東京都千代田区霞が関 1 丁目 2 番地

成年後見人
【氏 名】乙川二郎
【住 所】東京都千代田区霞が関 1 丁目 1 番 2 号
【選任の裁判確定日】令和 6 年 4 月 10 日
【登記年月日】令和 6 年 4 月 15 日
【事務の共同・分掌の定めの裁判確定日】令和 6 年 4 月 10 日
【事務の共同・分掌の定め】別紙目録記載のとおり
【登記年月日】令和 6 年 4 月 15 日

※ 複数の成年後見人が選任された場合に、家庭裁判所は、数人の成年後見人がその事務を分掌して権限を行使すべき旨を定めることができる（民法859 の 2 Ⅰ）。
　この場合は、それぞれの成年後見人が行うべき事務が記載された「権限行使の定め目録」が付加される。

成年後見人
【氏 名】丙山三郎
【住 所】東京都千代田区霞が関 1 丁目 1 番 3 号
【選任の裁判確定日】令和 6 年 4 月 10 日
【登記年月日】令和 6 年 4 月 15 日
【事務の共同・分掌の定めの裁判確定日】令和 6 年 4 月 10 日
【事務の共同・分掌の定め】別紙目録記載のとおり
【登記年月日】令和 6 年 4 月 15 日

上記のとおり後見登記等ファイルに記録されていることを証明する。
令和 6 年 4 月 23 日

東京法務局 登記官　　法 務 太 郎　　印

※注：実際の証明書では、用紙が数枚にわたる場合、認証文のみの用紙が最終頁（例の場合、3/3）に付与されます。

［証明書番号］2024-14394（1／3）

証明書の見本
※印は注釈・説明です。実際の証明書にはありません。

登 記 事 項 証 明 書（別 紙 目 録）　**後　見**

権限行使の定め目録

権限行使の定め目録

1　成年後見人乙川二郎は、成年被後見人の財産管理の事務を分掌する。

2　成年後見人丙山三郎は、１記載以外の事務を分掌する。

登記年月日　令和 6 年 4 月 15 日　　［証明書番号］2024-14394（2／3）

証明書の見本
※印は注釈・説明です。実際の証明書にはありません。

〔2〕登記事項証明書（保佐人の同意権の範囲拡張及び代理権が付与されている場合）

登　記　事　項　証　明　書

保　佐

保佐開始の裁判
【裁 判 所】東京家庭裁判所
【事件の表示】令和 6 年（家）第 10136 号
【裁判の確定日】令和 6 年 4 月 10 日
【登記年月日】令和 6 年 4 月 15 日
【登記番号】第 2024−9383 号

被保佐人
【氏 名】甲野一郎
【生年月日】昭和 30 年 12 月 29 日
【住 所】東京都千代田区霞が関 1 丁目 1 番 1 号
【本 籍】東京都千代田区霞が関 1 丁目 2 番地

保佐人
【氏 名】乙川二郎
【住 所】東京都千代田区霞が関 1 丁目 1 番 2 号
【選任の裁判確定日】令和 6 年 4 月 10 日
【登記年月日】令和 6 年 4 月 15 日
【代理権付与の裁判確定日】令和 6 年 4 月 10 日
【代理権の範囲】別紙目録記載のとおり
【登記年月日】令和 6 年 4 月 15 日
【同意を要する行為の定めの裁判確定日】令和 6 年 4 月 10 日
【同意を要する行為】別紙目録記載のとおり（※省略）
【登記年月日】令和 6 年 4 月 15 日

※ 特定の法律行為に限定して代理権を付与する審判がなされた場合（民法876 の 4Ⅰ）には、「代理行為目録」が付加される。

※ 民法13条1項以外の行為（ただし、日用品の購入その他日常生活に関する行為を除く）についても保佐人の同意を要する旨の審判がなされた場合（同意権の範囲の拡張。民法13Ⅱ）には、「同意行為目録」が付加される。

上記のとおり後見登記等ファイルに記録されていることを証明する。
令和 6 年 4 月 23 日

東京法務局 登記官　　法 務 太 郎　　印

※注：実際の証明書では、用紙が数枚にわたる場合、認証文のみの用紙が最終頁（例の場合、4/4）に付与されます。

［証明書番号］2024-14396（1／4）

証明書の見本
※印は注釈・説明です。実際の証明書にはありません。

登 記 事 項 証 明 書（別 紙 目 録）

保 佐

代理行為目録

代 理 行 為 目 録

1　預貯金等の金融機関等との取引
2　預貯金口座の開設及び当該預貯金に関する取引
3　その他の事件本人と金融機関との取引
4　介護契約（介護保険制度における介護サービスの利用契約、ヘルパー・家事援助者等の派遣契約等を含む）の締結・変更・解除及び費用の支払い
5　福祉関係施設への入所に関する契約（有料老人ホームの入居契約を含む。）の締結・変更・解除及び費用の支払い
6　医療契約及び病院への入院に関する契約の締結・変更・解除及び費用の支払い
7　税金の申告
8　弁護士に対して訴訟行為及び民事訴訟法第５５条第２項の特別授権事項について授権すること
9　以上の各事務に関連する一切の事項

登記年月日 令和 6 年 4 月 15 日　　　　［証明書番号］2024-14396（2／4）

証明書の見本
※印は注釈・説明です。実際の証明書にはありません。

〔3〕登記事項証明書（補助人の場合）

登 記 事 項 証 明 書

補 助

補助開始の裁判
【裁 判 所】東京家庭裁判所
【事件の表示】令和 6 年（家）第 10137 号
【裁判の確定日】令和 6 年 4 月 10 日
【登記年月日】令和 6 年 4 月 15 日
【登記番号】第 2024－9384 号

被補助人
【氏 名】甲野一郎
【生年月日】昭和 30 年 12 月 29 日
【住 所】東京都千代田区霞が関 1 丁目 1 番 1 号
【本 籍】東京都千代田区霞が関 1 丁目 2 番地

※ 審判の内容に応じ、補助人は一定の法律行為（民法 13 条 1 項の行為のうち一部）につき同意権を有し、又は代理権を有する。また、同意権を有する行為につき、取消権と追認権を有する。
※ 複数の補助人を選任することも可能。

補助人
【氏 名】乙川二郎
【住 所】東京都千代田区霞が関 1 丁目 1 番 2 号
【選任の裁判確定日】令和 6 年 4 月 10 日
【登記年月日】令和 6 年 4 月 15 日
【代理権付与の裁判確定日】令和 6 年 4 月 10 日
【代理権の範囲】別紙目録記載のとおり
【登記年月日】令和 6 年 4 月 15 日
【同意を要する行為の定めの裁判確定日】令和 6 年 4 月 10 日
【同意を要する行為】別紙目録記載のとおり
【登記年月日】令和 6 年 4 月 15 日

※ 代理権付与の審判のみがされた場合、被補助人の行為能力は特に制限を受けず、その範囲内で補助人が代理権を行使し得るに止まる。
※ 同意権付与の審判のみがされた場合、その法律行為につき、補助人の同意を得ることを要し、同意を欠く行為は取り消すことができる。
※ 同意権付与、代理権付与の審判がされた場合、被補助人は、同意権の範囲内で行為能力の制限を受け、代理権の範囲内で補助人に代理される。

上記のとおり後見登記等ファイルに記録されていることを証明する。
令和 6 年 4 月 23 日

東京法務局 登記官　　法 務 太 郎　　印

※注：実際の証明書では、用紙が数枚にわたる場合、認証文のみの用紙が最終頁（例の場合、5/5）に付与されます。

［証明書番号］2024-14397（1／5）

証明書の見本
※印は注釈・説明です。実際の証明書にはありません。

登 記 事 項 証 明 書（別 紙 目 録）

代理行為目録

代 理 行 為 目 録

1　別紙物件目録記載の不動産の売却
2　○○府○○市○○町○○番○号老人ホーム○○に関する賃貸借契約の締結・変更・解除
3　預貯金の管理（口座の開設・変更・解約・振込み・払戻し）
4　定期的な収入（家賃収入・年金等の受領）の管理
5　定期的な支出（ローン支払い、家賃支払い・病院費用等）の管理
6　実印・銀行印・印鑑登録カード等の保管に関する事項
7　介護契約等に関する事項
（1）介護サービスの利用契約
（2）老人ホームの入居契約
8　医療（病院等への入院等）契約の締結・変更・解除

登記年月日 令和 6 年 4 月 15 日　　［証明書番号］2024-14397（2／5）

証明書の見本
※印は注釈・説明です。実際の証明書にはありません。

登記事項証明書（別紙目録）

補　助

物件目録

物件目録

1　所在　○○府○○市○○町○丁目
　　地番　○○番
　　地目　宅地
　　地積　○○・○○平方メートル

2　所在　○○府○○市○○町○丁目○○番地
　　家屋番号　○○番
　　種類　店舗・住宅
　　構造　木造瓦葺2階建
　　床面積　1階　○○・○○平方メートル
　　　　　　2階　○○・○○平方メートル

登記年月日 令和 6 年 4 月 15 日　　［証明書番号］2024-14397（3／5）

証明書の見本

※印は注釈・説明です。実際の証明書にはありません。

登 記 事 項 証 明 書（別 紙 目 録）

補　助

同意行為目録

同 意 行 為 目 録

1　借財又は保証をなすこと
2　不動産その他重要な財産に関する権利の得喪を目的とする行為をなすこと
3　新築、改築、増築又は大修繕をなすこと

登記年月日　令和 6 年 4 月 15 日　　　　［証明書番号］2024-14397（4／5）

証明書の見本
※印は注釈・説明です。実際の証明書にはありません。

〔4〕登記事項証明書（後見命令の場合）

登　記　事　項　証　明　書

保全処分

後見命令の裁判
【裁 判 所】東京家庭裁判所
【事件の表示】令和 6 年（家ロ）第 10138 号
【裁判の発効日】令和 6 年 4 月 10 日
【登記年月日】令和 6 年 4 月 15 日
【登記番号】第 2024－9385 号

後見命令の本人
【氏 名】甲野一郎
【生年月日】昭和 20 年 12 月 29 日
【住 所】東京都千代田区霞が関 1 丁目 1 番 1 号
【本 籍】東京都千代田区霞が関 1 丁目 2 番地

財産の管理者
【氏 名】乙川二郎
【住 所】東京都千代田区霞が関 1 丁目 1 番 2 号

※ 後見命令が効力を生ずると、本人及び財産の管理者は、本人がした財産上の行為を取り消すことができる（家手法126Ⅶ）。
※ 保佐命令（補助命令）の審判があったときは、本人及び財産の管理者は、本人が財産の管理者の同意を得ないでした財産上の行為を取り消すことができる（家手法134Ⅴ、143Ⅴ）。

上記のとおり後見登記等ファイルに記録されていることを証明する。
令和 6 年 4 月 23 日

東京法務局 登記官　　法 務 太 郎　　印

［証明書番号］2024-14398（1／1）

証明書の見本
※印は注釈・説明です。実際の証明書にはありません。

〔5〕登記事項証明書（任意後見監督人が選任された場合）

登　記　事　項　証　明　書

任意後見

任意後見契約
【公証人の所属】東京法務局
【公証人の氏名】山田太郎
【証書番号】令和 5 年第 140 号
【作成年月日】令和 5 年 4 月 10 日
【登記年月日】令和 5 年 4 月 17 日
【登記番号】第 2023－9387 号

任意後見契約の本人
【氏　名】甲野一郎
【生年月日】昭和 30 年 12 月 29 日
【住　所】東京都千代田区霞が関 1 丁目 1 番 1 号
【本　籍】東京都千代田区霞が関 1 丁目 2 番地

※ 任意後見契約が発効しても、本人の行為能力は制限されることはなく、意思能力がある限り、有効な法律行為ができる。

任意後見人
【氏　名】乙川二郎
【住　所】東京都千代田区霞が関 1 丁目 1 番 2 号
【代理権の範囲】別紙目録記載のとおり

※ 任意後見人の権限、処理すべき事務は、任意後見契約の内容によって定まる。任意後見人の任務は、本人の生活、療養看護、財産管理等に関する事務について代理権を行使することである（任意後見契約法 2Ⅰ）。
また、委任契約の受任者として善管注意義務を負うほか、本人の意思を尊重し、かつ、その心身の状態及び生活の状況に配慮しなければならない（任意後見契約法 6）。

任意後見監督人
【氏　名】丙山三郎
【住　所】東京都千代田区霞が関 1 丁目 1 番 2 号
【選任の裁判確定日】令和 6 年 4 月 10 日
【登記年月日】令和 6 年 4 月 15 日

※ 家庭裁判所による任意後見監督人の選任審判の確定によって任意後見契約が発効する。任意後見監督人の監督の下に、任意後見人が、任意後見契約に定められた後見事務を行う。

上記のとおり後見登記等ファイルに記録されていることを証明する。
令和 6 年 4 月 23 日

東京法務局 登記官　　法 務 太 郎　　印

※注：実際の証明書では、用紙が数枚にわたる場合、認証文のみの用紙が最終頁（例の場合、3/3）に付与されます。

［証明書番号］2024-14400（1／3）

証明書の見本
※印は注釈・説明です。実際の証明書にはありません。

登記事項証明書（別紙目録）

任意後見

代理権目録

代理権目録

1．財産の管理・保存・処分等に関する事項
　・甲に帰属する別紙「財産目録」（※省略）記載の財産及び本契約締結後に甲に帰属する財産（預貯金を除く。）並びにその果実の管理・保存
　・上記の財産（増加財産を含む。）及びその果実の処分・変更
　　売却
　　賃貸借契約の締結・変更・解除
　　担保権の設定契約の締結・変更・解除
2．定期的な収入の受領及び費用の支払に関する事項
　・定期的な収入の受領及びこれに関する諸手続
　　　家賃・地代
　　　年金・障害手当金その他の社会保障給付
　・定期的な支出を要する費用の支払及びこれに関する諸手続
　　　家賃・地代
　　　公共料金
　　　保険料
　　　ローンの返済金
3．生活に必要な送金及び物品の購入等に関する事項
　・生活費の送金
　・日用品の購入その他日常生活に関する取引
　・日用品以外の生活に必要な機器・物品の購入
4．介護契約その他の福祉サービス利用契約等に関する事項
　・　介護契約（介護保険制度における介護サービスの利用契約、ヘルパー・家事援助者等の派遣契約等を含む。）の締結・変更・解除及び費用の支払
　・要介護認定の申請及び認定に関する承認又は審査請求
　・介護契約以外の福祉サービスの利用契約の締結・変更・解除及び費用の支払
　・福祉関係施設への入所に関する契約（有料老人ホームの入居契約等を含む。）の締結
　・変更・解除及び費用の支払
　・福祉関係の措置（施設入所措置等を含む。）の申請及び決定に関する審査請求
5．医療に関する事項
　・医療契約の締結・変更・解除及び費用の支払
　・病院への入院に関する契約の締結・変更・解除及び費用の支払

登記年月日 令和 5 年 4 月 17 日　　　［証明書番号］2024-14400（2／3）

証明書の見本
※印は注釈・説明です。実際の証明書にはありません。

〔6〕閉鎖登記事項証明書（成年被後見人が死亡した場合）

閉 鎖 登 記 事 項 証 明 書

後　見

後見開始の裁判
【裁 判 所】盛岡家庭裁判所宮古支部
【事件の表示】令和 6 年（家）第 32 号
【裁判の確定日】令和 6 年 4 月 10 日
【登記年月日】令和 6 年 4 月 15 日
【登記番号】第 2024－7141 号

成年被後見人
【氏 名】甲野一郎
【生年月日】昭和 30 年 12 月 29 日
【住 所】東京都千代田区霞が関 1 丁目 1 番 1 号
【本 籍】東京都千代田区霞が関 1 丁目 2 番地

成年後見人
【氏 名】乙川二郎
【住 所】東京都千代田区霞が関 1 丁目 1 番 2 号
【選任の裁判確定日】令和 6 年 4 月 10 日
【登記年月日】令和 6 年 4 月 15 日
【成年被後見人の死亡による終了日】令和 6 年 5 月 25 日
【登記年月日】令和 6 年 6 月 3 日（閉鎖）

上記のとおり閉鎖ファイルに記録されていることを証明する。
令和 6 年 9 月 17 日

東京法務局 登記官　　法 務 太 郎　　印

［証明書番号］2024-12345（1／1）

証明書の見本
※印は注釈・説明です。実際の証明書にはありません。

〔7〕登記されていないことの証明書(「03申請書」からOCR処理で作成した証明書)

登記されていないことの証明書

①氏　名	後見次郎				
②生年月日	明治□ 大正□ 昭和☑ 平成□ 令和□ または 西暦□	40年 1月 1日			
③住　所	都道府県名				市区郡町村名
	東	京	都		千代田区
	丁目 大字 地番				
	九段南1丁目1番15号				
④本　籍 □ 国籍	都道府県名				市区郡町村名
	東	京	都		千代田区
	丁目 大字 地番（外国人は国籍を記入）				
	九段南1丁目1番15号				

※
住民票上の
住所を記入

※ 証明事項（証明範囲）は、その提出先等によって異なります。一般的には、
「成年被後見人、被保佐人とする記録がないこと」
「成年被後見人、被保佐人、被補助人とする記録がないこと」
「成年被後見人、被保佐人、被補助人，任意後見契約の本人とする記録がないこと」
のいずれかを選択していただき、証明します。

上記の者について、後見登記等ファイルに成年被後見人、被保佐人とする記録がないことを証明する。

令和 6 年 4 月 23 日

東京法務局 登記官　　法 務 太 郎　　印

［証明書番号］ 2024A-270573

4　成年後見登記事件数の推移

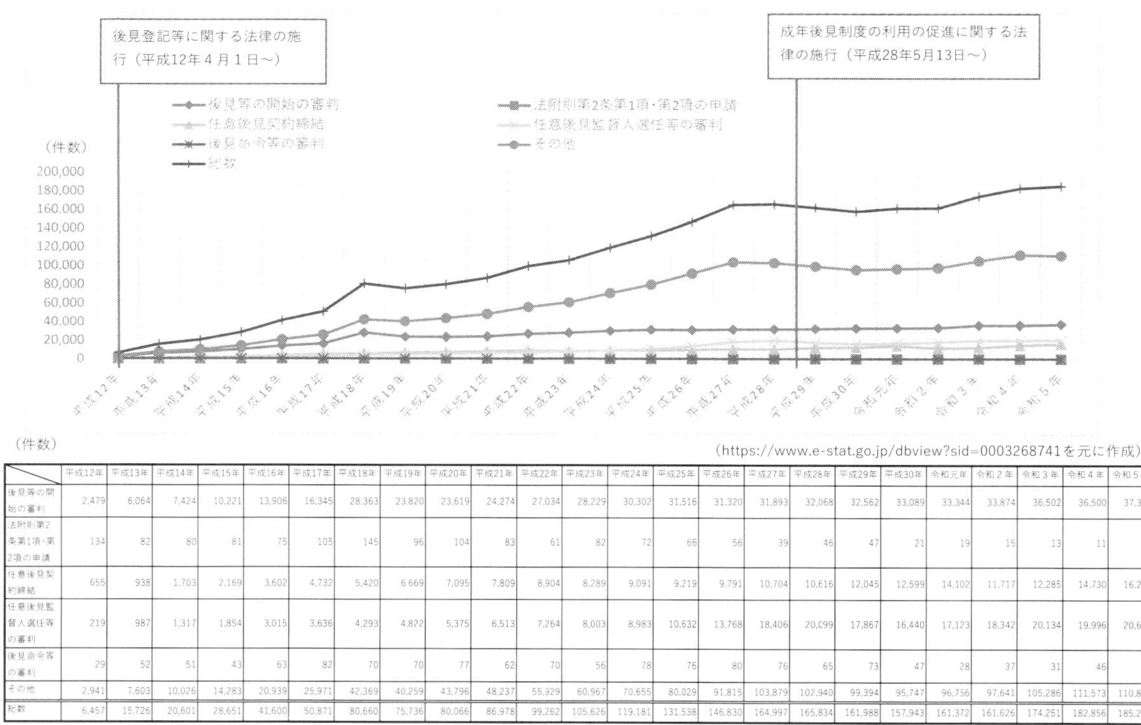

（https://www.e-stat.go.jp/dbview?sid=0003268741を元に作成）

（件数）

	平成12年	平成13年	平成14年	平成15年	平成16年	平成17年	平成18年	平成19年	平成20年	平成21年	平成22年	平成23年
後見等の開始の審判	2,479	6,064	7,424	10,221	13,906	16,345	28,363	23,820	23,619	24,274	27,034	28,229
法附則第2条第1項・第2項の申請	134	82	80	81	75	105	145	96	104	83	61	82
任意後見契約締結	655	938	1,703	2,169	3,602	4,732	5,420	6,669	7,095	7,809	8,904	8,289
任意後見監督人選任等の審判	219	987	1,317	1,854	3,015	3,636	4,293	4,822	5,375	6,513	7,264	8,003
後見命令等の審判	29	52	51	43	63	82	70	70	77	62	70	56
その他	2,941	7,603	10,026	14,283	20,939	25,971	42,369	40,259	43,796	48,237	55,929	60,967
総数	6,457	15,726	20,601	28,651	41,600	50,871	80,660	75,736	80,066	86,978	99,262	105,626

	平成24年	平成25年	平成26年	平成27年	平成28年	平成29年	平成30年	令和元年	令和２年	令和３年	令和４年	令和５年
後見等の開始の審判	30,302	31,516	31,320	31,893	32,068	32,562	33,089	33,344	33,874	36,502	36,500	37,361
法附則第2条第1項・第2項の申請	72	66	56	39	46	47	21	19	15	13	11	13
任意後見契約締結	9,091	9,219	9,791	10,704	10,616	12,045	12,599	14,102	11,717	12,285	14,730	16,253
任意後見監督人選任等の審判	8,983	10,632	13,768	18,406	20,099	17,867	16,440	17,123	18,342	20,134	19,996	20,698
後見命令等の審判	78	76	80	76	65	73	47	28	37	31	46	20
その他	70,655	80,029	91,815	103,879	102,940	99,394	95,747	96,756	97,641	105,286	111,573	110,866
総数	119,181	131,538	146,830	164,997	165,834	161,988	157,943	161,372	161,626	174,251	182,856	185,211

5　関係法令等4段表

○後見登記等に関する法律（平成十一年法律第百五十二号）

（趣旨）

第一条　民法（明治二十九年法律第八十九号）に規定する後見（後見開始の審判により開始するものに限る。以下同じ。）、保佐及び補助に関する登記並びに任意後見契約に関する法律（平成十一年法律第百五十号）に規定する任意後見契約の登記（以下「後見登記等」と総称する。）については、他の法令に定めるもののほか、この法律の定めるところによる。

（登記所）

第二条　後見登記等に関する事務は、法務大臣の指定する法務局若しくは地方法務局若しくはこれらの支局又はこれらの出張所（次条において「指定法務局等」という。）が、登記所としてつかさどる。

2　前項の指定は、告示してしなければならない。

（登記官）

第三条　登記所における事務は、

○後見登記等に関する政令（平成十二年政令第二十四号）

第一章　総則

（目的）

第一条　この政令は、後見登記等に関する法律（以下「法」という。）第一条に規定する後見登記等に関し、登記申請の方式その他必要な細目を定めることを目的とする。

（事務の停止）

第二条　登記所においてその事務を停止しなければならない事故が生じたときは、法務大臣は、期間を定めて、その停止を命ずることができる。

○後見登記等に関する省令（平成十二年法務省令第二号）

○後見登記等に関する事務の取扱いについて（平成二十四年法務省民一第三千五百号通達。基本通達）の項目

第7　その他

指定法務局等に勤務する法務事務官で、法務局又は地方法務局の長が指定した者が、登記官として取り扱う。

第二章　後見登記等ファイル等

（後見登記等ファイル等の記録の滅失と回復）

第三条　後見登記等ファイル又は閉鎖登記ファイルの記録の全部又は一部が滅失したときは、法務大臣は、登記官に対し一定の期間を定めて、登記の回復に必要な処分を命ずることができる。

第一章　後見登記等ファイル等

（後見登記等ファイル等の持出禁止）

第一条　後見登記等ファイル及び閉鎖登記ファイル（以下「後見登記等ファイル等」と総称する。）並びに登記申請書等（後見登記等に関する政令（以下「令」という。）第十二条第一項に規定する登記申請書等をいう。以下同じ。）は、事変を避けるためにする場合を除き、登記所外に持ち出してはならない。ただし、登記申請書等については、裁判所の命令又は嘱託があったときは、この限りでない。

（裁判所への登記申請書等の送付）

第二条　裁判所から登記申請書等を送付すべき命令又は嘱託があったときは、登記官は、その関係がある部分に限り、送付しなければならない。

（後見登記等ファイル等の記録の滅失の場合）

第三条　後見登記等ファイル等の記録の全部又は一部が滅失した

1　登記官等が申請人である場合

2　登記官等が成年被後見人等である場合

第6　後見登記等ファイル等の記録等の保全等

1　後見登記等ファイル等の記録の副記録及び滅失の回復

(1)　副記録による事務処理

(2)　登記の回復

2　後見登記等ファイル等の持出禁止

(1)　後見登記等ファイル等の持出禁止

(2)　持ち出しの報告

（後見等の登記等）

ときは、登記官は、遅滞なく、その事由、年月日、滅失した後見登記等ファイル等の記録その他令第三条の処分をするのに必要な事項を記載し、かつ、回復登記の期間を予定し、監督法務局又は地方法務局の長に申報しなければならない。

2　法務局又は地方法務局の長が前項の申報を受けたときは、相当の調査をした後、法務大臣に具申しなければならない。

（副記録）

第四条　登記官は、後見登記等ファイル等に記録した事項と同一の事項を記録する副記録を備えなければならない。

2　登記官は、後見登記等ファイル等の記録によって登記の事務を行うことができないときは、前項の副記録によってこれを行うことができる。この場合において、副記録に記録した事項は、後見登記等ファイル等の記録に記録した事項とみなす。

3　登記官は、後見登記等ファイル等の記録によって登記の事務を行うことができるようになったときは、直ちに、前項の規定により副記録に記録した事項を後見登記等ファイル等の記録に記録しなければならない。

第1　登記の嘱託又は申請の手続

第四条　後見、保佐又は補助（以下「後見等」と総称する。）の登記は、嘱託又は申請により、磁気ディスク（これに準ずる方法により一定の事項を確実に記録することができる物を含む。第九条において同じ。）をもって調製する後見登記等ファイルに、次に掲げる事項を記録することによって行う。

一　後見等の種別、開始の審判をした裁判所、その審判の事件の表示及び確定の年月日

二　成年被後見人、被保佐人又は被補助人（以下「成年被後見人等」と総称する。）の氏名、出生の年月日、住所及び本籍（外国人にあっては、国籍）

三　成年後見人、保佐人又は補助人（以下「成年後見人等」と総称する。）の氏名又は名称及び住所

四　成年後見監督人、保佐監督人又は補助監督人（以下「成年後見監督人等」と総称する。）が選任されたときは、その氏名又は名称及び住所

五　保佐人又は補助人の同意を得ることを要する行為が定められたときは、その行為

六　保佐人又は補助人に代理権が付与されたときは、その代

（帳簿）

第五条　登記所には、次に掲げる帳簿を備えるものとする。

一　受付帳

二　登記申請書類つづり込み帳

三　証明書交付申請書等つづり込み帳

四　決定原本つづり込み帳

1　後見等の登記
(1)　登記すべき事項
(2)　後見等の開始の審判に基づく登記
ア　嘱託者及び嘱託の事由
イ　嘱託の方式
ウ　添付書面
(3)　変更の登記
ア　嘱託による登記
イ　申請による登記
(4)　終了の登記
ア　嘱託による登記
イ　申請による登記

2　後見命令等の登記
(1)　登記すべき事項
(2)　後見命令等の審判に基づく登記
(3)　変更の登記
ア　嘱託による登記
イ　申請による登記
(4)　終了の登記
ア　嘱託者及び嘱託の事由
イ　嘱託の方式
ウ　添付書面

第6　後見登記等ファイル等の記録等の保全等

3　後見登記等ファイル等の記録等の保存
(1)　帳簿等の様式
(2)　帳簿等の表紙
(3)　記録等の廃棄

理権の範囲
七　数人の成年後見人等又は数人の成年後見監督人等が、共同して又は事務を分掌して、その権限を行使すべきことが定められたときは、その定め
八　後見等が終了したときは、その事由及び年月日
九　家事事件手続法（平成二十三年法律第五十二号）第百二十七条第一項（同条第五項並びに同法第百三十五条及び第百四十四条において準用する場合を含む。）の規定により成年後見人等又は成年後見監督人等の職務の執行を停止する審判前の保全処分がされたときは、その旨
十　前号に規定する規定により成年後見人等又は成年後見監督人等の職務代行者を選任する審判前の保全処分がされたときは、その氏名又は名称及び住所
十一　登記番号
2　家事事件手続法第百二十六条第二項、第百三十四条第二項又は第百四十三条第二項の規定による審判前の保全処分（以下「後見命令等」と総称する。）の登記は、嘱託又は申請により、後見登記等ファイルに、次に掲げる事項を記録することによっ

五　審査請求書類等つづり込み帳
六　登記関係帳簿保存簿
七　登記事務日記帳
八　登記事項証明書等用紙管理簿
九　登記事項通知書通知簿
十　再使用証明申出書類等つづり込み帳
十一　統計表つづり込み帳
十二　雑書つづり込み帳
2　次の各号に掲げる帳簿には、当該各号に定める書類をつづり込むものとする。
一　登記申請書類つづり込み帳　登記申請書等
二　証明書交付申請書等つづり込み帳　登記申請事件以外の事件の申請書及びその添付書面
三　決定原本つづり込み帳　登記の嘱託又は申請を却下した決定に係る決定書の原本
四　審査請求書類等つづり込み帳　審査請求書その他の審査請求事件に関する書類
五　再使用証明申出書類等つづり込み帳　収入印紙に係る再使用証明申出書及び償還に関する書類
六　統計表つづり込み帳　登記事件及び登記以外の事件に係る各種の統計表

て行う。

一　後見命令等の種別、審判前の保全処分をした裁判所、その審判前の保全処分の事件の表示及び発効の年月日

二　財産の管理者の後見、保佐又は補助を受けるべきことを命ぜられた者（以下「後見命令等の本人」と総称する。）の氏名、出生の年月日、住所及び本籍（外国人にあっては、国籍）

三　財産の管理者の氏名又は名称及び住所

四　家事事件手続法第百四十三条第二項の規定による審判前の保全処分において、財産の管理者の同意を得ることを要するものと定められた行為

五　後見命令等が効力を失ったときは、その事由及び年月日

六　登記番号

（任意後見契約の登記）

第五条　任意後見契約の登記は、嘱託又は申請により、後見登記等ファイルに、次に掲げる事項を記録することによって行う。

一　任意後見契約に係る公正証書を作成した公証人の氏名及び所属並びにその証書の番号及び作成の年月日

二　任意後見契約の委任者（以下「任意後見契約の本人」と

七　雑書つづり込み帳　他の帳簿につづり込まない書類

3　次の各号に掲げる帳簿には、当該各号に定める事項を記載するものとする。

一　登記関係帳簿保存簿　第五条第一項各号に掲げる帳簿及び書類の保存状況

二　登記事務日記帳　受付帳その他の帳簿に記載しない書類の発送及び受領に関する事項

三　登記事項証明書等用紙管理簿　登記事項証明書及び閉鎖登記事項証明書（以下「登記事項証明書等」と総称する。）の作成に使用する用紙の管理に関する事項

四　登記事項通知書通知簿　第十三条及び後見登記等に関する法律（平成十一年法律第百五十二号。以下「法」という。）附則第二条第四項の通知に関する事項

4　次の各号に掲げる記録、帳簿、書類又は電磁的記録媒体（以下「記録等」という。）の保存期間は、当該各号に定めるとおりとする。

一　後見登記等ファイルの記録　永久

二　閉鎖登記ファイルの記録　閉鎖した日から三十年間

三　受付帳の記録　当該年度の

第1　登記の嘱託又は申請の手続

3　任意後見契約の登記

(1)　登記すべき事項

(2)　任意後見契約の締結の登記

ア　嘱託者及び嘱託の事由

イ　嘱託の方式

ウ　添付書面

(3)　変更の登記

ア　嘱託による登記

イ　申請による登記

いう。）の氏名、出生の年月日、住所及び本籍（外国人にあっては、国籍）
三　任意後見受任者又は任意後見人の氏名又は名称及び住所
四　任意後見受任者又は任意後見人の代理権の範囲
五　数人の任意後見人が共同して代理権を行使すべきことを定めたときは、その定め
六　任意後見監督人が選任されたときは、その氏名又は名称及び住所並びにその選任の審判の確定の年月日
七　数人の任意後見監督人が、共同して又は事務を分掌して、その権限を行使すべきことが定められたときは、その定め
八　任意後見契約が終了したときは、その事由及び年月日
九　家事事件手続法第二百二十五条において準用する同法第百二十七条第一項の規定により任意後見人又は任意後見監督人の職務の執行を停止する審判前の保全処分がされたときは、その旨
十　前号に規定する規定により任意後見監督人の職務代行者を選任する審判前の保全処分がされたときは、その氏名又は名称及び住所
十一　登記番号

翌年から五年間
四　登記申請書類つづり込み帳　受付の日から五年間
五　証明書交付申請書等つづり込み帳　受付の日から一年間
六　決定原本つづり込み帳　これにつづり込まれた決定書に係る決定の翌年から五年間
七　審査請求書類等つづり込み帳　これにつづり込まれた審査請求書の受付の年の翌年から五年間
八　登記関係帳簿保存簿　永久
九　登記事務日記帳　作成した年の翌年から五年間
十　登記事項証明書等用紙管理簿　作成した年の翌年から一年間
十一　登記事項通知書通知簿　作成した年の翌年から五年間
十二　再使用証明申出書類等つづり込み帳　作成した年の翌年から五年間
十三　統計表つづり込み帳　作成した年の翌年から十年間
十四　雑書つづり込み帳　作成した年の翌年から二年間

（記録等の廃棄）

第五条の二　登記所において記録等を廃棄するときは、法務局又は地方法務局の長の認可を受けなければならない。

(4)　終了の登記
ア　嘱託による登記
イ　申請による登記

4　禁治産者及び準禁治産者についての経過措置
(1)　法附則第2条第1項の後見の登記
ア　申請人
イ　申請の方式
ウ　添付書面
(2)　法附則第2条第2項の保佐の登記
ア　申請人
イ　申請の方式
ウ　添付書面

5　手数料の納付

（後見登記等ファイルの記録の編成）

第六条　後見登記等ファイルの記録は、後見等の登記については後見等の開始の審判ごとに、後見命令等の登記については後見命令等ごとに、任意後見契約の登記については任意後見契約ごとに、それぞれ編成する。

（変更の登記）

第七条　後見登記等ファイルの各記録（以下「登記記録」という。）に記録されている次の各号に掲げる者は、それぞれ当該各号に定める事項に変更が生じたことを知ったときは、嘱託による登記がされる場合を除き、変更の登記を申請しなければならない。

一　第四条第一項第二号から第四号までに規定する者　同項各号に掲げる事項

二　第四条第一項第十号に規定する職務代行者　同号に掲げる事項

三　第四条第二項第二号又は第三号に規定する者　同項各号に掲げる事項

四　第五条第二号、第三号又は第六号に規定する者　同条各号に掲げる事項

五　第五条第十号に規定する職務代行者　同号に掲げる事項

第三章　登記手続

（嘱託又は申請による登記）

第四条　登記は、法令に別段の定めがある場合を除くほか、嘱託又は申請がなければ、することができない。

2　嘱託による登記の手続については、法令に別段の定めがある場合を除くほか、申請による登記に関する規定を準用する。

（登記申請の方式）

第五条　登記の申請は、書面でしなければならない。

2　前項の書面（以下「登記申請書」という。）には、次に掲げる事項を記載し、申請人又はその代表者若しくは代理人が記名しなければならない。

一　申請人の氏名又は名称及び住所並びに申請人の資格

二　代理人によって申請するときは、その氏名及び住所

三　登記の事由

四　登記すべき事項

五　変更又は終了の登記の申請

第二章　登記手続

（登記記録を特定するために必

第2　登記の手続

1　登記の嘱託又は申請の受付及び審査等

(1)　受付の処理

ア　受付

イ　印紙の処理

(2)　審査等

ア　審査

イ　却下

ウ　却下の手続等

(3)　登記の嘱託又は申請の取下げ

(4)　収入印紙の再使用証明

ア　再使用の申出があった場合の手続

イ　再使用証明をした収入印紙の使用

ウ　再使用証明後の賠償償還手続

エ　再使用証明の日から1年を経過した収入印紙の取扱い

2　登記の方法等

(1)　登記の方法

(2)　通知

2　成年被後見人等の親族、後見命令等の本人の親族その他の利害関係人は、前項各号に定める事項に変更を生じたときは、嘱託による登記がされる場合を除き、変更の登記を申請することができる。

（終了の登記）

第八条　後見等に係る登記記録に記録されている前条第一項第一号に掲げる者は、成年被後見人等が死亡したことを知ったときは、終了の登記を申請しなければならない。

2　任意後見契約に係る登記記録に記録されている前条第一項第四号に掲げる者は、任意後見契約の本人の死亡その他の事由により任意後見契約が終了したことを知ったときは、嘱託による登記がされる場合を除き、終了の登記を申請しなければならない。

3　成年被後見人等の親族、任意後見契約の本人の親族その他の利害関係人は、後見等又は任意後見契約が終了したときは、嘱託による登記がされる場合を除き、終了の登記を申請することができる。

にあっては、当該変更又は終了に係る登記記録を特定するために必要な事項で法務省令で定めるもの

六　手数料の額

七　年月日

八　登記所の表示

要な事項）

第六条　令第五条第二項第五号に規定する登記記録を特定するために必要な事項は、成年被後見人等、任意後見契約の本人又は後見命令等の本人の氏名のほか、次の各号のいずれかに掲げる事項とする。

一　成年被後見人等、任意後見契約の本人又は後見命令等の本人の出生の年月日及び住所又は本籍（外国人にあっては、国籍）

二　登記番号

（数個の同時申請）

第七条　同一の登記記録に係る数個の変更の登記の申請を同時にするときは、一個の申請書で登記の申請をすることができる。

2　同一の登記所に対し、同時に数個の登記の申請をする場合において、各申請書に添付すべき書面に内容が同一であるものがあるときは、一個の申請書のみに一通を添付すれば足りる。

3　前項の場合には、他の各申請書にその旨を付記しなければならない。

（登記申請書等の送付方法）

第八条　登記の申請をしようとする者が登記申請書等を送付するときは、書留郵便又は民間事業者による信書の送達に関する法

ア　市町村長に対する通知

イ　戸籍事務管掌者に対する通知

ウ　裁判所書記官に対する通知

（登記申請書の添付書面）

第六条　登記申請書には、次に掲げる書面を添付しなければならない。

一　申請人が法人であるときは、代表者の資格を証する書面

二　代理人によって申請するときは、その権限を証する書面

律（平成十四年法律第九十九号）第二条第六項に規定する一般信書便事業者若しくは同条第九項に規定する特定信書便事業者による同条第二項に規定する信書便（以下「信書便」という。）の役務であって当該一般信書便事業者若しくは当該特定信書便事業者において引受け及び配達の記録を行うものによらなければならない。

（登記申請書の受付）

第九条　登記官は、登記申請書を受け取ったときは、磁気ディスク（これに準ずる方法により一定の事項を確実に記録することができる物を含む。以下同じ。）をもって調製する受付帳に登記の種類、申請人の氏名又は名称、受付の年月日及び受付番号を記録し、当該登記申請書に受付の年月日及び受付番号を記載しなければならない。

2　受付番号は、一年ごとに更新しなければならない。

（登記申請書の添付書面）

第十条　登記の申請書には、次に掲げる書面を添付しなければならない。

一　令第六条第一号の申請人が登記された法人であるときは、当該法人の代表者の資格を証する登記事項証明書（商業登

三　登記の事由を証する書面

記法（昭和三十八年法律第百二十五号）第十条第一項（他の法令において準用する場合を含む。）に規定する登記事項証明書をいう。次号及び第三号並びに第十八条第一項第二号及び第三号において同じ。）
二　令第六条第二号の代理人が登記された法人であるときは、当該法人の代表者の資格を証する登記事項証明書
三　令第六条第三号に掲げる書面は、登記事項証明書その他の登記の事由を証する書面
2　令第六条第一号に掲げる書面（前項第一号に掲げる書面を除く。）若しくは令第六条第二号に掲げる書面（同項第二号に掲げる書面を除く。）又は同項第一号若しくは第二号に掲げる書面で官庁又は公署の作成したものは、その作成後三月以内のものに限る。
（登記番号）
第十一条　登記番号は、登記記録ごとに付する。
2　登記番号は、一年ごとに更新しなければならない。
（登記の方法等）
第十二条　登記をするには、登記の事由及びその年月日並びに登記の年月日をも後見登記等ファ

イルに記録しなければならない。

2　登記官が、法令の規定により、磁気ディスクをもって記録等を調製する場合においては、クラウド・コンピューティング・サービス関連技術（官民データ活用推進基本法（平成二十八年法律第百三号）第二条第四項に規定するクラウド・コンピューティング・サービス関連技術をいう。）その他の情報通信技術の進展の状況を踏まえた適切な方法によるものとする。

（市町村長への通知）

第十三条　登記官は、後見開始の審判に基づく登記又はその審判の取消しの審判に基づく登記をしたときは、これらの審判に係る成年被後見人の本籍地（外国人にあっては、住所地）の市町村長（特別区の区長を含むものとし、地方自治法（昭和二十二年法律第六十七号）第二百五十二条の十九第一項の指定都市にあっては、区長又は総合区長とする。）に対し、その旨を通知しなければならない。

（行政区画等の変更）

第十四条　後見登記等ファイルに記録された行政区画、郡、区、市町村内の町若しくは字又はそれらの名称の変更があったときは、その変更による登記があっ

（登記記録の閉鎖）
第九条　登記官は、終了の登記をしたときは、登記記録を閉鎖し、

（登記申請の却下）
第七条　登記官は、次に掲げる場合には、理由を付した決定で、申請を却下しなければならない。
一　事件が登記すべきものでないとき。
二　事件が既に登記されているとき。
三　申請の権限を有しない者の申請によるとき。
四　登記申請書が方式に適合しないとき。
五　登記申請書に必要な書面を添付しないとき。
六　登記申請書又はその添付書面の記載が登記申請書の添付書面の記載又は登記記録の記録と抵触するとき。
七　手数料を納付しないとき。

（職権による登記の更正）
第八条　登記官は、登記に錯誤又は遺漏があることを発見したときは、監督法務局又は地方法務局の長の許可を得て、登記の更正をしなければならない。

（職権による登記の抹消）
第九条　登記官は、登記が次の各号のいずれかの事由に該当する

たものとみなす。
2　前項の場合において、登記官は、後見登記等ファイルの記録にその変更があったことを記録することを妨げない。

（登記申請の却下の方式）
第十五条　令第七条の決定は、書面でしなければならない。

第２　登記の手続
3　職権による登記
(1)　職権による登記の更正
ア　許可の具申等
イ　許可書の受付
ウ　更正の方法
エ　職権更正の包括的許可
(2)　職権による登記の抹消
ア　抹消の事由

これを閉鎖登記記録として、磁気ディスクをもって調製する閉鎖登記ファイルに記録しなければならない。

（登記事項証明書の交付等）

ことを発見したときは、その登記の申請をした者に、一月を超えない一定の期間内に書面で異議を述べないときは登記を抹消すべき旨を通知しなければならない。

一　第七条第一号又は第二号に掲げる事由があること。

二　登記された事項につき無効の原因があること。

2　登記官は、前項の申請をした者の住所又は居所が知れないときは、法務省令の定めるところにより、同項の通知に代えて通知すべき内容を公告しなければならない。

3　登記官は、異議を述べた者があるときは、その異議につき決定をしなければならない。

4　登記官は、異議を述べた者がないとき、又は異議を却下したときは、第一項の通知又は第二項の公告に係る登記を抹消しなければならない。

（登記の抹消による登記記録の閉鎖）

第十条　登記官は、登記の全部を抹消したときは、登記記録を閉鎖し、これを閉鎖登記ファイルに記録しなければならない。

第四章　登記事項証明書の

（職権による登記の抹消の際の公告の方法）

第十六条　令第九条第二項に規定する公告は、抹消すべき事件又は事項が登記された登記所の掲示場その他登記所内の公衆の見やすい場所に掲示する方法及びウェブサイトに掲載する方法により二週間行うものとする。

第三章　登記事項の証明

イ　抹消の手続

(3)　法附則第2条第3項の後見又は保佐の登記

ア　職権による登記

イ　職権による登記の方法

4　登記記録の閉鎖

第3　登記事項の証明等

第十条　何人も、登記官に対し、次に掲げる登記記録について、後見登記等ファイルに記録されている事項（記録がないときは、その旨）を証明した書面（以下「登記事項証明書」という。）の交付を請求することができる。

一　自己を成年被後見人等又は任意後見契約の本人とする登記記録

二　自己を成年後見人等、成年後見監督人等、任意後見受任者、任意後見人又は任意後見監督人（退任したこれらの者を含む。）とする登記記録

三　自己の配偶者又は四親等内の親族を成年被後見人等又は任意後見契約の本人とする登記記録

四　自己を成年後見人等、成年後見監督人等又は任意後見監督人の職務代行者（退任したこれらの者を含む。）とする登記記録

五　自己を後見命令等の本人とする登記記録

六　自己を財産の管理者（退任した者を含む。）とする登記記録

七　自己の配偶者又は四親等内の親族を後見命令等の本人とする登記記録

2　次の各号に掲げる者は、登記

送付請求等

第十一条　登記事項証明書又は閉鎖登記事項証明書の交付を請求する場合において、その送付を求めるときは、情報通信技術を活用した行政の推進等に関する法律（平成十四年法律第百五十一号）第六条第一項の規定により同項に規定する電子情報処理組織を使用して請求する場合を除き、法務省令で定めるところにより、送付に要する費用を納付しなければならない。

（登記事項証明書等の交付請求の方式）

第十七条　登記事項証明書等の交付の請求は、書面でしなければならない。

2　前項の申請書には、次に掲げる事項を記載し、申請人又はその代表者若しくは代理人が記名しなければならない。

一　申請人の氏名又は名称及び住所並びに申請人の資格

二　後見登記等ファイル等に記録されている事項を証明した登記事項証明書等の交付を請求するときは、請求に係る登記記録又は閉鎖登記記録を特定するために必要な事項

三　後見登記等ファイル等に成年被後見人等、任意後見契約の本人若しくは後見命令等の本人又はこれらの者であった者としての記録がない旨を証明した登記事項証明書等の交付を請求するときは、その旨並びに証明の対象となる者の氏名、出生の年月日及び住所又は本籍（外国人にあっては、国籍）

四　後見登記等ファイル等に前号に規定する者以外の者としての記録がない旨を証明した登記事項証明書等の交付を請求するときは、その旨並びに

1　登記事項証明書等の交付
(1)　登記事項証明書及びその交付請求権者
ア　登記事項証明書の請求等
イ　登記事項証明書の交付請求権者
(2)　閉鎖登記事項証明書及びその交付請求権者
ア　閉鎖登記事項証明書の請求等
イ　閉鎖登記事項証明書の交付請求権者
(3)　申請書の記載事項
(4)　添付書面
ア　添付書面
イ　添付書面の原本の還付
ウ　添付書面の省略
(5)　交付手続
ア　交付及び却下
イ　作成方法等
ウ　送付請求
エ　却下した場合の申請書の返戻等
(6)　本人確認等
ア　窓口請求の場合
イ　送付請求の場合
ウ　確認手続の記録等
2　登記申請書等の閲覧
(1)　閲覧請求権者
(2)　申請書の記載事項
(3)　添付書面
(4)　閲覧

官に対し、それぞれ当該各号に定める登記記録について、登記事項証明書の交付を請求することができる。

一　未成年後見人又は未成年後見監督人　その未成年被後見人を成年被後見人等、後見命令等の本人又は任意後見契約の本人とする登記記録

二　成年後見人等又は成年後見監督人等　その成年被後見人等を任意後見契約の本人とする登記記録

三　登記された任意後見契約の任意後見受任者　その任意後見契約の本人を成年被後見人等又は後見命令等の本人とする登記記録

3　何人も、登記官に対し、次に掲げる閉鎖登記記録について、閉鎖登記ファイルに記録されている事項（記録がないときは、その旨）を証明した書面（以下「閉鎖登記事項証明書」という。）の交付を請求することができる。

一　自己が成年被後見人等又は任意後見契約の本人であった閉鎖登記記録

二　自己が成年後見人等、成年後見監督人等、任意後見受任者、任意後見人又は任意後見監督人であった閉鎖登記記録

三　自己が成年後見人等、成年

証明の対象となる者の氏名又は名称及び住所

五　請求する登記事項証明書等の数

六　手数料の額

七　年月日

八　登記所の表示

（登記事項証明書等の交付の申請書の添付書面）

第十八条　前条第一項の申請書には、次に掲げる書面を添付しなければならない。

一　申請人の資格を証する書面（申請人が、登記事項証明書等の交付請求に係る登記記録又は閉鎖登記記録に記録されている者である場合及び後見登記等ファイル等に記録がない旨を証明した登記事項証明書等の証明の対象となる者である場合を除く。）

二　申請人が法人であるときは、当該法人の登記事項証明書その他の代表者の資格を証する書面

三　代理人によって申請するときは、その権限を証する書面（代理人が登記された法人である場合には、当該法人の代表者の資格を証する登記事項証明書を含む。）

2　前項各号の書面で官庁又は公署の作成したものは、その作成

ア　閲覧手続
イ　閲覧の方法
(5)　本人確認
3　手数料の納付

後見監督人等又は任意後見監督人の職務代行者であった閉鎖登記記録
四　自己が後見命令等の本人であった閉鎖登記記録
五　自己が財産の管理者であった閉鎖登記記録
4　相続人その他の承継人は、登記官に対し、被相続人その他の被承継人が成年被後見人等、後見命令等の本人又は任意後見契約の本人であった閉鎖登記記録について、閉鎖登記事項証明書の交付を請求することができる。
5　国又は地方公共団体の職員は、職務上必要とする場合には、登記官に対し、登記事項証明書又は閉鎖登記事項証明書の交付を請求することができる。

後三月以内のものに限る。

（登記事項証明書等の交付の申請書の処理等）

第十九条　登記官が第十七条第一項の申請書を受け取ったときは、申請書に受付の年月日を記載した上、受付の順序に従って相当の処分をしなければならない。

（登記事項証明書等の作成方法）

第二十条　登記事項証明書等を作成するには、登記官は、証明すべき事項（令第八条の規定による更正前の登記事項を除く。）を記載した書面の末尾に認証文を付記し、年月日及び職氏名を記載し、職印を押し、毎葉のつづり目に契印又はこれに準ずる措置をしなければならない。

2　前項の規定にかかわらず、法第七条第一項の規定による変更の登記の記録があるときは、特別の請求がない限り、変更前の登記事項の記載をすることを要しない。

（登記事項証明書等の交付の記録）

第二十一条　登記事項証明書等を交付するときは、申請書に登記事項証明書等の枚数及び交付の年月日を記載しなければならない。

第四章　電子情報処理組織｜第４　オンラインによる手続

による登記の申請等に関する特例

(電子情報処理組織による登記の申請等)

第二十二条 次の申請又は請求は、登記所の使用に係る電子計算機と申請又は請求をする者の使用に係る電子計算機であって法務大臣の定める技術的基準に適合するものとを電気通信回線で接続した電子情報処理組織を使用してすることができる。ただし、当該申請又は請求は、法務大臣が定める条件に適合するものでなければならない。

一 変更の登記又は終了の登記の申請

二 登記事項証明書等の交付の請求(当該請求に係る登記事項証明書等について、送付又は第二十六条の規定による交付を求めるときに限る。)

(登記申請の方法)

第二十三条 前条の規定により同条第一号の申請をするには、申請人又はその代表者若しくは代理人は、法務大臣の定めるところに従い、令第五条第二項各号に掲げる事項に係る情報を、これについて電子署名(電子署名及び認証業務に関する法律(平成十二年法律第百二号)第二条第一項に規定する電子署名をい

1 オンラインシステムを使用することができる手続
2 オンラインシステムによる登記の申請の手続
(1) 登記の申請方法
ア 申請情報の送信
イ 添付書面に代わるべき情報の送信
ウ 電子証明書の送信
(2) 登記の手続
ア 申請情報等の受付
イ 審査及び登記の方法
ウ 申請の却下又は取下げ
3 オンラインシステムによる登記事項証明書等の交付の請求の手続
(1) 登記事項証明書等の交付の請求方法
ア 請求情報の送信
イ 添付書面に代わるべき情報の送信
ウ 電子証明書の送信
(2) 登記事項証明書等の交付手続
ア 送付を求められた場合
イ オンラインシステムの使用による交付を求められた場合
4 申請情報等の閲覧及び保存等
(1) 申請情報等の閲覧
(2) 申請情報等の保存等
5 手数料の納付

う。以下同じ。）を行い、送信しなければならない。

2　申請人又はその代表者若しくは代理人は、法令の規定により登記申請書に添付すべき書面があるときは、法務大臣の定めるところに従い、当該書面に代わるべき情報にその作成者（認証を要するものについては、作成者及び認証者。第二十五条第二項において同じ。）による電子署名が行われたものを併せて送信しなければならない。

3　前二項の電子署名が行われた情報を送信するときは、当該電子署名に係る電子証明書（当該電子署名を行った者を確認するために用いられる事項が当該者に係るものであることを証明するために作成された電磁的記録をいう。以下同じ。）であって次の各号のいずれかに該当するものを併せて送信しなければならない。

一　電子署名等に係る地方公共団体情報システム機構の認証業務に関する法律（平成十四年法律第百五十三号）第三条第一項の規定に基づき作成されたもの

二　商業登記法第十二条の二第一項及び第三項（これらの規定を他の法令の規定において

準用する場合を含む。）の規定に基づき作成されたもの

三　その他当該電子署名を行った者を確認することができるものであって、前二号に掲げるものに準ずるものとして法務大臣が定めるもの

（情報の閲覧）

第二十四条　令第十二条第一項の規定による前条第一項及び第二項の情報の閲覧は、日本産業規格A列四番の用紙に出力したものを閲覧する方法により行う。この場合において、当該閲覧をした者の請求があるときは、登記官は、当該閲覧に係る用紙を当該者に交付しなければならない。

（登記事項証明書等の交付の請求方法）

第二十五条　第二十二条の規定により同条第二号の請求をするには、申請人又はその代表者若しくは代理人は、法務大臣の定めるところに従い、第十七条第二項各号に掲げる事項に係る情報を、これについて電子署名を行い、送信しなければならない。

2　申請人又はその代表者若しくは代理人は、法令の規定により登記事項証明書等の交付の申請書に添付すべき書面があるときは、法務大臣の定めるところに

従い、当該書面に代わるべき情報にその作成者による電子署名が行われたものを併せて送信しなければならない。

3　第二十三条第三項の規定は、前二項の電子署名が行われた情報を送信するときに準用する。

（電子情報処理組織による登記事項証明書等の交付）

第二十六条　第二十二条の規定により同条第二号の登記事項証明書等の交付を請求する場合においては、登記所の使用に係る電子計算機と請求をする者の使用に係る電子計算機であって法務大臣の定める技術的基準に適合するものとを電気通信回線で接続した電子情報処理組織の使用による交付を求めることができる。

2　情報通信技術を活用した行政の推進等に関する法律（平成十四年法律第百五十一号。以下「情報通信技術活用法」という。）第七条第一項ただし書に規定する主務省令で定める方式は、電子情報処理組織を使用する方法により登記事項証明書等の交付を受けることを希望する旨の法務大臣の定めるところにより行う届出とする。

（電子情報処理組織による登記事項証明書等の交付方法）

第五章　補則

（登記申請書等の閲覧）

第十二条　登記事項証明書又は閉鎖登記事項証明書の交付を請求することができる者は、特別の事由がある場合に限り、手数料を納付して、当該登記事項証明書又は閉鎖登記事項証明書に係る登記の登記申請書若しくは登記の嘱託書又はその添付書面（以下「登記申請書等」と総称する。）の閲覧を請求することができる。

2　前項の請求は、書面でしなければならない。

3　前項の書面には、次に掲げる

第二十七条　前条の規定による登記事項証明書等の交付を求められたときは、登記官は、証明すべき事項に係る情報を、これについて電子署名を行い、当該電子署名に係る電子証明書を併せて法務省の使用に係る電子計算機に備えられたファイルに記録しなければならない。

（氏名等を明らかにする措置）

第二十八条　情報通信技術活用法第六条第四項及び第七条第四項の氏名又は名称を明らかにする措置であって主務省令で定めるものは、当該署名等をすべき者による電子署名とする。

第五章　補則

（登記申請書等の閲覧の申請書の添付書面等）

第二十九条　第十八条及び第十九条の規定は、登記申請書等の閲覧の請求に準用する。

（登記申請書等の閲覧の方法）

第三十条　登記申請書等の閲覧は、登記官の面前でさせなければならない。

（法務局長等の命令による登記の方法）

第三十一条　登記官が法務局又は地方法務局の長の命令によって登記をするときは、命令をした法務局又は地方法務局の長、命

（手数料）

第十一条　次に掲げる者は、物価の状況、登記に要する実費、登記事項証明書の交付等に要する実費その他一切の事情を考慮して政令で定める額の手数料を納

事項を記載し、申請人又はその代表者若しくは代理人が記名しなければならない。

一　閲覧を請求する登記申請書等

二　特別の事由

三　第五条第二項第六号から第八号までに掲げる事項

4　第一項の手数料の納付は、収入印紙をもってしなければならない。

令及び登記の年月日並びに命令によって登記をする旨をも記録しなければならない。

（登記官が登記をすることができない場合）

第三十二条　登記官又はその配偶者若しくは四親等内の親族（配偶者又は四親等内の親族であった者を含む。以下この条において同じ。）が申請人であるときは、当該登記官は、登記をすることができない。登記官又はその配偶者若しくは四親等内の親族が申請人を代表して申請するときも、同様とする。

2　前項の規定は、登記官又はその配偶者若しくは四親等内の親族が法第四条第一項第二号から第四号までに規定する者、同条第一項第十号に規定する職務代行者、法第四条第二項第二号若しくは第三号に規定する者、法第五条第二号、第三号若しくは第六号に規定する者若しくは同条第十号に規定する職務代行者又はこれらの者であった者であるときに準用する。

（手数料等の納付の方法）

第三十三条　法第十一条第二項本文及び令第十二条第四項の手数料の納付は、収入印紙を嘱託書又は申請書に貼ってしなければならない。

めなければならない。

一　登記を嘱託する者

二　登記を申請する者

三　登記事項証明書又は閉鎖登記事項証明書の交付を請求する者

2　前項の手数料の納付は、収入印紙をもってしなければならない。

（行政手続法の適用除外）

第十二条　登記官の処分については、行政手続法（平成五年法律第八十八号）第二章及び第三章の規定は、適用しない。

（行政機関の保有する情報の公開に関する法律の適用除外）

第十三条　後見登記等ファイル及び閉鎖登記ファイルについては、行政機関の保有する情報の公開に関する法律（平成十一年法律第四十二号）の規定は、適用しない。

（個人情報の保護に関する法律の適用除外）

第十四条　後見登記等ファイル及び閉鎖登記ファイルに記録されている保有個人情報（個人情報の保護に関する法律（平成十五年法律第五十七号）第六十条第一項に規定する保有個人情報をいう。）については、同法第五章第四節の規定は、適用しない。

（審査請求）

（行政機関の保有する情報の公開に関する法律の適用除外）

第十三条　登記申請書等については、行政機関の保有する情報の公開に関する法律（平成十一年法律第四十二号）の規定は、適用しない。

（個人情報の保護に関する法律の適用除外）

第十四条　登記申請書等に記録されている保有個人情報（個人情報の保護に関する法律（平成十五年法律第五十七号）第六十条第一項に規定する保有個人情報をいう。）については、同法第五章第四節の規定は、適用しない。

（事件の送付）

2　第二十二条の規定により同条第二号に掲げる請求を行う場合において、現金をもって手数料を納付するときは、登記官から得た納付情報により納付する方法によってしなければならない。

3　令第十一条の送付に要する費用は、郵便切手又は信書便の役務に関する料金の支払のために使用することができる証票であって法務大臣の指定するもので納付しなければならない。

4　前項の指定は、告示してしなければならない。

第十五条　登記官の処分に不服がある者又は登記官の不作為に係る処分を申請した者は、監督法務局又は地方法務局の長に審査請求をすることができる。
2　審査請求をするには、登記官に審査請求書を提出しなければならない。
3　登記官は、処分についての審査請求を理由があると認め、又は審査請求に係る不作為に係る処分をすべきものと認めるときは、相当の処分をしなければならない。
4　登記官は、前項に規定する場合を除き、三日以内に、意見を付して事件を監督法務局又は地方法務局の長に送付しなければならない。この場合において、監督法務局又は地方法務局の長は、当該意見を行政不服審査法（平成二十六年法律第六十八号）第十一条第二項に規定する審理員に送付するものとする。
5　法務局又は地方法務局の長は、処分についての審査請求を理由があると認め、又は審査請求に係る不作為に係る処分をすべきものと認めるときは、登記官に相当の処分を命じ、その旨を審査請求人のほか利害関係人に通知しなければならない。
6　法務局又は地方法務局の長は、

第十五条　法第十五条第四項の規定による事件の送付は、審査請求書の正本によってする。

（意見書の提出等）

第十六条　法第十五条第四項の意見を記載した書面（次項において「意見書」という。）は、正本及び当該意見を送付すべき審査請求人の数に行政不服審査法（平成二十六年法律第六十八号）第十一条第二項に規定する審理員の数を加えた数に相当する通数の副本を提出しなければならない。
2　法第十五条第四項後段の規定による意見の送付は、意見書の副本によってする。

（行政不服審査法施行令の規定の読替え）

第十七条　法第十五条第一項の審査請求に関する行政不服審査法施行令（平成二十七年政令第三百九十一号）の規定の適用については、同令第六条第二項中「法第二十九条第五項」とあるのは「後見登記等に関する法律（平成十一年法律第百五十二号）第十五条第七項の規定により読み替えて適用する法第二十九条第五項」と、「弁明書の送付」とあるのは「後見登記等に関する法律第十五条第四項に規定する意見の送付」と、「弁明書の

1　審査請求書の提出
2　登記官の処分
3　審査請求書の送付
4　審査請求の裁決
(1)　裁決の方法
(2)　裁決書の処理
5　監督法務局等の長の命令による登記

審査請求に係る不作為に係る処分についての申請を却下すべきものと認めるときは、登記官に当該申請を却下する処分を命じなければならない。

7　第一項の審査請求に関する行政不服審査法の規定の適用については、同法第二十九条第五項中「処分庁等」とあるのは「審査庁」と、「弁明書の提出」とあるのは「後見登記等に関する法律（平成十一年法律第百五十二号）第十五条第四項に規定する意見の送付」と、同法第三十条第一項中「弁明書」とあるのは「後見登記等に関する法律第十五条第四項の意見」とする。

（行政不服審査法の適用除外）

第十六条　行政不服審査法第十三条、第十五条第六項、第十八条、第二十一条、第二十五条第二項から第七項まで、第二十九条第一項から第四項まで、第三十一条、第三十七条、第四十五条第三項、第四十六条、第四十七条、第四十九条第三項（審査請求に係る不作為が違法又は不当である旨の宣言に係る部分を除く。）から第五項まで及び第五十二条の規定は、前条第一項の審査請求については、適用しない。

（政令への委任）

第十七条　この法律に定めるもの

副本」とあるのは「後見登記等に関する政令（平成十二年政令第二十四号）第十六条第一項に規定する意見書の副本」とする。

（法務省令への委任）

第十八条　この政令の実施のため

のほか、後見登記等に関し必要な事項は、政令で定める。

附　則　抄

（施行期日）

第一条　この法律は、平成十二年四月一日から施行する。ただし、附則第八条の規定は、この法律の公布の日又は行政機関の保有する情報の公開に関する法律の施行に伴う関係法律の整備等に関する法律（平成十一年法律第四十三号）の公布の日のいずれか遅い日から施行する。

（禁治産者及び準禁治産者についての経過措置）

第二条　民法の一部を改正する法律（平成十一年法律第百四十九号。以下「民法改正法」という。）附則第三条第一項の規定により成年被後見人、成年後見人若しくは成年後見監督人とみなされる者又は当該成年被後見人とみなされる者の配偶者若しくは四親等内の親族は、政令で定めるところにより、後見の登記を申請することができる。

２　民法改正法附則第三条第二項の規定により被保佐人若しくはその保佐人とみなされる者又は当該被保佐人とみなされる者の配偶者若しくは四親等内の親族は、政令で定めるところにより、

必要な事項は、法務省令で定める。

附　則

（施行期日）

第一条　この政令は、平成十二年四月一日から施行する。

（後見又は保佐の登記の申請）

第二条　法附則第二条第一項の規定による後見の登記の登記申請書には、第六条第一号及び第二号に掲げる書面のほか、当該後見の登記に係る成年被後見人とみなされる者の戸籍の謄本又は抄本（いずれも当該者が禁治産の宣告を受けている旨の記載のあるものに限る。）その他法務省令で定める書面を添付しなければならない。

２　前項の規定は、法附則第二条第二項の規定による保佐の登記の登記申請書に準用する。

附　則

（施行期日）

第一条　この省令は、平成十二年四月一日から施行する。

（後見又は保佐の登記の登記申請書の添附書面）

第二条　令附則第二条第一項の法務省令で定める書面は、次に掲げる書面とする。

一　申請人の資格を証する書面

二　民法の一部を改正する法律（平成十一年法律第百四十九号。以下「民法改正法」という。）附則第三条第一項の規定により成年被後見人とみなされる者に対して禁治産の宣告をした裁判所及びその事件の表示を証する書面

三　民法改正法附則第三条第一項の規定により成年被後見人、成年後見人又は成年後見監督人とみなされる者の住所を証する書面

第１　登記の嘱託又は申請の手続

４　禁治産者及び準禁治産者についての経過措置

(1)　法附則第２条第１項の後見の登記

ア　申請人

イ　申請の方式

ウ　添付書面

(2)　法附則第２条第２項の保佐の登記

ア　申請人

イ　申請の方式

ウ　添付書面

保佐の登記を申請することができる。

3　民法改正法附則第三条第一項又は第二項の規定により成年被後見人又は被保佐人とみなされる者について、民法改正法の施行後に確定した審判に基づく変更の登記又は終了の登記の嘱託がされた場合において、当該嘱託に係る登記事項を記録すべき登記記録がないときは、登記官は、職権で、当該者について前二項の登記をする。

4　登記官は、前三項の規定による登記をしたときは、遅滞なく、戸籍事務を管掌する者に対し、その旨の通知をしなければならない。

5　戸籍事務を管掌する者は、前項の通知を受けたときは、法務省令で定めるところにより、当該通知に係る成年被後見人とみなされる者又は被保佐人とみなされる者の戸籍を再製しなければならない。

四　民法改正法附則第三条第一項の規定により成年被後見人とみなされる者が外国人であるときは、当該者が成年被後見人とみなされる者であることを証する書面及び当該者の国籍を証する書面

2　令附則第二条第二項において準用する同条第一項の法務省令で定める書面は、次に掲げる書面とする。

一　申請人の資格を証する書面

二　民法改正法附則第三条第二項の規定により被保佐人とみなされる者であることを証する書面

三　民法改正法附則第三条第二項の規定により被保佐人とみなされる者に対して準禁治産の宣告をした裁判所及びその事件の表示を証する書面

四　民法改正法附則第三条第二項の規定により被保佐人又は保佐人とみなされる者の住所を証する書面

五　民法改正法附則第三条第二項の規定により被保佐人とみなされる者が外国人であるときは、当該者の国籍を証する書面

第2　登記の手続

3　職権による登記

(3)　法附則第2条第3項の後見又は保佐の登記

ア　職権による登記

イ　職権による登記の方法

※395ページからはじまります。

事項索引

【ふ】

【へ】

【ほ】

【も】

【ろ】

著者略歴

櫻庭　　倫（さくらば　ひとし）法務省民事局民事第一課長

1996年３月　　東京大学法学部卒業

1996年４月　　法務省入省

2017年４月　　法務省民事局民事第一課補佐官

2021年４月　　法務省民事局総務課登記情報管理室長

2022年４月　　現職

2024年４月　　法制審議会民法（成年後見等関係）部会幹事

【主な著書】

- 「新基本法コンメンタール不動産登記法」（共著：日本評論社・2010年、2023年）
- 「一問一答　戸籍法」（商事法務・2024年）
- 「最新 戸籍関係法規逐条解説」（共著：テイハン・2024年）

成年後見登記法令コンメンタール

2025年３月12日　初版第１刷印刷　定価：4,620円（本体価：4,200円）
2025年３月21日　初版第１刷発行

不複
許製

著者　櫻庭　倫
発行者　坂巻　徹

発行所　東京都北区東十条6丁目6-18　株式会社 テイハン
電話 03（6903）8615　FAX 03（6903）8613／〒114-0001
ホームページアドレス https://www.teihan.co.jp

〈検印省略〉　印刷／中央精版印刷株式会社

ISBN978-4-86096-190-9